BALI
JAVA•LOMBOK

Vordere Umschlagklappe: Übersichtskarte Bali

Hintere Umschlagklappe: Stadtplan Denpasar

Roland Dusik

BALI
JAVA•LOMBOK

DUMONT

Titelbild: Tempelfest im Pura Besakih
Vignette: Skulptur in Ubud
Umschlagklappe vorne: Reisfelder bei Tista
Seite 2/3: Am Strand von Sanur
Umschlagklappe hinten: Auf dem Weg zum Tempelfest

Über den Autor: Roland Dusik, geboren 1956, arbeitet als freier Journalist und Fotograf und veröffentlichte zahlreiche Reisereportagen sowie Aufsätze vor allem über Südostasien und Australien. Bei DuMont erschienen von ihm die Richtig Reisen-Bände »Australien«, »Australiens Outback«, »Indonesien« und »Philippinen«, das Reise-Taschenbuch »Ost-Australien« und die Extra-Bände »Bali«, »Bangkok« und »Sydney«.

Bitte schreiben Sie uns, wenn sich etwas geändert hat!
Alle in diesem Buch enthaltenen Angaben wurden vom Autor nach bestem Wissen erstellt und von ihm und dem Verlag mit größtmöglicher Sorgfalt überprüft. Gleichwohl sind – wie wir im Sinne des Produkthaftungsrechts betonen müssen – inhaltliche Fehler nicht vollständig auszuschließen. Daher erfolgen die Angaben ohne jegliche Verpflichtung oder Garantie des Verlages oder des Autors. Beide übernehmen keinerlei Verantwortung und Haftung für etwaige inhaltliche Unstimmigkeiten. Wir bitten dafür um Verständnis und werden Korrekturhinweise gerne aufgreifen:
DuMont Buchverlag, Postfach 10 10 45, 50450 Köln
E-Mail: reise@dumontverlag.de

© DuMont Buchverlag, Köln
2., aktualisierte Auflage 2001
Alle Rechte vorbehalten
Satz und Druck: Rasch, Bramsche
Buchbinderische Verarbeitung: Bramscher Buchbinder Betriebe

Printed in Germany   ISBN 3-7701-2378-6

INHALT

LAND & LEUTE

Natur, Umwelt, Wirtschaft und Politik

Geografie und Klima 12
›Steckbrief‹ Bali und Indonesien 14
Pflanzen- und Tierwelt 16
  Thema: Es stinkt zum Himmel
    Umweltsünden auf Bali 18
Wirtschaft und Politik 21
  Thema: Arbeiten für ein Trinkgeld
    Kellner in Kuta 22

Geschichte, Gesellschaft und Kultur

Daten zur Geschichte 28
Die Familie 31
  Thema: Alles hat seine Ordnung
    Die Anlage eines Familiengehöfts 32
Die balinesische Dorfgemeinschaft 34
  Thema: Mikrokosmos im Makrokosmos
    Die Anlage eines Dorfes 36
Kastensystem und Sprachstruktur 38
Die balinesische Hindu-Dharma-Religion 40
  Thema: Von Affenmenschen und Engeln
    Trance auf Bali 42
Balinesische Tempel 45
  Thema: Bauen nach kosmologischen Gesetzen
    Die Anlage eines Tempels 46
Feste und Zeremonien 49
  Thema: Die große Leidenschaft der Balinesen
    Hahnenkampf 50
Tänze und Tanzdramen – Botschaften an die Götter 60

Thema: Tanzen für Götter und Touristen
  Die Legong-Tänzerin Rati 64
Wayang Kulit 67
  Thema: Die großen Hindu-Epen
  Das »Ramayana« und das »Mahabharata« 68
Das balinesische Gamelan-Orchester 71
Kunst und Kunsthandwerk 72
Bali kulinarisch 77

UNTERWEGS
AUF BALI

Strände, Ferienorte und die Inselkapitale

Kuta und Legian 84
Sanur und Nusa Dua 90
Die Schildkröteninsel Serangan 95
Bukit Badung – Balis Südspitze 98
Die Inselhauptstadt Denpasar 100
  Thema: Jeder Fahrgast zählt
  Bemos 104
Zu Heiligtümern der Berge und des Meeres 106
  Thema: Nicht ohne Sarong und Selendang
  Kleiner Tempelknigge 110
Von Denpasar nach Gilimanuk 115

Das kulturelle Zentrum der Insel

Von Denpasar nach Ubud 122
Ubud 126
  Thema: Der Schöpfer des Bali-Mythos
  Walter Spies 130
Rund um Ubud 136
  Thema: Die Speise der Götter
  Reis 140
Von Ubud nach Bangli 147

Vulkane, Strände und Tempel

Der Batur-See und Umgebung 152
Der Bratan-See und Umgebung 158
Die Nordküste von Bali 162

Städte und Stätten mit Vergangenheit

Klungkung und Umgebung 172
Thema: Besteigung des Gunung Agung 176
Zwischen Klungkung und Candi Dasa 180
Das Bali-Aga-Dorf Tenganan 185
Thema: Magische Stoffe
Das Ikat-Verfahren 186
Die Ostspitze von Bali 189
Nusa Penida und Nusa Lembongan 194

Ausflüge nach Java und Lombok

Yogyakarta 200
Borobudur und Prambanan 203
Ausflug nach Lombok 207

Abbildungs- und Quellennachweis 213

TIPPS & ADRESSEN

Reisevorbereitung und Anreise 217
Unterwegs auf Bali 221
Unterkunft, Essen und Trinken 222
Urlaubsaktivitäten 224
Kleiner Sprachführer 227
Reiseinformationen von A bis Z 229

Register 238

LAND & LEUTE

»Ein schwebender
Klang, wie vom
Geläute vieler zu-
sammengestimmter
Glocken; das ist der
Gamelan, das bali-
nesische Orchester
mit seinem feinen
Geflecht von Musik.
Vicki Baum

Natur
Umwelt
Wirtschaft
Politik

Geografie und Klima

Pflanzen- und Tierwelt

Wirtschaft und Politik

Pura Tanah Lot

Geografie und Klima

Am Anfang, so will es die Schöpfungsmythologie der Balinesen, war das Wasser. Aber weder gab es Licht noch Wärme, noch Lebewesen. Dann teilten sich die Fluten und überirdische Kreaturen begannen ihr Schöpfungswerk. Mit ihrer Energie und ihren Kräften erschufen sie die Schildkröte Bedawang und setzten sie in den Urozean. Auf ihrem mächtigen Rücken begannen Pflanzen zu sprießen, bildeten sich Flüsse und Seen, Berge und Täler – Bali war entstanden. Als die göttlichen Schöpferwesen ihr Werk vollbracht hatten, zogen sie sich auf die himmelsnahen Vulkane und heiligen Berge zurück. Zuvor jedoch verbannten sie die Dämonen und bösen Geister in die Tiefen des Meeres.

Aber die Schöpfungsgeschichte von Bali scheint noch lange nicht beendet, denn die Götter modellieren weiterhin an dem kleinen Eiland. So hat im März 1963 auf Ost-Bali der Gunung Agung, der als höchster Gipfel der Insel mehr als 3000 m hoch in den Tropenhimmel ragt, Gift und Feuer gespien. Annähernd 2500 Menschenleben forderte die Jahrhundert-Eruption, über eine Viertelmillion Balinesen verloren dabei Haus und Hof. Flammend und donnernd hatten die Götter von ihren mächtigen steinernen Wohnsitzen zu den Menschen gesprochen, um ihnen ihren Unwillen kund zu tun. So deuteten balinesische Priester die Naturkatastrophe.

Wissenschaftler erklären die häufigen Vulkanausbrüche und heftigen Erdbeben mit der Lage der Inselkette in einer Region, die zu den geologisch instabilsten gehört, dem ›Feuergürtel der Erde‹. Für das ständige Grummeln im Bauch der Erde Balis und vieler anderer indonesischer Inseln machen sie die Kollision der australischen mit der asiatischen Kontinentalplatte verantwortlich.

Erdgeschichtlich war Bali nicht immer eine Insel. Während des so genannten ›Eiszeitalters‹ fiel der Sunda-Schelf, der Festlandsockel, über dem die westlichen Inseln des indonesischen Archipels aufragen, hin und wieder trocken. Auf diese Weise bildeten sich Landbrücken, die nicht nur heute getrennte Inseln miteinander, sondern auch den Sunda-Komplex mit Australien im Südosten und dem asiatischen Festland im Westen verbanden. Die Landbrücken verschwanden nach der letzten Eiszeit vor ungefähr 10 000 Jahren, als der Sunda-Schelf durch das Abschmelzen der Gletscher überflutet wurde.

Noch heute deuten Landschaftsformationen darauf hin, dass Bali einst das östliche Anhängsel von Java war. Nur durch eine sehr schmale und seichte Meeresstraße von der westlichen Nachbarinsel getrennt, liegt Bali in der Verlängerung der Vulkanachse Javas. Beim Landeanflug auf den Ngurah Rai Airport nahe Denpasar bieten sich bei wolkenlosem Himmel überwältigende Blicke auf die Inselvulkane. Dünne Rauchfahnen, die sich von Zeit zu

Geografie und Klima

Reisterrassen vor dem Gunung Agung

Zeit aus ihren Kratern kräuseln, erinnern daran, dass sie noch aktiv sind.

So gefährlich die kaum berechenbaren ›Feuerberge‹, wie die wörtliche Übersetzung des indonesischen Begriffs *gunung api* lautet, sein können, so nützlich sind sie andererseits. Java und Bali verdanken ihre beinahe schon legendäre Fruchtbarkeit nicht nur den regelmäßigen Monsunregen, sondern vor allem den feinen, mineralhaltigen Vulkanaschen, einem natürlichen Dünger, der sich in Jahrtausenden über das Land verbreitete. Letztlich haben diese Vulkanböden die Entwicklung der hoch stehenden Kulturen auf Java und Bali gefördert und in der Gegenwart die sehr hohe Bevölkerungsdichte auf diesen beiden Inseln erst ermöglicht.

Die schönsten und reichsten Regionen Balis erstrecken sich südlich der Vulkankette, welche die Insel in Längsrichtung durchzieht. Hier staffeln sich die grünen Nassreisfelder, die *sawahs,* in Terrassen die Berghänge hinauf. Seit vielen Jahrhunderten haben die Balinesen an dieser Kulturlandschaft gearbeitet. Dabei haben sie jeden Quadratmeter Boden umgepflügt und nichts so belassen, wie es die Natur einst geschaffen hatte. Dies ist auch die am dichtesten besiedelte Region der Insel, wo die Dörfer eng aneinander grenzen, wo die wuchernde Hauptstadt Denpasar und die bekannten Ferienzentren liegen.

Auf der paradiesisch grünen Vulkaninsel, die sich in ihrer äußersten Ausdehnung 150 km von West nach

›Steckbrief‹ Bali und Indonesien

Fläche: ca. 2 Mio. km², Bali 5561 km², Deutschland knapp 360 000 km²
Einwohner: 215 Mio., Bali knapp 4 Mio.; ca. 360 Ethnien meist malaiischer Herkunft auf den westlichen Inseln sowie austronesischer Abkunft im Osten des Archipels; Bevölkerungsdichte: 105 Einwohner/km², auf Java: 1000 Einwohner/km², auf Bali: ca. 700 Einwohner/km², in Deutschland: ca. 200 Einwohner/km², Stadtbevölkerung 40 %
Hauptstadt: Jakarta mit 14 Mio. Einwohnern, von Bali: Denpasar mit 400 000 Einwohnern
Staats- und Regierungsform: Zentralistisch geführte Präsidialrepublik; oberstes gesetzgebendes Organ ist der Beratende Volkskongress mit 1000 Abgeordneten, zweite legislative Instanz das Repräsentantenhaus mit 400 Abgeordneten. Der für fünf Jahre gewählte Präsident der Republik, dessen Wiederwahl beliebig oft möglich ist, besitzt umfangreiche exekutive und legislative Befugnisse. Eine dominierende Rolle spielt die Armee, die sich als Garant der äußeren Sicherheit und als Instrument zur Erhaltung der staatlichen Einheit, einer stabilen politischen Ordnung und der gesellschaftlichen Entwicklung sieht.
Verwaltungsgliederung: 27 Provinzen mit überwiegend geringen Selbstverwaltungsbefugnissen; Bali, eine der Provinzen, ist in acht *kabupaten* (Bezirke) eingeteilt, die den früheren Fürstentümern entsprechen: Badung, Bangli, Buleleng, Gianyar, Jembrana, Karangasem, Klungkung, Tabanan.
Wirtschaft: Wichtigste Devisenbringer für Indonesien sind Erdöl- und -gas, an Bedeutung gewann in den vergangenen Jahren die exportorientierte verarbeitende Industrie. Über die Hälfte aller Beschäftigten ist im Agrarsektor tätig, der aber nur einen geringen Beitrag zum Bruttosozialprodukt leistet. Hauptprobleme sind ein Rückgang der wirtschaftlichen Produktion um 20 %, ein drastischer Währungsverfall, eine galoppierende Inflationsrate von über 70 %, enorme Ungleichgewichte bei der Einkommensverteilung, eine extrem hohe Arbeitslosigkeit und Unterbeschäftigung sowie eine hohe Auslandsverschuldung.
Religion: Rund 87 % der indonesischen Bevölkerung bekennen sich zum islamischen Glauben sunnitischer Richtung, damit ist Indonesien der größte muslimische Staat der Welt; religiöse Minderheiten sind Christen (ca. 9,5 %), Hindus (2 %; vorwiegend auf Bali) sowie Buddhisten, Taoisten und Konfuzianer (1 %, meist Chinesen). Naturreligionen hängen etwa 0,5 % der Indonesier an.

Geografie und Klima

Am Strand von Bukit Badung

Ost und 80 km von Süd nach Nord erstreckt, kommen sich von Flüssen und tiefen Schluchten zerschnittene Berge und weiße oder vulkanisch graue Sandstrände sehr nahe. Ein gutes Drittel des westlichen Bali nimmt das Hochland von Jembrana ein, vom Urwald dicht überzogen, ohne Wege und so gut wie unbewohnt. Hier erstreckt sich Balis einziger Nationalpark, der Taman Nasional Bali Barat.

Der Westspitze vorgelagert ist die kleine Insel Menjangan, bei der mehrere hundert Korallenarten wachsen. Während sich im Westen sowie entlang der nach Norden ziemlich steil abfallenden, nach Süden flach zum Meer hin auslaufenden Bergkette die Landschaft grandios in Szene setzt, weichen manche Regionen Balis mit ihrer kargen Vegetation vom Traumbild tropischer Fülle deutlich ab. So erinnert die südlich vorgelagerte Halbinsel Bukit Badung mit trockenen Savannen und Kakteenfeldern fast ein wenig an Zentral-Australien.

Ausgedörrt und verödet präsentiert sich die Bukit Badung-Halbinsel vor allem während des Sommermonsuns, der vom nahen Australien trockene Luft herbeiführt. Wenn die Monsunwinde im restlichen Jahr, in der Regel zwischen Oktober und April, die Richtung ändern und schwere Wolken herantreiben, die sich über dem Südchinesischen Meer mit Feuchtigkeit aufgeladen haben, setzen auf Bali oft sintflutartige Regenfälle ein. Doch auch während des Wintermonsuns sind völlig verregnete und trübe Tage selten.

Selbst in der Regenzeit scheint oft die Sonne, unterbrochen nur von ebenso heftigen wie kurzen Schauern. Während es im Hochland vor allem nachts ausgesprochen kalt werden kann, herrscht in den Küstenniederungen und Tiefebenen jahrein, jahraus eine schwüle Hitze, die den Lebensrhythmus der Balinesen prägt – Hektik und Stress sind Fremdwörter.

Pflanzen- und Tierwelt

»Stecke einen Spazierstock in den Boden und er wird grünen und Früchte tragen«, berichtete ein portugiesischer Seefahrer, der Ende des 16. Jh. balinesischen Boden betreten hatte. Bei tagein, tagaus gleich bleibend hohen Temperaturen von durchschnittlich 28° Celsius in den tiefer gelegenen Inselregionen und einer extrem hohen Luftfeuchtigkeit wärmt die Tropensonne einen fruchtbaren Lavaboden, der von Zeit zu Zeit bei neuen Vulkanausbrüchen Nachschub an mineralreicher Vulkanasche erhält.

Bali – eine Orgie in Grün. Die üppige Tropenvegetation überzieht das Innere der Insel wie ein dichter Teppich, Regenwälder legen sich als samtige Mäntel um die Vulkankegel. Bis zu drei Reisernten im Jahr sind möglich. Dabei erscheinen die fruchtbaren Ebenen wie ein Patch-work aus Grüntönen in allen Schattierungen, wenn sich aneinander grenzende Reisfelder in unterschiedlichen Reifestadien befinden. Die Bauern haben im Laufe der Jahrhunderte die vulkanischen Hänge bis in immer größere Höhen hinauf kultiviert. Über steile Bergflanken schwingen sich heute kunstvolle Reisterrassen, klettern hoch bis zu manchem Gipfel.

Zwischen den Feldern wuchern haushohe Bambushaine, werfen Kokospalmen ihre Schatten auf die Erde. Wie von Götterhand in die Landschaft gesetzt wirken die meterhohen, buschigen Frangipani-Bäume, die weiße oder karmesinrote Blüten tragen. Diese wie auch die farbenprächtigen Hibiskusblüten stecken sich Balinesen nach altem Brauch gern hinter das Ohr, nicht nur zur Zierde, sondern auch als Zeichen dafür, dass sie soeben gebetet haben.

Wer zum ersten Mal Bali besucht, staunt über die Vielfalt tropischer Blumen und Blüten, insbesondere über die zahllosen Orchideenarten, die in einem Feuerwerk an Farben explodieren. Bougainvilleen mit rot bis lila getönten kelchartigen Blüten und Weihnachtssterne leuchten in der Sonne. Philodendren, die bei uns als Topfpflanzen gerade Bonsai-Größe erreichen, ragen hier als grüne Monster auf. Auf Seen und Teichen schwimmen neben Seerosen Lotosblüten, die als Symbol für Reinheit, Schönheit und ewiges Leben gelten.

Aus der tropisch-verschwenderischen Vegetation drängt sich immer

Pflanzen- und Tierwelt

wieder der an seinen charakteristischen Luftwurzeln erkennbare Banyan-Baum (Würgefeige – *Ficus bengalensis* – oder auf Indonesisch *waringin*) ins Blickfeld. In jedem balinesischen Dorf steht zumindest einer dieser als heilig erachteten Bäume, die uralt sind und nicht angetastet werden dürfen.

Während seiner achtjährigen Reise quer durch den Malaiischen Archipel verbrachte der englische Biologe Alfred Russel Wallace (1823 bis 1913) mehrere Monate auf Bali. Wallace, der zeitgleich mit seinem weit berühmteren Forscherkollegen Charles Darwin die Evolutionstheorie aufstellte, entdeckte auf Bali die Grenze zwischen zwei Tier- und Pflanzenwelten – die später nach ihm benannte Wallace-Linie.

Diese Trennungslinie, an der sich die Faunen und Floren zweier Kontinente treffen, verläuft zwischen Bali und Lombok und setzt sich nördlich davon zwischen Borneo und Sulawesi fort. Obwohl nicht mehr als 90 km Bali und die östliche Nachbarinsel trennen, unterscheidet sich vor allem die Fauna dieser beiden Inseln so stark voneinander, als befände sich ein Ozean zwischen ihnen. Nicht an der Küstenlinie des asiatischen Festlandes – das bewies Wallace –, sondern an den Abbruchkanten des Sunda-Schelfs liegen die Grenzen der frühen tierischen und vermutlich auch menschlichen Wanderungen.

Deutlicher noch als bei der Flora fällt bei der Fauna ein charakteristischer Unterschied zwischen der

Bougainvillea in voller Blütenpracht

Es stinkt zum Himmel

Umweltsünden auf Bali

»Der Himmel ist nur ein zweites Bali«, sagen viele Balinesen, die sich kaum vorstellen können, dass ihnen das Jenseits mehr an Harmonie bieten könnte als ihre Insel. Doch die Moderne hat aus dem irdischen Garten Eden ein Paradies mit Schönheitsfehlern gemacht. Längst nicht alles steht auf der Götterinsel zum Besten.

Die großen Probleme heißen Verkehr und Umweltbelastung. Über der verstädterten Region im Süden von Bali, wo sich ein Großteil des Tourismus konzentriert, sich zudem die meisten Balinesen drängen, hängt an windstillen Tagen eine graue Dunstglocke. Durch die engen Straßen quälen sich Autos und Taxis, Bemos und Touristenbusse. Tausende von Mopedfahrern zwängen sich durch die wenigen Lücken im dichten Verkehr und laden die Luft mit Kohlenmonoxyd auf. Die ätzende Wolke schnürt den Menschen die Lungen zu und treibt ihnen Tränen in die Augen. Fußgänger und Straßenhändler pressen sich Taschentücher vor Mund und Nase, um die gröbsten Schmutzpartikel aus der Luft herauszufiltern.

Schuld an der ›dicken‹ Luft sind die endlosen Blechkarawanen, die sich in den Straßen stauen. Aber auch die archaische Müllbeseitigung trägt zur Schadstoffemission bei. Obwohl sich längst schon Plastikverpackungen darunter gemischt haben, wird immer noch ein großer Teil des Mülls in offenen Feuern ›entsorgt‹.

Eine halbwegs organisierte Müllabfuhr gibt es nur in Denpasar und den anderen größeren Städten der Insel sowie in den Ferienzentren des Südens, wo die konsumgewohnten, nach Hunderttausenden zählenden Badeurlauber tonnenweise Müll hinterlassen. Überall sonst muss jeder selbst sehen, wie er seinen Unrat beseitigt.

Früher, als die Speisen noch in Bananenblättern statt in Plastik und Styropor verpackt wurden, gab es wenig Probleme – der Biomüll verrottete und reicherte die ohnehin schon fruchtbare Erde mit Nährstoffen an. Heute aber überschwemmen Kunststoffflaschen, Plastiktüten und ande-

westlichen und der östlichen Hälfte des Archipels auf. Während die einst mit Kontinental-Asien verbundene westliche Zone mit den Hauptinseln Sumatra, Borneo, Java und Bali vorwiegend eine asiatische Tierwelt beherbergt, weist die Fauna im östlichen Teil Indonesiens viele Gemeinsamkeiten mit Australien auf. So sind dort Beuteltiere wie

Umweltsünden

rer Industriemüll die Insel. Ein großer Teil des Unrats wird in die Landschaft gekarrt oder landet auf glimmenden wilden Müllkippen, wo Rauchschwaden den Tropenhimmel vernebeln.

Ob in den Ballungsräumen von Süd-Bali oder auf dem Land, auch der Gewässerschutz gehört zu den Problembereichen. Nicht einmal in der Hauptstadt gibt es ein umfassendes Abwasserentsorgungssystem, eine unterirdische Kanalisation fehlt gänzlich. Haushalte und Hotels, Fabriken und Farmen leiten ihre mit chemischen Rückständen und Schwermetallen ›angereicherten‹ Abwässer in offene Kanäle und Flüsse. Ungeklärt wälzt sich die Brühe dann Richtung Meer. Wohl verpflichten Gesetze jedes Unternehmen, die Gewässerverschmutzung zu vermeiden, doch hapert es mit der Kontrolle. Kläranlagen, die internationalem Standard entsprechen, gibt es nur in der Retortensiedlung Nusa Dua mit ihren Luxushotels.

Zwar dürfen in den Ferienzentren Hotels nicht höher als Palmen in den Himmel ragen, so dass Bali architektonische Monstrositäten wie etwa an der spanischen Mittelmeerküste erspart blieben, doch führte der ungebrochene Bauboom dazu, dass Balis Küsten- und Reisfeldlandschaft immer größeren Eingriffen und Verschandelungen ausgesetzt ist. Kapitalkräftige ausländische Investoren reißen mit Hilfe indonesischer Vertreter die schönsten Grundstücke der Insel an sich, um dort Hotels in zum Teil traumhafter Lage zu bauen. Auf lange Sicht wird der Reichtum der Landverkäufer die Geschlossenheit der balinesischen Dorfgemeinschaften beeinträchtigen.

Auch könnten die Neubauten das fein ausbalancierte System der Reisterrassen empfindlich stören. Spekulanten schrecken nicht einmal davor zurück, Hotels an Orten zu bauen, die seit Menschengedenken den Göttern vorhalten waren. So entstand trotz massiver Proteste zahlreicher Einheimischer und obwohl balinesische Hohepriester dringend davon abrieten, gegenüber vom Meerestempel Tanah Lot ein mondäner Ferienkomplex mit Golfplatz. Anlass zur Sorge gibt auch der exzessive Wasserverbrauch der großen Hotels, den man mit der Bohrung von Tiefbrunnen an der Küste auszugleichen versucht hat. Folge davon war eine Versalzung weiter Landstriche.

Beutelbär, Baumkänguru und Wallaby sowie eine vielfältige Vogelwelt mit Paradiesvögeln, Kasuaren und Kakadus beheimatet. Nie aber gab es auf den Inseln östlich von Bali größere Landsäugetiere wie Elefanten, Nashörner, Büffel, Wildschweine und Tiger.

Besucher von Nationalparks auf Bali und Java halten mittlerweile

Pflanzen- und Tierwelt

vergeblich Ausschau nach dem indonesischen Königstiger, denn diese Großkatze ist dort so gut wie ausgerottet. Nur noch in den unzugänglichen Bergregenwäldern von Sumatra gibt es einige hundert dieser Raubtiere. Immer seltener anzutreffen sind auch das Sumatra-Nashorn mit zwei Hörnern und das einhornige javanische Panzernashorn, die wie der Elefant und der auf Borneo und Sumatra heimische Orang-Utan wegen des Rückgangs ihrer natürlichen Lebensräume extrem gefährdet sind. Zu den ebenfalls dezimierten Tierarten gehören auch der Tapir und der nur katzengroße Zerghirsch Kancil. Dieses scheue, geweihlose Tier gilt als sehr listig und nimmt in vielen indonesischen Märchen den Part unseres Reinecke Fuchs ein. Nur noch in Tierreservaten auf Borneo, Java und Bali lebt der bis zu einer Tonne schwere Banteng, die Wildform des später domestizierten Bali-Rindes.

Während verschiedene Makakenarten, etwa der oft sehr freche und zudringliche Javaner Affe, nach wie vor allgegenwärtig sind, sieht man viele Vogelarten mittlerweile häufiger in Gefangenschaft als in freier Natur. Vor allem die Bewohner Javas, aber auch viele Balinesen lieben Singvögel, die sie in kunstvoll geschnitzten Käfigen halten.

Als heilig verehrt werden Fledermäuse und die an Vampire erinnernden Flughunde mit Flügelspannweiten von bis zu 1 m sowie verschiedene Schlangenarten, etwa die Königskobra und die in der Nähe des

Vorsicht vor Makaken

Meerestempels Tanah Lot vorkommende, mit schwarzweißen Querbändern gezeichnete Seeschlange.

Wie in fast allen Regionen Indonesiens wird auch auf Bali der Kerbau, der domestizierte Wasserbüffel, als vielseitiges Last- und Zugtier eingesetzt. Rotrinder und schwarze Hängebauchschweine sind typische Haustiere, ebenso Enten, die frisch bepflanzte Reisfelder von Schnecken und anderem Ungeziefer freihalten. Hunde undefinierbarer Rassenmischungen, stets kläffende Vierbeiner, sind in balinesischen Dörfern allgegenwärtig.

Weil sie in großen Mengen lästige Insekten wie Fliegen und Moskitos vertilgen, sind der kleine, mit Saugnäpfen an den Füßen ausgerüstete Cicak und der bis zu 30 cm große Tokeh (bekannter unter dem Namen Gecko), zwei Eidechsenarten, in jedem indonesischen Haus gern gesehene Gäste. Manche Einheimischen zählen die heiseren Rufe des Tokeh mit, wenn sie wissen wollen, ob sie Glück oder Pech haben werden. Als Glück verheißend gilt eine ungerade Zahl von Lauten.

Wirtschaft und Politik

Jahrhundertelang lebten die Balinesen fast ausschließlich von der Monokultur des Nassreisanbaus. Die zauberhafte Reisterrassen-Landschaft und die farbenfrohen Feste und Zeremonien, die sich um den Reisanbau drehen, lassen nur zu leicht übersehen, auf welch schmaler wirtschaftlicher Basis die Kultur der Insel ruht. Aus Mangel an anderen Arbeitsplätzen sind immer noch rund drei Viertel aller Erwerbstätigen in der Landwirtschaft oder im Handel mit Agrarprodukten beschäftigt. Doch obwohl die fruchtbaren vulkanischen Verwitterungsböden und das reichlich vorhandene Wasser bis zu drei Reisernten ermöglichen und zudem Obst und Gemüse, Tabak und Kaffee, Erdnüsse und Gewürznelken angebaut und exportiert werden, kann die Landwirtschaft die wachsende Bevölkerung immer weniger ernähren.

Im Gegensatz zu anderen indonesischen Inseln besitzt Bali keine bedeutenden natürlichen Ressourcen. Anders als auf Sumatra und Borneo spielt auf Bali die Forstwirtschaft keine große Rolle, zu unbedeutend sind die auf der Insel verbliebenen Regenwaldbestände. Zudem gibt es auf Bali außer dem Kunsthandwerk, das meist von Familien-, Sippen- oder Dorfgemeinschaften ausgeübt wird, kein produzierendes Gewerbe. Kein Wunder also, dass man – ungeachtet der warnenden Stimmen – vor allem über den Tourismus versucht, Devisen einzunehmen. Mittlerweile lockt Balis Ruf als sonnenverwöhnte ›Insel der Götter und Dämonen‹ jährlich über 1 Mio. Besucher aus aller Welt an. Vielen von ihnen ist aber nicht bewusst, dass Bali mit seiner heilen, bestens organisierten Ferienwelt keine Insel der Glückseligkeit ist, sondern Teil eines krisen-

Wirtschaft und Politik

Arbeiten für ein Trinkgeld

Kellner in Kuta

In den Hinterhöfen der Inselkapitale Denpasar zeigt sich das Bild des ›anderen‹ Bali, das Touristen meist nicht zu Gesicht bekommen. Hier wird deutlich, dass auf Bali außer Harmonie und Schönheit auch eine andere Wirklichkeit herrscht. Von einer abgasgeschwängerten Hauptstraße führt ein kleiner Steg über einen offenen Entwässerungskanal, in dem faulender, übel riechender Müll vorbeitreibt. Einige Dutzend Menschen leben in dem kleinen, einstöckigen Gebäudekomplex auf engstem Raum. Einer von ihnen ist der 18jährige Jimny, der sich hier mit drei anderen Jungs zwei winzige Zimmer teilt.

Jimny, mit richtigem Namen Nyoman, arbeitet im Nagasari Inn, einem der zahllosen Touristenrestaurants von Kuta. Vor drei Monaten, so erzählt er, sei er von Amlapura im Osten Balis nach Kuta gekommen, um einen Job zu suchen. Arbeit habe er schließlich als Kellner beim Chinesen im Nagasari Inn gefunden, wohnen aber müsse er, der Kosten wegen, im 10 km entfernten Denpasar. Leicht sei es nicht gewesen, die Kellnerstelle zu bekommen, zu viele Menschen aus dem armen Ost-Java kämen nach Bali und machten den Einheimischen die raren Verdienstmöglichkeiten streitig. Seine Arbeit beginne um sieben Uhr morgens mit dem Auskehren des Restaurants und ende, nachdem die letzten Gäste gegangen seien, oft weit nach 22 Uhr. Seine alltägliche, auch sonntägliche Fünfzehn-Stunden-Arbeit wird mit umgerechnet 35 DM im Monat bezahlt. Dazu kämen noch Trinkgelder sowie kostenlose Verpflegung.

Jimnys Indonesischkenntnisse verraten den begabten Jungen, der neben seiner balinesischen Muttersprache das Nationalidiom fehlerfrei erlernt hat, eine der Voraussetzungen für beruflichen Aufstieg im moder-

geschüttelten Staates, der vor einer ungewissen Zukunft steht.

Als die asiatische Wirtschaftskrise 1997 auch Indonesien erfasste, brachen Proteste aus, in denen sich die über Jahrzehnte angestaute Unzufriedenheit über die politische Situation entlud. Indonesien erlebte eine Revolte nach klassischem Muster:

Ein unterdrücktes Volk erhob sich gegen seinen Diktator. Als auf dem Höhepunkt des Volksaufstands im Mai 1998 nach friedlichen Studententendemonstrationen, die von Regierungseinheiten brutal niedergeknüppelt wurden, Angehörige der chinesischen Minderheit und westliche Ausländer panikartig das Land

Wirtschaft und Politik

nen Indonesien. Doch auf die Frage, ob er studieren wolle, schüttelt er den Kopf. Nein, die Hochschule könne die Familie nicht bezahlen.

Jimny ist einer von vielen Millionen junger Indonesiern mit ungewisser Zukunft. Er wird weiter im Nagasari Inn jobben, später vielleicht als Souvenirverkäufer Touristen hinterherlaufen, immer mit einem Verdienst, der sich nur knapp über dem Existenzminimum bewegt. Als Kellner verdient er am Tag gerade soviel, wie ein Tourist für eine Flasche Bintang-Bier ausgibt. Was im Restaurant für den Gast ein Abendessen kostet, reicht aus, um draußen eine ganze Familie eine Woche lang zu ernähren. Eine Übernachtung im benachbarten Kuta Beach Hotel entspricht etwa dem Monatsverdienst einer durchschnittlichen Familie.

Weltweit hat Indonesien eines der niedrigsten Lohnniveaus. Der durchschnittliche Monatsverdienst eines Industriearbeiters beträgt 35 bis 40 DM, der eines Verkehrspolizisten oder eines Rikschafahrers 50 bis 60 DM, der eines Grundschullehrers 100 DM. Vor allem seitdem die asiatische Wirtschaftskrise auch Indonesien erfasst hat, steigen die Preise für Lebensmittel ständig und erheblich schneller als die Löhne. Der drastische Währungsverfall hat dazu geführt, dass sich die kargen Ersparnisse vieler ›kleiner‹ Leute über Nacht buchstäblich in nichts auflösten.

Derzeit ließe sich mit dem offiziellen monatlichen Gehalt eines Grundschullehrers der Haushalt einer sechsköpfigen Familie gerade zwei Wochen lang bestreiten. Deshalb sind Mehrfachjobs (über-)lebenswichtig, für Lehrer und Professoren ebenso wie für Landarbeiter und Polizisten. Überdies sind Eltern oft auf die Arbeitskraft der Kinder angewiesen. Bei den extrem Armen, die mit ihrem Einkommen noch deutlich unter der statistischen Armutsgrenze von etwa 1 DM am Tag liegen, entsteht unter diesen Verhältnissen ein Teufelskreis: Armut – Unterernährung – hohe Krankheitsanfälligkeit – niedrige Arbeitsleistung – größere Armut. Schätzungen zufolge gehört jeder dritte der über 200 Mio. Indonesier zur ärmsten Bevölkerungsschicht.

verließen, trat Suharto – seit 1968 Präsident der Inselrepublik – zurück.

Mit dem Rücktritt des ›lächelnden Generals‹ ging in Indonesien eine Epoche zu Ende, die dem Land einen großen wirtschaftlichen Aufschwung gebracht hat. Unter Suharto entwickelte sich Indonesien vom bankrotten Agrarstaat, in dem Hun-

ger und eine galoppierende Inflation den Alltag bestimmten, zum aufstrebenden Schwellenland. Der Wirtschaftsboom kam in Form staatlicher Investitionen allmählich auch den Armen zugute. Selbst auf entlegenen Inseln sind Schulen und eine medizinische Versorgung heute selbstverständlich. Und bis zum

Wirtschaft und Politik

ökonomischen Kollaps 1997 war die Versorgung der Bevölkerung mit Grundnahrungsmitteln sichergestellt.

Diese Erfolgsbilanz, die auch Suharto-Kritiker anerkennen, musste aber teuer bezahlt werden. Erkauft wurden die in manchen Jahren zweistelligen Zuwachsraten mit einem beispiellosen Raubbau an der Natur, vor allem der Zerstörung der ursprünglichen Regenwälder durch Abholzung und Brandrodung sowie durch Missachtung der Menschenrechte und soziale Ungleichheit. Vom Aufschwung während der Suharto-Ära profitierten vor allem die-

Wirtschaft und Politik

Noch immer sind die meisten Balinesen in der Landwirtschaft tätig

jenigen, die es verstanden, politische Macht mit wirtschaftlichen Interessen zu verknüpfen. Die von Thailand und Malaysia ausgegangene Wirtschaftskrise unterspülte die indonesische Variante eines spezifisch asiatischen Politik- und Wirtschaftsmodells – den *crony capitalism* mit einem Geflecht aus Korruption, Vetternwirtschaft und mangelnder Kontrolle.

Der Kollaps der Börsenkurse und der Zusammenbruch der Landeswährung haben für viele Millionen Indonesier katastrophale Folgen. Die einst staatlich kontrollierte, vom Export agrarischer und mineralischer Rohstoffe abhängige Ökonomie hatte sich in eine Marktwirtschaft mit einer leistungsfähigen, exportorientierten Fertigungsindustrie gewandelt. Durch die Krise wurden die Erfolge der vergangenen drei Jahrzehnte mit einem Schlag zunichte gemacht. Die wirtschaftliche Produktion ging um 20% zurück, die Inflationsrate stieg dramatisch an. Millionen von Menschen verloren ihre Arbeit und fielen wieder unter die Armutsschwelle. Der Preis für das Grundnahrungsmittel Reis steigt ständig – viele Menschen können sich nur noch eine Mahlzeit am Tag leisten.

Dies ist der Boden, auf dem Wut und Gewalt wachsen. Niemand kann im Falle Indonesiens die Entwicklungen zuverlässig vorhersehen. Steuert das Land in Richtung mehr Freiheit, mehr Pluralismus und mehr Offenheit? Wird es gar – gemessen an der Bevölkerung – zur drittgrößten Demokratie der Welt nach Indien und den USA? Oder steht es am Rande von Chaos und Bürgerkrieg?

Geschichte, Gesellschaft und Kultur

Daten zur Geschichte

Die balinesische Gesellschaft

Religion auf Bali

Feste und Zeremonien

Balinesische Tänze

Kunst und Kunsthandwerk

Bali kulinarisch

Dorfprozession bei Amed

Daten zur Geschichte

Ab 500 000 v. Chr.	Erste Spuren menschlichen Lebens im Gebiet des heutigen Indonesien (Java-Mensch)
Zwischen 2500 – 1500 v. Chr.	Mehrere Einwanderungsintervalle proto- oder altmalaiischer Völker aus dem Gebiet des heutigen Süd-China
Ab ca. 300 v. Chr.	Einwanderung von Jung- bzw. Deuteromalaien aus dem süd-chinesischen Raum; Beginn der indonesischen Bronze- und Eisenzeit. Auch Bali ist während der Bronzezeit besiedelt – dies belegt die riesige Bronzetrommel ›Mond von Pejeng‹, die man bei Ubud entdeckte.
Seit dem 1. Jh. n. Chr.	Beginn einer friedlichen indischen Kolonisation im westlichen Teil des heutigen Indonesien
Zwischen dem 5. und 9. Jh.	Entstehung indisch beeinflusster Königreiche auf Sumatra und Java; das bekannteste ist Sri Vijaya, dessen Machtbereich weit über die Grenzen des Malaiischen Archipels hinausreicht. Hinduismus und Buddhismus breiten sich aus; Bau der Tempelanlagen von Borobudur und Prambanan auf Java
Seit dem 10. Jh.	Beginn einer umfassenden Hinduisierung Balis. König Airlangga (1019–42) vereinigt Java und Bali unter seiner Herrschaft. Nach Airlanggas Tod entstehen kleine Fürstentümer auf dem vorübergehend unabhängigen Bali.
Ende des 13. Jh.	Aufstieg des hinduistischen Majapahit-Imperiums auf Java, dessen Einflussbereich im 14. und 15. Jh. ein Gebiet umfasst, das der heutigen Republik Indonesien entspricht. Bali wird dem Großreich 1343 als Provinz angegliedert.
Anfang des 16. Jh.	Zusammenbruch des Majapahit-Reiches unter dem Ansturm des Islam; Bali wird zur letzten Zufluchtsstätte für die vertriebene Hindu-Elite Javas und deren hoch entwickelte Kultur. Gründung des Königshauses von Gelgel, dessen Macht sich über ganz Bali erstreckt.
1597	Holländer landen erstmals auf Bali, zeigen aber kein Interesse an einer Kolonisation der Insel.
Mitte des 17. Jh.	Das balinesische Reich zerfällt in etwa ein Dutzend selbstständige Fürstentümer.
1846	Die Niederländer erobern Nord-Bali mit der Hafenstadt Singaraja und unterwerfen weitere Regionen der Insel bis Anfang des 20. Jh.

Daten zur Geschichte

In Denpasar erinnert ein Denkmal an die Selbstvernichtungsschlacht des Königshauses von Badung, das sich 1906 nicht den holländischen Kolonialherren ergeben wollte

1906	Rituelle Selbstvernichtungsschlacht *(puputan)* des Königshauses von Badung, um der holländischen Kolonisation zu entgehen
1920–40	Europäische und amerikanische Maler, Musiker und Schriftsteller wie Walter Spies, Adrien Jean Le Mayeur und Vicki Baum lassen sich auf Bali nieder.
Anfang 1942	Die Japaner erobern Niederländisch-Ostindien.
17. 8. 1945	Zwei Tage nach der Kapitulation Japans verkündet Sukarno die Unabhängigkeit der Republik Indonesien.
1945–49	Versuch der zurückgekehrten Holländer, ihre Herrschaft mit Waffengewalt wiederherzustellen; am 20. 11. 1946 fallen der heutige Nationalheld I Gusti Ngurah Rai und 1371 seiner Gefolgsleute in einer Selbstvernichtungsschlacht gegen die holländische Kolonialarmee.
17. 8. 1950	Konstitution der zentralistischen Republik Indonesien und Wahl von Sukarno zum Präsidenten
1963–65	Wirtschaftliche Probleme und eine zunehmende Polarisierung zwischen den Streitkräften, muslimischen Gruppierungen und der Kommunistischen Partei kennzeichnen die innenpolitische Situation.
30. 9. 1965	Putschversuch von Kommunisten und sympathisierenden Offizieren, der schon bald von loyalen Truppen unter General Suharto niedergeschlagen wird. Es folgt ein

Daten zur Geschichte

	Massaker an 500 000 bis 1 Mio. (mutmaßlichen) Kommunisten; allein auf Bali werden 100 000 Menschen getötet.
1966	Sukarno wird von General Suharto entmachtet.
1968	Der Volkskongress wählt General Suharto zum neuen Staatspräsidenten (Wiederwahlen 1973, 1978, 1983, 1988, 1993 und 1998).
1996	Friedliche Protestmärsche von Anhängern der oppositionellen Demokratischen Partei in Jakarta werden von Militäreinheiten brutal niedergeschlagen.
1997	Die asiatische Wirtschaftskrise erfasst Indonesien; erneute Proteste und Straßenkämpfe vor allem in den Metropolen von Java
1998	Nach wochenlangem Chaos und den blutigsten Unruhen seit über drei Jahrzehnten Rücktritt von Präsident Suharto am 21.5.1998. Auch unter dem neuen Präsidenten Bacharuddin Jusuf Habibie, der als ein Zögling Suhartos gilt, flackern in Jakarta und anderen Großstädten auf Java und Sumatra immer wieder Unruhen auf.
7.6. 1999	Sieg der Oppositionspartei PDI-P unter Megawati Sukarnoputri, der Tochter des ersten Staatschefs und Gründervaters der Nation, bei den ersten freien Parlamentswahlen seit 44 Jahren
2000	Indonesien geht mit einer demokratisch gewählten Regierung ins neue Jahrtausend: Der gemäßigte Muslimführer Abdurrahman Wahid ist Präsident, Vizepräsidentin ist Megawati Sukarnoputri.

Im Sommer 1999 gewann Megawati Sukarnoputri, die Tochter des Gründervaters der Nation, die ersten freien Wahlen seit 44 Jahren

Die Familie
Teilen und Teilhaben

Nur wenige Kilometer außerhalb von Kuta ist nichts mehr von dem geschäftig lauten Rummel der Touristenstrände zu spüren. Im Dorf und in der Familie spielt sich das Leben der Balinesen ab. Unter ein und demselben Dach wohnen Eltern, Kinder und Großeltern zusammen, nicht selten gesellt sich dazu ein verwitweter Onkel oder ein Kusin, der gerade keine Arbeit hat und mitversorgt werden muss. Da es in Indonesien kein Sozialversicherungssystem westlichen Musters gibt, bildet die Großfamilie das soziale Netz. Sie garantiert jedem Mitglied Absicherung bei Altersgebrechlichkeit, bei Krankheit – bei allen nur denkbaren Schicksalsschlägen.

Zwar bietet die Großfamilie Hilfe und Unterstützung, fordert aber, nach dem Grundsatz der Gegenseitigkeit, diese auch von jedem einzelnen Mitglied. Balinesen leben in einer Welt des Teilens und Teilhabens – die Bindung an die Familie und die damit einhergehenden Pflichten haben Vorrang gegenüber den Bedürfnissen des Individuums. Gehorsam und Anpassung gelten als selbstverständliche Tugenden. Einzelinteressen sind dem Wohlergehen der Familie unterzuordnen.

Nichts ist den familienorientierten Balinesen so wichtig wie Kinder – je mehr desto besser, allen bevölkerungspolitischen Kampagnen zum Trotz. Familienplanung ist für die meisten Balinesen indiskutabel, können sie im Alter doch des Respekts und der Fürsorge ihrer Kinder sicher sein. Aber nicht nur wegen der Existenzsicherung sind Kinder der vorrangige Zweck einer Eheschließung – vor allem Söhne werden herbeigesehnt. Deren Aufgabe ist es, nach dem Tode der Eltern alle für die Befreiung derer Seelen vorgeschriebenen Riten zu vollziehen. Eine kinderlose Ehe gleicht einer Katastrophe, Kinderlosigkeit ist ein Scheidungsgrund. Den Eltern wird lebenslang Respekt entgegengebracht, denn sie sind die Bewahrer der Tradition, die Verbindungsglieder mit den Wurzeln der Familie.

Wenn die Kleinen auch früh mit dem Ernst des Lebens konfrontiert werden – bis es so weit ist, gehören sie sicherlich zu den glücklichsten Kindern der Erde. Auf Bali sind die Kleinsten die Größten im Familienklan. Nicht, dass sie mit Spielzeug und anderen Geschenken überhäuft würden. Womit sie reichlich verwöhnt werden, ist Liebe, Zuwendung und Nestwärme. Kaum hat ein balinesisches Kind das Licht der Welt erblickt, wird es bemuttert und umhegt. Unbeschwert verbringen die Kleinen ihre ersten Lebensjahre, werden viel getragen, herumgereicht, berührt. Wie selbstverständlich gleiten sie in die Welt der Erwachsenen hinein, indem sie von klein auf bestimmte Aufgaben im elterlichen Hof verrichten müssen. Strafen wie Schelten oder gar Schläge gibt es so gut wie nie, denn den Erwachsenen gelten Kinder als Re-

Alles hat seine Ordnung

Die Anlage eines Familiengehöfts

Die von mannshohen Lehm- oder Steinmauern umgebenen traditionellen balinesischen Familienanwesen mögen Europäern wie Festungen erscheinen. Für Balinesen sind sie ein Zeichen für das enge Zusammengehörigkeitsgefühl des Familienverbandes. Da auf Bali alles mit allem in Verbindung steht, weisen auch die Familiengehöfte – wie auch die Tempelanlagen und Dörfer sowie als kleinste Einheit der menschliche Körper – die gleiche Dreiteilung wie der Makrokosmos auf (vgl. S. 40ff). Mögen einfache Balinesen kaum Einblick in kosmische Gesamtzusammenhänge haben, eines ist ihnen klar – ihr Körper, ihr Gehöft, ihr Tempel, ihr Dorf, ihre Welt bilden eine Einheit. So wird denn auch das Familienanwesen nicht nur zu einem Spiegelbild des menschlichen Körpers, sondern auch zu einem Abbild des dreigeteilten Universums.

Von den Dorfstraßen, zu denen die Mauern der Gehöfte parallel verlaufen, führen Treppen zu schmalen, überdachten Eingangsportalen. Hinter jedem Hofeingang befindet sich eine kleine querstehende Mauer. Sie dient nicht nur als Blickfang, sondern soll vor allem nachts Dämonen und bösen Geistern den Zutritt verwehren. Diese können sich nach balinesischer Vorstellung nur geradeaus bewegen und würden sich an der *aling aling* genannten Sperre in ihrer Raserei die Köpfe einrennen.

Um den Innenhof gruppieren sich die Gebäude, deren Anordnung einer imaginären, vom Berg zum Meer verlaufenden Achse folgt. Immer ausgerichtet auf den balinesischen Göttersitz, den heiligen Gunung Agung, liegen an der bergzugewandten Seite das Wohnhaus der ranghöchsten Familienmitglieder sowie der Familien- oder Hausschrein, der bei wohlhabenden Balinesen bisweilen die Ausmaße eines kleinen Tempels annimmt. Das Heiligtum, das aus einem oder mehreren kleineren, mit Reisstroh gedeckten Schreinen besteht und oft zusätzlich durch eine niedrige Mauer vom profanen Teil des Gehöfts abgegrenzt wird, entspricht der göttlichen Sphäre oder, wenn man das Gehöft mit dem menschlichen Körper vergleicht, dem Kopf. Im zentralen Teil des Anwesens verfügt jedes zur Großfamilie gehörende verheiratete Paar über ein eigenes Wohn- und Schlafhaus.

Die spirituelle Ausrichtung setzt sich im Innern der Gebäude fort: Die Betten in den aus Ziegeln und Holz gebauten Häuschen sind so aufgestellt, dass beim Schlafen der Kopf bergwärts weist, auf die Welt der Göt-

Die Anlage eines Familiengehöfts

ter, oder wenigstens nach Osten, wo die Sonne aufgeht, die nächstgünstige Position. Die als unrein geltenden Füße müssen immer in Richtung Meer zeigen. Alle anderen Bauten im zentralen Bereich, in der Regel halboffene Pavillons, stehen als Aufenthaltsräume dem ganzen Familienverband zur Verfügung. Übertragen auf die Körper-Kosmos-Symbolik, sind die Wohn- und Schlafgemächer sowie die Gemeinschaftspavillons die mittlere Welt bzw. die Arme. Küche und Reisspeicher sowie Schweinestall und Abfallgrube sind stets auf der meerwärts gelegenen Kelod-Seite angeordnet, wobei erstere den Beinen entsprechen, letztere dem After.

Die Gebäude in einem Familienanwesen zeichnen sich nicht unbedingt durch architektonische Schönheit aus, sondern durch eine bemerkenswert raffinierte Bauweise. So werden die Stämme der Kokospalme, die man als Stützpfosten für die oft mit Reisstroh oder Palmwedeln eingedeckten Dächer verwendet, mit dem schweren Wurzelende nach unten eingebaut. Dadurch ist eine ständige Entwässerung der Naturdächer gewährleistet. Außerdem wird die spirituelle Orientierung beibehalten – Fuß unten, Kopf oben. Ein fälschlicherweise verkehrt herum aufgestellter Pfosten würde bei den Bewohnern ständige Kopfschmerzen verursachen.

Den Bauvorschriften zufolge müssen die Abmessungen des Familienanwesens immer in Relation zu den Körpermaßen des Familienoberhauptes, stehen. Nachdem ein Architekt vom Familienoberhaupt die notwendigen Maße abgenommen hat, bestimmt er unter Berücksichtigung der Kastenzugehörigkeit und des Vermögens des Bauherrn sowie der örtlichen Gegebenheiten, wie etwa der Himmelsrichtung und des Wasserflusses, die Länge der Umfriedungsmauer oder die Größe der einzelnen Pavillons.

So berechnet der Experte die Länge der Umfassungsmauer, indem er die Armspanne, das Ellenbogenmaß und die Faustbreite des Familienoberhauptes addiert und mit einem nach komplizierten Regeln ermittelten Faktor multipliziert. In dieser ›Baugesinnung‹ spiegelt sich das Bestreben der Balinesen wider, mit ihrer Umwelt in Harmonie zu leben. Wer die Dinge verdreht, wird dies schnell am eigenen Leib verspüren – er wird krank oder ihm widerfährt allerlei Unbill.

Einerseits findet man dieses Konzept in der Architektur verschiedener Luxushotels wieder – etwa dem Four Seasons in Jimbaran oder dem Oberoi in Legian –, andererseits halten sich mit zunehmendem westlichem Kultureinfluss immer weniger Inselbewohner an die überlieferten Bauvorschriften.

Die Familie

Die Feldarbeit wird gemeinsam getan

Die balinesische Dorfgemeinschaft

inkarnation verstorbener Vorfahren und damit als besonders rein und verehrungswürdig.

Anders als in westlichen Ländern, wo man Kinder schon früh ermuntert, Meinungen und Wünsche zu äußern und ihre Persönlichkeit zu entfalten, lernen Balinesen von Kindesbeinen an, sich in die sozialen Strukturen einzufügen und ihre Stellung in der Großfamilie einzunehmen. Im Sinn der sozialen Harmonie müssen Kinder lernen, Streit zu vermeiden und Gespür für das ›Gesicht‹ anderer zu entwickeln. Unterordnung und Disziplin werden nicht nur in der Familie, sondern auch im gesellschaftlichen Leben gefordert.

Bali ist bis auf die wenigen städtischen Zentren eine Insel der Bauern geblieben. Nach wie vor leben über 80 % aller Balinesen auf dem Lande. In den Dörfern, oft nur wenige Kilometer abseits der touristischen Zentren, folgt das Leben wie eh und je dem Rhythmus der Jahreszeiten, dem Wechsel von Saat und Ernte, unterbrochen nur von einem der häufigen Feste.

Zwar ist auf Bali die Familie der Kern der Gesellschaft, aber das Familienleben verläuft in gänzlich anderen Bahnen als im Westen. So verbringen die Mitglieder einer balinesischen Familie verhältnismäßig wenig Zeit miteinander. Ein Großteil

Die Dorfgemeinschaft

des Lebens spielt sich in der Dorfgemeinschaft ab, die mit ihren Institutionen, Vereinen und Genossenschaften eine weitgehend in sich geschlossene Welt ist. Die Dorfgemeinschaft fordert von ihren Mitgliedern Mitarbeit, viele Pflichten und manche Opfer, allerdings bietet sie auch jedem, der in Not gerät, Halt.

Gemeinschaftssinn und Gruppenzugehörigkeit werden groß geschrieben. Und beinahe jede Tätigkeit wird in der Gruppe verrichtet, ob es sich um die Verwaltung des Dorfes, die Bestellung der Felder oder die Organisation von Tempelfesten und Familienfeiern handelt. Der soziale Status eines Menschen wird weniger von seinem materiellen Besitz bestimmt als vielmehr durch seinen Einsatz bei gemeinschaftlichen Aufgaben. Das erklärt, warum auf Bali das Streben nach Ruhm und Anerkennung nur schwach ausgeprägt ist. Balinesen empfinden es als beschämend, wenn das eigene Verhalten von der Gruppennorm abweicht. Und die schwerste Strafe, die einer Person drohen kann, ist die Verstoßung aus der Dorfgemeinschaft.

Die meisten balinesischen Dörfer haben bis heute eine erstaunliche Autonomie bewahrt, sie sind kleine ›Dorfrepubliken‹ mit einer ausgezeichnet funktionierenden Selbstverwaltung. Die Bevölkerung bildet eine Sozialgemeinschaft, deren Zusammenleben auf den *adat* basiert – dem vorhinduistischen Gewohnheitsrecht, in dem gesellschaftliche und religiöse Normen zusammengefasst sind, das soziale Pflichten und Rechte bis in kleinste Details festschreibt.

Adat-Zeremonien charakterisieren alle wichtigen Lebensstationen wie Geburt, Heirat oder Tod. *Adat* gibt dem Bauern Anleitungen für die Feldbestellung und die Ernte, nach *Adat*-Normen werden Siedlungen, Wohnhäuser und Kultstätten angelegt. Es gibt im Dorf niemanden, der Verordnungen erlassen oder Anordnungen treffen kann, da alle wichtigen Fragen durch das *adat* geregelt sind. Abweichungen von den ungeschriebenen, aber tief verinnerlichten *Adat*-Regeln, die oft streng und unbarmherzig sind, aber den friedlichen und ehrlichen Charakter der Balinesen geprägt haben, könnten das Dorfgefüge in Chaos stürzen. Daher muss sich jeder den Interessen der Gemeinschaft unterordnen. ›Ein Tropfen Farbe verdirbt die ganze Milch‹, lautet denn auch ein balinesisches Sprichwort – das Fehlverhalten eines einzelnen Menschen schädigt das Ansehen des gesamten Dorfes.

Obwohl die traditionelle Dorfsolidarität im Zeichen der Moderne mancherorts zu zerbrechen droht, ist das Zusammengehörigkeitsgefühl innerhalb eines Dorfes auch heute noch sehr stark. Durch *gotong royong* wird es ständig erneuert. So heißt das System der einmütigen Zusammenarbeit und gegenseitigen Hilfeleistung etwa beim Bau oder der Instandhaltung von Straßen und Bewässerungsanlagen.

Die Dorfgemeinschaft

Mikrokosmos im Makrokosmos

Die Anlage eines Dorfes

Wenn man als Urlauber irgendwo auf Bali in einem Dorf ausgesetzt würde, fiele es einem schwer zu sagen, wo man sich befindet, denn eine *desa*, die indonesische Bezeichnung für Dorf, gleicht, abgesehen von Lage und Größe, der anderen wie eineiige Zwillinge einander. Ein balinesisches Dorf besteht nicht etwa aus einer willkürlichen Ansammlung von Gehöften und Gebäuden, vielmehr folgt der Grundriss strengen Anordnungsprinzipien, die in kosmologischen Vorstellungen wurzeln.

Alle balinesischen Dörfer sind in ihrer Anlage auf das kosmische Gesamtsystem (vgl. S. 40ff.) ausgerichtet. Das bedeutet, dass man bei der Planung die imaginäre zwischen dem Meer (dem Reich des Bösen) und den Bergen (der Sphäre des Göttlichen) verlaufende Achse beachtet. Die Hauptstraße eines Dorfes verläuft immer von der Meerseite Richtung Berge und wird meist im rechten Winkel, also in Ost-West-Richtung, von kleineren Querstraßen gekreuzt.

Der kosmischen Ordnung entsprechend ist das Dorf in drei Zonen gegliedert, mit jeweils einem Tempel, der die Bedeutung der Zone repräsentiert. Zugleich symbolisieren die drei Zonen den Lebenslauf eines Menschen, von den Bergen zum Meer hin, Geburt, Leben und Tod. Im bergwärts gewandten Oberdorf steht der Ursprungstempel (Pura Puseh).

Die Gemeinschaftsarbeit wird in den Vertretungen der *banjar* koordiniert, wie die kleineren Bezirke, in die größere Dörfer untergliedert sind, genannt werden. Einem *banjar* gehören 50 bis 100 Familien an. Ein Balinese kann nur dann Mitglied in einem solchen Selbstverwaltungsgremium werden, wenn er sesshaft ist und geheiratet hat. Einmal im Monat treffen sich die Mitglieder im *bale banjar*, der Versammlungshalle, um über alle wichtigen Dorfangelegenheiten zu beratschlagen. Dazu gehören die Aufsicht über das Straßen- und Wegenetz, die Verwaltung lokaler Einkünfte, die Organisation von Festen und Prozessionen sowie der Bau und die Pflege von Tempeln. In den Händen dieser ›Exekutivräte‹ liegt auch die niedere Gerichtsbarkeit.

Das balinesische Reisanbausystem gilt als eines der effektivsten der Welt, es erfordert jedoch die Zusammenarbeit aller Bauern – dafür sorgen die *subak*. Alle Landbesitzer, die auf eine einzige Wasserquelle angewiesen sind, gehören einem *subak* an, der sicherstellt, dass jeder Reis-

Die Dorfgemeinschaft

Er ist Brahma, dem Schöpfer der Welt, und den vergöttlichten Gründerahnen geweiht. Um den Platz, der an einem zentralen Schnittpunkt zwischen der Hauptstraße und einer Nebenstraße entstand, gruppieren sich als bedeutendste öffentliche Gebäude der dem Welterhalter Vishnu gewidmete Dorftempel (Pura Desa) und die Versammlungshalle (Bale Agung oder Bale Banjar), ein wichtiger Treffpunkt der örtlichen Männerwelt, sowie in wohlhabenderen Dörfern der Musikpavillon (Bale Gong), in dem das Gamelan-Orchester und die Tanzgruppe probt, und der Palast des lokalen Aristokraten (Puri).

Jedes Dorf, das etwas auf sich hält, hat eine Halle für Hahnenkämpfe. Fast immer steht im Zentrum ein Banyan-Baum, in dessen Schatten sich die Dorfbewohner häufig zum Plausch treffen. Der Banyan gilt als heilig und dient auch oft als natürlicher ›Trommelturm‹, an dem die meist aus einem ausgehöhlten Baumstamm hergestellte Signaltrommel (Kulkul) hängt. In unterschiedlichem Rhythmus geschlagen, ruft sie zu Tempelfesten oder Dorfversammlungen, warnt bei Feuer oder anderen Unglücksfällen und signalisiert den Bauern am Morgen den Beginn der Feldarbeit. Im Zentrum des Dorfes wird mindestens einmal in der Woche ein Markt abgehalten, der eine Domäne der Frauen ist. Außerhalb des Dorfes liegt meerwärts der Totentempel (Pura Dalem), Heimstatt der Todesgöttin Durga. In dessen Nähe befinden sich der Begräbnis- und Verbrennungsplatz. An den Straßen reihen sich dicht an dicht die Familienanwesen, die zum Schutz vor bösen Geistern mit einer hohen Lehm- oder Steinmauer umgeben sind.

bauer unabhängig von der Größe seines Besitzes einen angemessenen Anteil des Wassers erhält. Der *subak* legt den Arbeitsrhythmus der Mitglieder fest, bestimmt, wann die einzelnen Felder geflutet werden und wann man mit dem Pflügen, Setzen und Ernten zu beginnen hat. Auch die religiösen Zeremonien um den Reisanbau werden von dem *subak* vorbereitet.

In beiden Ratsversammlungen nimmt man sich Zeit, alle Probleme in ausführlichen Beratungen zu erörtern. Es wird versucht, unter Berücksichtigung aller Einzel- und Gruppeninteressen sowie nach Abwägen des Für und Wider einstimmige Beschlüsse herbeizuführen, die alle Beteiligten zufrieden stellen. *Rukun* nennen die Balinesen dieses Bestreben, so konfliktfrei wie nur irgend möglich miteinander umzugehen, auftauchende Spannungen und Gegensätze sofort zu harmonisieren. Selbst für asiatische Verhältnisse sind Balinesen Meister darin, stets einen Konsens zu finden, bei dem niemand sein ›Gesicht verliert‹.

Priester bei einer Opferzeremonie

Kastensystem und Sprachstruktur

Jeder Bauer, Händler oder Priester, jede Frau und jedes Kind hat einen fest definierten Rang in der balinesischen Gesellschaft. Mit der Hinduisierung Balis wurde auch die indische Kastenordnung übernommen, allerdings wird sie auf Bali undogmatischer gehandhabt als im Ursprungsland. Zwar werden Kastenprivilegien allgemein akzeptiert und der Umgang mit Menschen der eigenen Kaste wird bevorzugt, doch sind Abgrenzungen eher locker. So sind Hochzeiten über die Schranken einer Kaste hinweg erlaubt. Auch kann jeder Balinese einen Beruf frei wählen. Eine Ausnahme ist das Priesteramt, das nur Mitgliedern der höchsten Kaste offensteht. Der Unterschied zum indischen Kastenwesen besteht darin, dass es auf Bali keine ›Unberührbaren‹ (Paria) gibt.

Die Kastenzugehörigkeit eines Balinesen spiegelt sich im Titel wider, der im vollen Namen seines Trägers enthalten ist. Wie in Indien bilden auch auf Bali die brahmanischen Priester *(pedanda)* die Spitze der Kastenpyramide *(brahmana)*; sie führen den Titel Ida Bagus (für Männer) bzw. Ida Ayu (für Frauen). Dann folgt die Kaste des Hochadels, die Nachkommen der ehemaligen Herrscherfamilien *(satria)*, mit den Titeln Anak Agung, Ratu oder Cokorde. Die dritte Kaste *(wesia)* setzt sich aus Angehörigen des niederen Adels zusammen, zu dem früher auch die

Kastensystem und Sprachstruktur

Krieger zählten. Ihren Titel, *gusti* oder *ngurah*, findet man heute in den Namen vieler Künstler wieder.

Die drei obersten Kasten, denen rund 7 % der Balinesen angehören, werden unter der Bezeichnung *triwangsa* zusammengefasst. Ihre Angehörigen versuchen fast alle, ihre Abstammung von ost-javanischen Adeligen herzuleiten. Bis heute hält man es für ein Zeichen von Vornehmheit, ein *wong majapahit*, ein Mensch majapahitischer Herkunft, zu sein, anstatt von einer balinesischen Dynastie der Vor-Majapahit-Zeit abzustammen.

Am unteren Ende der gesellschaftlichen Hierarchie steht die Kaste des einfachen Volkes, der Bauern und Handwerker *(jaba)*, der etwa 93 % der Bevölkerung angehören. Hier werden die Kinder nach der Reihenfolge ihrer Geburt benannt. Für Jungen und Mädchen gilt gleichermaßen Wayan, seltener Pudu oder Gede, für das erstgeborene Kind. Zweitgeborene werden Made, Kadek oder Nengah getauft, Drittgeborene Nyoman oder Komang und Viertgeborene Ketut. Danach beginnt das Namenskarussell wieder von vorn, allerdings verwenden viele Eltern den Namen Wayan nur für das erstgeborene Kind, beginnen bei ihrem fünften Kind also wieder mit Made. Zur Unterscheidung von Jungen und Mädchen stellt man bisweilen den Namen ein I (männlich) oder ein Ni (weiblich) voran.

Das Kastensystem hat auf Bali zur Entwicklung einer komplizierten Sprachstruktur geführt. Man unterscheidet im Balinesischen zwei Sprachebenen: die Respektsprache *alus* sowie die Vulgär- oder Volkssprache *kasar*. Für ein- und denselben Begriff gibt es zwei lautlich verschiedene, inhaltlich aber gleichbedeutende Wörter, eines der *Alus*- und eines der *Kasar*-Ebene. Der Unterschied liegt allein in dem zum Ausdruck gebrachten Status, den die Gesprächspartner in der Kastenhierarchie innehaben.

Das *Kasar*-Niederbalinesische, einer der zahlreichen malaiisch-polynesischen Dialekte, ist die Alltagssprache der meisten Balinesen. Will ein *jaba* mit einer Person von höherem Rang (oder über sie) sprechen, so darf er nur das *Alus*-Hochbalinesische verwenden. Andererseits redet ein Mitglied einer Adelskaste in der Volkssprache mit einem *jaba* (oder über ihn). Daneben gibt es das aus beiden Sprachen gemischte Mittel-Balinesische, das höflicherweise dann angewandt wird, wenn die Standeszugehörigkeiten der Gesprächspartner nicht klar sind.

Eine vierte Variante, das *kawi*, eine Ritualsprache in fast reinem Sanskrit, lebt im traditionellen balinesischen Schauspiel weiter, in der Literatur sowie in den *mantra*, den Gebetsformeln der Brahmanen. In der Praxis ist heute der strikte Sprachgebrauch jedoch ebenso allmählich im Verschwinden begriffen wie das Kastenwesen. Als offizielle Amtssprache wird durchweg das von Kastenrücksichten freie Nationalidiom Bahasa Indonesia gesprochen.

Die balinesische Hindu-Dharma-Religion

Den balinesischen Alltag bestimmen die Rituale einer tief verwurzelten Religiosität, die den Menschen Orientierung und seelisches Gleichgewicht gibt. So beginnt kein Balinese den Tag ohne ein Opfer: Körbchen, aus Bananenblättern geflochten, mit gefärbtem Reis und frischen Früchten gefüllt und mit Blumen und Blüten geschmückt, werden vor die Haustür gestellt oder in den Familientempel gebracht, Räucherwerk angezündet, damit Böses fern bleibt und Gutes eintreten kann.

Dieses Ritual wiederholt sich tagein, tagaus überall auf Bali. Fünfmal täglich muss den Hausgöttern in ihren Schreinen, aber auch Geistern und Dämonen geopfert werden. Selbst in Touristenzentren wie Kuta und Legian liegen die Opfergaben zuhauf auf der Erde vor Hotels und Restaurants, Kneipen und Andenkenläden. Auf Bali durchdringt der Glaube das Denken und Fühlen der Menschen, die keinen Unterschied zwischen weltlichen und religiösen Aspekten kennen.

Als im 16. Jh. der Islam über den Hinduismus triumphierte, wurde Bali Zuflucht für Hindu-Intellektuelle und -Aristokraten, die letzte Bastion des Hinduismus in Indonesien. Dessen balinesische Ausprägung ist aber genauso wenig ›rein‹ wie der Islam auf den Nachbarinseln, denn der Hindu-Glaube vermengte sich rasch mit dem vorhinduistischen Gedankengut der Inselbewohner. Besonders ausgeprägt ist der altmalaiische Glaube an die allmächtigen Kräfte der Natur und an die Beseeltheit der Umwelt sowie die Verehrung der Ahnen, das Bemühen, mit den vergöttlichten Vorfahren in dauernder Verbindung zu bleiben. Die später hinzugekommenen Glaubensformen, insbesondere der Mahayana-Buddhismus und der Hinduismus, haben diese alten Vorstellungen weder verdrängt noch überlagert, sondern verschmolzen mit ihnen zu einem komplexen, aber harmonischen Gebilde, dem einzigartigen Hindu-Dharma-Glauben *(agama hindu dharma)*, dem fast 94 % der Balinesen anhängen.

Nach der Vorstellung der Balinesen herrscht im Universum eine wohlgegliederte Ordnung. Dieser in vorhinduistischer Zeit wurzelnden Konzeption zufolge ist die Welt zweigeteilt, was in Gegenüberstellungen wie Himmel und Erde, Sonne und Mond, Tag und Nacht, Götter und Dämonen, Leben und Tod zum Ausdruck kommt. Hell und Dunkel, Rein und Unrein, Gut und Böse – eines ist so wichtig wie das Andere. Nur das harmonische Gleichgewicht dieser Gegensätze macht jedwede Existenz möglich.

Die Aufrechterhaltung der kosmischen Harmonie, die Suche nach dem spirituellen Gleichgewicht zwischen Gut und Böse ist das höchste Ziel eines jeden Balinesen. Daher muss den entgegengesetzten Kräften gleichermaßen Beachtung geschenkt, Dämonen wie Göttern gleicherma-

Die balinesische Hindu-Dharma-Religion

ßen gehuldigt werden. Vor allem die machtvollen Dämonen muss man gewogen stimmen. Man bringt ihnen täglich Opfer dar.

Der heilige Gunung Agung, der höchste Berg der Insel, ist als Sitz von Shiva das Zentrum des Universums und Mittelpunkt des Systems der Weltharmonie. Am Agung-Gipfel richtet sich jegliche Orientierung aus. Ganz gleich, wo man sich auf Bali befindet, die Richtung vom Betrachter aus zum heiligen Vulkan ist immer eine zum Himmel verlaufende, positive Linie, die *kaja* genannt wird. *Kelod* dagegen bedeutet flussabwärts, meerwärts. Es ist die Richtung, in der das Dunkel liegt, in der menschenfeindliche Dämonen und böse Geister lauern.

Die Schönheit der Strände hat die Balinesen nie gefesselt. Das Meer war seit jeher das Reich des Grauens, die Heimstatt von Wesen der Unterwelt. Daher fürchten die Balinesen das Meer oder haben doch zumindest eine gehörige Portion Respekt davor. Zwischen den beiden spirituellen Gegenpolen liegt wie ein Zankapfel, um den sich die Mächte des Guten und des Bösen im ewigen Widerstreit befinden, die ›Mittlere Welt‹, in der die Balinesen leben.

Diese kosmische Ordnung durchdringt alle Aspekte des Lebens. Da es nach dem Glauben der Balinesen nichts Beziehungsloses gibt, findet sich das System der Dreiteilung auch bei Dörfern, Tempeln und Gehöften, die alle entlang einer imagi-

Für Balinesen beginnt der Tag mit der Aufstellung eines Opferkörbchens

Von Affenmenschen und Engeln

Trance auf Bali

Beim Kecak läuft ein Tänzer in Trance über glühende Kokosnussschalen

»Ke-tschak, Ke-tschak, Ke-tschak …« – die Männer der Kecak-Gruppe (vgl. S. 65f.) wiegen sich im Rhythmus ihres hypnotisierenden Sprechgesangs, der immer lauter, schneller und eindringlicher wird. Der Feuerreiter lässt Anzeichen der einsetzenden Trance erkennen. Er gebärdet sich, als würde er die Menschen ringsum nicht mehr wahrnehmen, er keucht, verdreht ekstatisch die Augen, er zittert am ganzen Körper. Zwei Männer binden ihm ein ›Steckenpferd‹ aus Stroh und Lianen zwischen die Beine.

Plötzlich galoppiert der Trancetänzer, Reiter und Pferd in einer Person, über den Tempelvorhof, stürmt auf den Platz zu, wo Helfer aus benzingetränkten Kokosnusshälften ein Feuer entfacht haben. Ein Funkenregen stiebt auf, als der Feuerreiter barfuß über die glimmenden Schalen hinwegfegt. Der Besessene strauchelt und fällt ins Feuer. Bereitstehende Wächter zerren ihn hoch, überwältigen ihn schließlich nach heftigem Kampf. An Armen und Beinen wird der schweißüberströmte Feuerreiter festgehalten, gestreichelt und beruhigt. Ein Tempelpriester tritt hinzu und

Trance

besprengt den Mann mit geweihtem Wasser. Langsam kommt der Trancetänzer wieder zur Besinnung, seine Gesichtszüge entspannen sich. Seine Füße sind rußgeschwärzt, doch ohne Spuren von Brandwunden. Leise spricht der Priester auf den Mann ein, bis dieser sich erhebt und unsicheren Schrittes entfernt.

Außer diesem Sanghyang Jaran genannten ›Tanz‹ gibt es noch andere Trancetänze auf Bali, bei denen es mitunter erschreckend roh zugeht, je nachdem, wessen Geist in den Tänzer fährt. ›Affenmenschen‹ springen in Trance mit affenähnlichen Bewegungen umher, erklimmen hohe Baumwipfel und turnen dort mit erstaunlicher Behändigkeit herum. ›Schweinemenschen‹ wälzen sich durch die Einwirkung eines Dämons im Schlamm, kriechen auf allen Vieren im Dreck herum und verschlingen allerlei Abfälle. In anderen Trancezuständen bringen die Beteiligten Blutopfer dar. Besessen von bösen Geistern beißen sie lebenden Hühnern den Kopf ab, zerreißen mit bloßen Händen die Tiere und verschlingen sie samt Knochen und Eingeweiden.

Im Gegensatz zu diesen derben Formen der Trance ist der ›Tanz der verehrungswürdigen Engel‹ (Sanghyang Dedari) ausgesprochen grazil. Er wird von zwei sehr jungen, in den klassischen grünen Legong-Kostümen gekleideten Mädchen zelebriert. Himmelsnymphen, die von dem beschwörenden Gesang eines Frauenchores angelockt wurden, ergreifen Besitz von den Körpern. Sind die Tänzerinnen in Trance gefallen, können sie wie Puppen zum Tanzplatz getragen werden. Auf wundersame Weise sind sie fähig, die komplizierten Legong-Figuren, die sie nie zuvor geübt haben und die normalerweise erst nach Monaten harten Trainings zu erlernen sind, perfekt vorzutragen. Meist wird der Sanghyang Dedari ausgeführt, um Krankheiten auszutreiben, unter denen das Dorf zu leiden hat. Durch den Mund der Tänzerinnen empfehlen die Götter dann diese oder jene heilende Maßnahme.

Trance hat auf Bali verschiedene Funktionen. Zum einen handelt es sich um tief religiöse Erlebnisse, durch welche die Menschen in direkte Verbindung mit den Göttern und Ahnen treten. Balinesische Trancetänze können aber auch Beschwörungs- und Austreibungsrituale sein, welche die Gemeinschaft von bösen Dämonen befreien soll. Die bisweilen auftretende blinde Raserei lässt sich überdies als soziales Überdruckventil interpretieren, durch das die Menschen in Stresssituationen ›Dampf‹ ablassen können. In Extremfällen kommt es sogar dazu, dass Leute gänzlich die Kontrolle verlieren. Blindwütig beginnen sie dann um sich zu schlagen und jeden zu attackieren, der sich ihnen in den Weg stellt: Amok nennt man diesen Zustand im Malaiischen.

Die balinesische Hindu-Dharma-Religion

nären, zwischen Meer und Bergen verlaufenden Achse angelegt sind. Auch der Körper des Menschen besitzt die gleiche Ordnungsstruktur wie das Universum: Die Oberwelt findet ihre Entsprechung im Kopf, die Mittelwelt im Rumpf, die Unterwelt in den Füßen.

Jeder Tag scheint einer anderen Gottheit geweiht zu sein. Aber trotz der Göttervielfalt ist die *agama hindu dharma* – ganz im Einklang mit der indonesischen Verfassung, die den Glauben an ›den allmächtigen und alleinigen Gott‹ festlegt – im Grunde genommen eine monotheistische Religion, in der nur ein Gott existiert – Sanghyang Widhi Wasa. Dieser ›Göttliche Herrscher über das Schicksal‹ wird jedoch nicht als eine oberste Gottheit verehrt, sondern als großer, über dem Kosmos waltender Ordnungsstifter verstanden, in dem alle balinesischen Gottheiten sowie die vergöttlichten Ahnen und Naturkräfte zu einer Einheit verschmelzen.

Die wichtigste Erscheinungsform des Allerhöchsten ist die hinduistische Dreieinigkeit *(trisakti* oder *trimurti)* Brahma-Vishnu-Shiva. Als Brahma ist Sanghyang Widhi Wasa der Schöpfer der Welt und des Universums, als Vishnu der Lebensspender und Bewahrer und als Shiva der Todbringer und Zerstörer, der durch die Vernichtung aber erst die Voraussetzung für die Neuentstehung schafft. Verschiedene Farben symbolisieren diese drei Gottheiten: Rot steht für Brahma, Schwarz für Vishnu und Weiß für Shiva.

Verkörperungen des einen allmächtigen Gottes sind auch die Gattinnen der Trisakti-Gottheiten. Brahmas Gefährtin ist Dewi Saraswati, die Göttin der Weisheit. Vishnu hat zwei Begleiterinnen: Dewi Sri, die als Göttin der Fruchtbarkeit auf Bali besonders verehrt wird, und Dewi Lakshmi, die Göttin des Glücks und des Wohlstands. Shivas ambivalenter Charakter spiegelt sich auch in seiner Gemahlin Parvati wider, die in Gestalt der Todesgöttin Dewi Durga, aber auch als Göttin der Liebe und der Schönheit, Dewi Uma, erscheinen kann. Daneben gibt es hunderte, vielleicht tausende von Gottheiten, die nur in einem Dorf oder in einer Region verehrt werden, stets jedoch Manifestationen von Sanghyang Widhi Wasa sind.

Den überirdischen Heerscharen steht ein ebenso komplexes Reich von bösen Geistern und Dämonen, Hexen und Ungeheuern gegenüber, von deren Wohlwollen es entscheidend abhängt, ob man im Leben, das mit dem Tod nicht endet, Glück und Erfolg hat. Auch die Mächte der Unterwelt werden von den Balinesen als Teil des kosmischen Ordnungssystems akzeptiert, da ohne ihre Existenz das Gleichgewicht der spirituellen Welt gefährdet wäre.

Im Mittelpunkt ihrer religiösen Vorstellungswelt steht der Glaube, dass das *karma pala* eines Menschen – die Gesamtheit seiner Taten, guter wie böser – über seine Seele *(atman)* und damit über sein Schicksal im nächsten Leben entscheidet, unterliegen sie doch als Hindus dem unaufhörlichen Kreislauf der Wiedergeburten *(samsara)*. Das Dasein auf Erden stellt zwar nur einen zeitweisen Aufenthalt für die vorübergehend verkörperten Seelen dar, ist aber wichtig, weil sich durch die Lebensführung die Art der Wiedergeburt – auf einer höheren oder tieferen Stufe der Schöpfung – entscheidet. Nur durch ein fehlerfreies Leben im Sinne der Hindu-Dharma-Religion ist es möglich, sich aus dem Zyklus der Reinkarnationen zu befreien und das Ziel, die Vereinigung des eigenen *atman* mit dem höchsten göttlichen Prinzip, zu erreichen.

Balinesische Tempel

Nirgends auf unserem Globus gibt es so viele Tempel auf so engem Raum. Offizielle Quellen nennen rund 20 000 registrierte Tempel. Zählt man die Familien- und Sippentempel hinzu, kommt man auf eine schier unvorstellbare Summe. Allein in diesen Zahlen spiegelt sich die überragende Rolle wider, welche die Religion auf Bali spielt. Doch sind die Tempel keine Relikte einer vergangenen Epoche, sondern Stätten der Verehrung und des Gebets, Orte der Spiritualität. Daher die Sorgfalt, Tempel zu erhalten, neue zu errichten und der Prunk des jährlichen Odalan-Tempelfestes, des Gedenkens an die Tempelweihe.

Als Orte der Begegnung von Menschen und Göttern sowie vergöttlichten Ahnen dienen die Heiligtümer nicht nur als reine Gebetsstätten, sondern auch als Plätze, an denen Göttern Opfer dargebracht werden. Sie werden eingeladen, zu Tempelfesten von ihren hohen Sitzen in den Bergen herabzusteigen auf ihre irdischen Sitze, die Altäre, Schreine und Meru in den Tempeln. Unsichtbar verweilen sie für die Dauer des Festes auf ihren prachtvoll geschmückten Thronen. Nach dem Ende des Tempelfestes, wenn die Gottheiten in die obere Welt zurückgekehrt sind, bleiben die Tempel für den Rest des Jahres unbespielte Bühnen.

Götter und Dämonen halten die Welt im Gleichgewicht

Bauen nach kosmologischen Gesetzen

Die Anlage eines Tempels

Balinesische Tempel (Pura) spiegeln in ihrer Architektur das lichte Wesen des hindu-balinesischen Glaubens wider. Da die Gesetze der Tempelkonstruktion den Himmel als Dach vorschreiben, sind Balis Tempel keine geschlossenen Gebäude, sondern offene, in verschiedene Höfe gegliederte und nur von Wällen umfriedete Plätze mit vielen Altären, Schreinen und Pavillons sowie zahlreichen Pagoden, den Meru. Dies deutet bereits die Bezeichnung Pura an, ein Begriff aus dem Sanskrit, der befestigte Stadt heißt. Die gleiche Bedeutung hat übrigens das Wort Puri, die balinesische Bezeichnung für Palast.

So groß die Tempelkomplexe auch sein mögen, stets folgen sie im Grundriss einem festgelegten Schema. Ein Pura besteht aus drei (auf Nord-Bali zumeist aus zwei) durch Tore verbundenen Höfen, die als spirituell reine Kultstätten mit Mauern gegen die unreine, von Dämonen bevölkerte Außenwelt abgegrenzt sind. Auf Süd-Bali sind Tempelgevierte meist ebenerdig, im Norden steigen sie auf Terrassenstufen an. Die architektonisch am aufwändigsten gestalteten Bauwerke sind die oft monumentalen Tore, welche die Höfe miteinander verbinden.

Einen balinesischen Tempel betritt man durch ein gespaltenes Tor (Candi Bentar). In dem javanischen Beisetzungsdenkmal Candi wurde ursprünglich die Asche von Fürsten aufbewahrt und angebetet. Das Bauwerk hat die Candi-Form beibehalten, ist jedoch samt aller Schmuckelemente axial durchtrennt. In der Spaltung des Candi Bentar kommt zum Ausdruck, dass alle Erscheinungen des Lebens auf Gegensätzen beruhen und nichts Einzelnes wirklich vollkommen ist. Das Tor ist immer meerwärts (Kelod) ausgerichtet. Betritt man den Tempel, geht man zu den Göttern im Allerheiligsten also immer bergwärts, in Kaja-Richtung.

Der erste Hof symbolisiert die irdische Welt. Hier befinden sich neben den Reisspeichern eine Küche für die Zubereitung der Speiseopfer, verschiedene Pavillons als Ruheplätze für die Gläubigen und meist auch die Hahnenkampfarena. In einer Ecke steht manchmal ein Turm oder ein Banyan-Baum mit einer hölzernen Signaltrommel, die geschlagen wird, um die Gläubigen in den Tempel zu rufen oder die Ankunft der Götter zu verkünden.

Durch ein meist reich verziertes, im Gegensatz zum Eingangsportal oben geschlossenes Tor gelangt man in den zweiten Hof. Flankiert wird

Die Anlage eines Tempels

das vor allem auf Süd-Bali bei weitem prachtvollste Monument des Tempels von zwei steinernen Wächterdämonen (Raksasa) oder, bei Unterweltstempeln, von Wächterhexen (Rangda). Diese Statuen sollen ebenso wie die über den Portalen eingelassenen Dämonenfratzen Übel wollende Wesen aus der unteren Sphäre am Eintritt hindern. Als zweiter Schutzwall erhebt sich gleich hinter dem Durchgang eine Steinmauer, um die Tempelbesucher herumgehen müssen, an der sich böse Geister und Dämonen jedoch die Köpfe einrennen, da sie in ihrer blindwütigen Raserei nicht fähig sind, nach links oder rechts auszuweichen.

Der zweite Hof bildet die Schleuse zum Allerheiligsten. Meist steht hier eine große, offene Versammlungshalle für die Banjar-Mitglieder (Bale Agung). In anderen Pavillons werden die Gamelan-Instrumente oder verschiedene Requisiten, die für rituelle Handlungen wichtig sind, aufbewahrt.

Das eigentliche Heiligtum befindet sich in einem dritten Hof oder in dem abgegrenzten hinteren Teil des zweiten Hofes. Dieser innerste Bereich ist für die Götter reserviert. An der bergwärts gewandten Seite reihen sich Altäre, Schreine und Pagoden – die Ehrensitze für die Gottheiten während ihres Aufenthalts auf Erden. Nie fehlt im Allerheiligsten der Padmasana. Auf diesem steinernen Lotosthron (Padma – Lotos), der auf der mythologischen Schildkröte Bedawang ruht und von den Urschlangen Antaboga und Basuki umschlungen wird, nimmt bei Tempelzeremonien das allerhöchste Wesen, Sanghyang Widhi Wasa, Platz, entweder in seiner Erscheinungsform als Shiva oder als Sonnengott Surya.

Ebenfalls im innersten Tempelbezirk stehen der Bale Pesimpangan, ein gemeinschaftlicher ›Empfangspavillon‹ für Götter, die keinen Ehrensitz im Tempel haben, der Bale Piasan, in dem die Speiseopfer aufgestellt werden, sowie der Bale Pawedaan, der erhöhte Bambussitz des Pedanda-Oberpriesters. In einem geschlossenen Schrein bewahren die Priester die Tempelreliquien auf – Steinskulpturen, Krise, heilige Lontar-Schriften oder Lingam, steinerne Phallussymbole des Shiva.

Im innersten Tempelbezirk erheben sich auch als Symbole für den kosmischen Himmelsberg Mahameru, den Sitz der hinduistischen Götter, die Meru: Holzpagoden, die auf steinernen Sockeln ruhen, mit unterschiedlich vielen sich nach oben verjüngender Dächern, die mit Reisstroh, Palmwedeln oder Wellblech eingedeckt sind. Ein Meru gibt Aufschluss darüber, welchen Rang die Gottheit in der Hierarchie einnimmt. Je höher die Gottheit, desto mehr Dächer, deren Anzahl immer ungerade ist und höchstens elf beträgt. Diese stehen allein Shiva zu, neun sind für Brahma oder Vishnu reserviert.

Balinesische Tempel

Pura Luhur Batukau – balinesische Tempel betritt man durch ein gespaltenes Tor

Mehrmals täglich bringen Balinesen in ihrem Familien- oder Haustempel, der sich in jedem Anwesen immer an der bergwärts gewandten Seite befindet, den Göttern ihre Opfer dar. Das Heiligtum besteht meist aus vier mit Reisstroh gedeckten kleineren Schreinen innerhalb eines Gevierts, das mit einer niedrigen Mauer umfriedet ist. Als Stätte der Ahnenverehrung kommt dem Schrein des Ursprungs die größte Bedeutung zu.

Jedes Dorf auf Bali besitzt als Kultzentren und religiöse Bezugspunkte drei Haupttempel, die entlang der imaginären Berg-Meer-Achse ausgerichtet sind. Da die Götter hoch oben auf den Bergen wohnen, liegt der Pura Puseh (Nabeltempel) im oberen Dorfviertel, an der Kaja-Seite. Das Heiligtum, das dem Schöpfergott Brahma, dem Spender des lebensnotwendigen Wassers, und den vergöttlichten Dorfgründern geweiht ist, bildet den rituellen Mittelpunkt des Dorfes. Während ihres Besuchs auf Erden dient der Pura Puseh den Göttern als Wohnsitz.

Stets in der gefahrvollen Kelod-Richtung, also meerwärts, außerhalb des Dorfes und meist nahe dem Begräbnis- und Verbrennungsplatz, liegt der Pura Dalem. Die Kultstätte, die der Todesgöttin Durga geweiht ist, dient der Kontaktaufnahme mit den dämonischen Wesen der Unterwelt. Zwischen dem gefürchteten Meer und dem Dorf gelegen, schützt der Pura Dalem auch gegen böse Geister. Während der Pura Puseh schön und licht erscheint, ist der Pura Dalem düster und unheimlich. Doch sind beide Tempel gleich wichtig zur Aufrechterhaltung des spirituellen Gleichgewichts im Dorf. Als Tempel der ›Mittleren Welt‹ liegt der zentrale Dorftempel Pura Desa (auch Pura Bale Agung), in dem sich Himmlisches und Irdisches vermischen, zwischen Ober- und Unterweltstempel. Dieses Vishnu, dem Lebensspender, geweihte Heiligtum ist Schauplatz religiöser Zeremonien sowie wichtigster Versammlungsort der Dorfgemeinschaft.

Die meisten balinesischen Tempel dienen nicht der Allgemeinheit, sondern werden nur von bestimmten Gruppen genutzt. Eine Ausnahme bilden die neun so genannten Reichs-, Staats- oder Nationaltempel, auch Himmelsrichtungstempel genannt.

Verbindungen zwischen einzelnen Tempeln werden hergestellt, indem man in einem Tempel Besuchsschreine für die Gottheiten anderer Tempel errichtet. So weiht man in Familientempeln Schreine den Göttern der drei Dorftempel, womit die Verbindung zwischen Haus und Dorf garantiert wird. Wichtig ist die Verknüpfung der Tempel mit dem zentralen Heiligtum Pura Besakih, dem Muttertempel am Hang des Götterbergs Gunung Agung. Diese wird gewährleistet, indem die zahlreichen Gruppen der hindu-balinesischen Glaubensgemeinschaft Schreine im ›Tempel aller Tempel‹ errichten und unterhalten.

Feste und Zeremonien

Kein Tag auf Bali, der ohne feierliche Ereignisse verstreichen würde. Unablässig scheinen die Menschen mit den Vorbereitungen für ein Fest beschäftigt zu sein, seien es Tempelgeburtstage, Totenverbrennungen oder Familien- und Sippenfeste. Der offizielle Festkalender von Bali verzeichnet etwa 200 feierliche Anlässe pro Jahr, von denen einige an vielen Orten der Insel gleichzeitig begangen werden. Darin sind die zahlreichen Zeremonien im Lebensablauf eines Menschen noch nicht einmal mitgerechnet.

Odalan – ein Tempel feiert Geburtstag

Zu den Höhepunkten des dörflichen Festkalenders gehören die alljährlich mit großem Prunk begangenen Odalan-Feste, die Feier der Weihe der Dorftempel. Die Folge dieser Feste reißt praktisch nie ab, und die Chancen, eine solche farbenprächtige Zeremonie mitzuerleben, sind auch für Touristen mit wenig Zeit recht gut. Im Mittelpunkt eines meist drei Tage dauernden Tempelfestes steht die Einladung an die Tempelgötter sowie die gottgewordenen Ahnen und deren Empfang auf den heiligen Ehrensitzen. Doch findet beim Odalan auch die rituelle Reinigung des Tempels und des Dorfes statt. Gleichzeitig werden böse Geister und Dämonen besänftigt oder vertrieben.

Der Hahnenkampf
Die große Leidenschaft der Balinesen

Offiziell verboten, doch überall ausgetragen –
beim Hahnenkampf geht es um viel Geld und Prestige

Überall auf dem Lande kann man Männer am Wegesrand kauern sehen, die liebevoll ihre Kampfhähne massieren oder herausputzen. Einige füttern ihre Gockel mit klein gehackten Skorpionen, um ihnen Kraft zu geben. Vor den Gehöften reihen sich filigran geflochtene Korbglocken, in welche die gefiederten Gladiatoren nach sorgfältiger Fütterung und Pflege gesetzt werden. Jedes Dorf, das etwas auf sich hält, besitzt einen *wantilan,* eine an der Seite offene, überdachte Holzkonstruktion mit aufsteigenden Sitz- und Stehplätzen, die sich um den Kampfplatz gruppieren. Dörfliche Tempelfeste ohne den Hahnenkampf sind undenkbar. Die Unheil bringenden Geister der unter Sphäre müssen mit Hahnenblut besänftigt werden, damit sie die nachfolgenden religiösen Zeremonien

Steht ein Odalan bevor, geht die ganze Gemeinde geschlossen ans Werk. In wochenlangen Vorbereitungen wird der lange Zeit verwaiste Dorftempel hergerichtet und geschmückt. Während die Männer des Dorfes die Tempelanlage säubern, Gestelle aus Bambusrohr errichten und Wedel von den Kokospalmen schlagen, stellen die Frauen Opfergaben für die Götter sowie aufwendige Flecht- und Steckwerke aus

Hahnenkampf

nicht stören. Heute steht weniger das religiöse Ritual, sondern die Wettleidenschaft im Mittelpunkt der Hahnenkämpfe. Wegen der offiziell verbotenen Passion hat so mancher Haus und Hof verloren.

Schon von weitem verkündet frenetischer Lärm, dass ein Hahnenkampf im Gange ist. Die Ränge der Arena sind bis auf den letzten Platz besetzt. Am Rand des Kampfplatzes sitzen die Schiedsrichter, unter deren Aufsicht die Paarungen zusammengestellt und die rasiermesserscharfen, bis zu 10 cm langen Stahlsporen ausgesucht werden. Während die Besitzer ihre Hähne auf den Kampf vorbereiten, melden die Wettlustigen wild gestikulierend ihre Einsätze. Ganze Tages- oder gar Wochenlöhne werden gesetzt.

Sobald die schützende Lederhülle von den Klingen entfernt wird und die Kampfhähne durch die Luft fliegen, um aufeinander zu prallen, erreicht die Begeisterung der sonst beherrschten Balinesen einen Höhepunkt. Das Reglement für den Kampf ist einfach und brutal. Nur einer darf überleben. In blitzschnellen Attacken schlagen sich die Tiere klaffende Wunden, verbeißen sich in den Kämmen, brechen sich mit Flügelschlägen die Knochen. Meist endet das Gemetzel schon nach wenigen Augenblicken mit dem Tod eines der Kontrahenten. Steht aber nach vier Runden (das bedeutet eine Kampfzeit von fünf bis sechs Minuten) noch kein Sieger fest, werden die Gegner zum Finale unter einen Korb gesetzt, der sie zu Berührung zwingt. Der getötete Verlierer wird vom Besitzer des Siegers stolz nach Hause getragen und wandert meist in den Kochtopf. Gelegentlich verfüttert man ihn aber auch an den siegreichen Hahn, wodurch auf magische Weise die Kräfte seines ehemaligen Widersachers auf ihn übergehen.

Hahnenkampf auf Bali ist Männersache und wird von westlichen Psychologen als ein Ventil für aufgestaute Aggressionen interpretiert. Keiner indonesischen Regierung gelang es, den ›Volkssport‹ der Balinesen auszumerzen, obwohl der Hahnenkampf in anderen Teilen des Archipels verboten ist. Seit 1982 sind offiziell nur noch solche Kämpfe erlaubt, die aus rituellen Gründen nötig sind. Dennoch finden, oft unter den Augen der Polizei, nicht genehmigte Turniere fast täglich auf der Insel statt.

Palmblättern her. Typische Palmblattdekorationen sind die *lamak,* bis zu 10 m lange Palmblattschleppen, mit denen Opfernischen und Bambusaltäre geschmückt werden. Den heiligen Gunung Agung verkörpern die meterhohen, gebogenen Bambusstangen *penjor,* an denen aus Palmblättern geflochtene Girlanden und Rosetten baumeln.

Besonders prachtvoll gestalten die Frauen die Reisopfer *(sarad).* Aus

Feste und Zeremonien

Reismasse formen sie Figuren, die in Kokosöl gebacken, bunt bemalt und auf einen mit Stoff bespannten Rahmen gehängt werden. In den *sarad* dominiert die Cili-Figur, eine stilisierte Darstellung der Reisgöttin Dewi Sri und zugleich Symbol der Fruchtbarkeit und des Glücks. Spektakulär wirken die bis zu 20 kg schweren, turmartigen Kunstwerke, *gebogan,* deren Bestandteile – Reiskuchen, exotische Früchte, Blumen, hart gekochte Eier, mitunter sogar gebratene Enten und Hühner – am Stamm einer Bananenstaude befestigt werden. Vergängliche Kunstwerke sind sie allesamt, denn sie werden nur einmal gebraucht – nichts darf zweimal geopfert werden.

Vor Beginn der Weihefeier werden die kultischen Gegenstände und Hoheitsschirme aus einem Schrein im innersten Tempelbezirk geholt und in einer Prozession zum nächsten Gewässer getragen, wo Priester an ihnen eine rituelle Waschung vornehmen. Vor den Festlichkeiten reinigen Priester auch die einzelnen Gebäude des Tempels mit Weihwasser *(tirtha).* Unter ihrer Anleitung schmücken Männer und Frauen die Altäre und Schreine mit Tuchfriesen und Fahnen sowie dem zu Hause angefertigten Zierrat. Die Wächterdämonen und -hexen kleidet man in schwarz-weiß karierte Tücher, deren magische Kraft sie in die Lage versetzt, übel wollende Geister vom Heiligtum fernzuhalten.

Sobald alles zum Empfang der Gottheiten bereit ist, reißt die Kette der Aktivitäten im und um den Tempel nicht mehr ab. Wie von der Hand eines unsichtbaren Regisseurs gelenkt, laufen Kulthandlungen, Opferdarreichungen und Ritualtänze in einer perfekten Choreografie ab. Als Zeremonienmeister sitzen die Hohepriester *(pedanda)* auf erhöhten Bambusthronen, läuten Glocken und beginnen *mantras* zu rezitieren, wobei sie ihren Sprechgesang mit einer ausdrucksvollen Zeichensprache der Hände, den *mudras,* untermalen. Weihrauchschleier steigen nun in die Höhe, Leitern gleich, die den Gottheiten den Abstieg aus ihren himmlischen Gefilden erleichtern sollen. Endlich ist es so weit, die göttlichen Wesen haben die Einladung angenommen und auf ihren Ehrensitzen Platz genommen. Schläge auf die Kulkul-Trommel verkünden die Ankunft der Götter und rufen alle Gläubigen zum Tempel.

Ununterbrochen ziehen nun festlich gekleidete Menschen zum Dorfheiligtum. In Prozessionen balancieren Frauen kunstvoll arrangierte Opfertürme auf ihren Häuptern zum Tempel. Im heiligen Tempelbezirk, der von den Klängen des Gamelan-Orchesters widerhallt, werden die Gaben von den Hilfspriestern in Empfang genommen, von einem *pedanda* mit heiligem Wasser gesegnet und den Gottheiten präsentiert. Was nach der Götterspeisung übrig bleibt, darf am Ende des Tempelfestes von den Opfernden wieder mit nach Hause genommen und dort in feierlicher Runde als geweihtes Mahl verzehrt

Feste und Zeremonien

Tempelfest in Taro

werden. Nach der Darreichung der Opfergaben fallen die Gläubigen vor dem Hohepriester auf die Knie, senken die Köpfe und falten die Hände zum Gebet.

Balinesische Tempelfeste sind eine Verquickung religiöser Hingabe und weltlicher Lebensfreude, sie sollen Götter wie Menschen gleichermaßen erfreuen. Der Tempelvorhof sowie die nähere Umgebung des heiligen Ortes ähneln während des Odalan einem Dorfplatz am Markttag. Traditionell schlagen hier heiratsfähige Mädchen einen Imbissstand auf, um von den jungen Männern des Dorfes gesehen zu werden, und natürlich auch, um selbst Ausschau nach einem passenden Partner zu halten. Während tagsüber im äußeren Tempelbezirk Hahnenkämpfe stattfinden, sind die Nächte Tanzdramen und Schattenspielen gewidmet. Besonders heilige Tänze finden nur im innersten Bereich des Tempels statt, wo man in der letzten Nacht des Odalan auch die Götter verabschiedet.

Die wichtigsten Feiertage

Voller Freude auf ihren Bali-Urlaub steigen Touristen am Ngurah Rai-Flughafen aus dem Jet – und müssen erstaunt feststellen, dass die Insel wie ausgestorben ist. Nur eine Notbelegschaft javanischer Immigrations- und Zollbeamter sowie Airport-Angestellter versieht ihren Dienst. Draußen auf den Straßen fährt kein Taxi und kein Bus, kein Licht brennt,

Feste und Zeremonien

keine Menschenseele lässt sich blicken, alle Geschäfte und Restaurants sind geschlossen. Was ist passiert?

Ganz einfach – die ankommenden Besucher sind ›Opfer‹ des Nyepi-Festes geworden, des dreitägigen Neujahrsfestes, das die Balinesen während der Frühjahrs-Tagundnachtgleiche im März oder April feiern. Während sich alle anderen Inselfeste nach dem 210 Tage umfassenden balinesischen Kalender richten, wird Nyepi nach dem Mondkalender festgelegt.

Um das neue Jahr frisch und sauber beginnen zu können, hält man am letzten Tag des alten Jahres eine große Reinigungszeremonie ab. Alle bösen Geister und Dämonen sollen zumindest zeitweise von Bali vertrieben werden. Reiche Opfergaben sollen die Mächte der Unterwelt aus ihren Verstecken locken. Während sich die Geister und Dämonen an den Köstlichkeiten laben, sind sie schutzlos und können von Hohepriestern durch magische Zauberformeln von der Insel verbannt werden. Gleichzeitig finden überall auf der Insel Hahnenkämpfe statt, bei denen es sich ursprünglich um Blutopfer an die Dämonen handelte.

In der folgenden Nacht sind alle auf den Beinen, um mit Trommeln, Gongs, Zimbeln, Knallkörpern und anderen Krachinstrumenten an der Vertreibung der bösen Geister teilzuhaben. Jetzt ist auch Zeit für die spektakulären Paraden der *ogoh ogoh,* der übermannsgroßen Pappmachéfiguren, die als Symbole alles Bösen Dämonen, Hexen und andere übel wollende Wesen darstellen. Am ausgelassensten ist das Treiben entlang der Jalan Gajah Mada in Denpasar. Der lärmende Zug durch die Straßen endet auf einem abgeernteten Reisfeld oder am Strand, wo die fantasievollen, meterhohen Gebilde in Brand gesetzt werden.

Nach dem nächtlichen Radau herrscht am zweiten Nyepi-Tag absolute Stille – das bedeutet auch das Wort *nyepi.* Nichts regt sich, man arbeitet nicht, Radio und Fernsehen werden nicht angeschaltet, selbst die Küche bleibt kalt. Die Gläubigen bleiben zu Hause und widmen sich dem Gebet und der Meditation. Auch Touristen müssen diesen Tag im Hotel verbringen. Ausnahmen sind lediglich Fahrten vom und zum Flughafen. Dämonen, die mit unheilvollen Absichten zurückkehren, sollen glauben, die Insel sei verlassen, und unverrichteter Dinge wieder abziehen. Der dritte Tag ist der Ruhe und Besinnung gewidmet, neuerdings nutzt man ihn auch für Familientreffen.

Drei Tage vor Nyepi findet ein Melasti-Fest statt, eine inselweite Reinigungszeremonie, bei die Gläubigen an die Strände ziehen. In Prozessionen, die von Gamelan-Orchestern begleitet werden, bringen sie Tempelreliquien, etwa Barong-Figuren oder Masken und Statuen, in denen die Seelen der Götter während ihres Besuchs auf Erden leben, ans Meer, wo sie von Priestern rituell gereinigt werden. Besonders spektakulär ist das melasti an den

Feste und Zeremonien

Stränden Seseh und Canggu zwischen Kuta und Pura Tanah Lot.

Die wichtigsten Feiertage des liturgischen Jahres der Balinesen konzentrieren sich auf die zwei Wochen um die Galungan- und Kuningan-Tage. Nach balinesischer Überlieferung steigt am Galungan-Tag das allerhöchste Wesen, Sanghyang Widhi Wasa, mit anderen Gottheiten und den Seelen der Vorfahren vom Himmel zu den irdischen Tempeln herab, wo sie die Lebenden mit ihrer Anwesenheit erfreuen, bis sie zehn Tage später, am Kuningan-Tag, wieder in ihre himmlischen Gefilde zurückkehren. Die Tage vor Galungan gelten als gefährlich, da vor Ankunft der Götter auch Unheil bringende Wesen aus der Unterwelt heraufsteigen. Ihnen müssen während der Festperiode ebenso Opfer dargebracht werden wie den Göttern der himmlischen Sphäre, denn während der Galungan-Kuningan-Tage sollen das Göttliche und das Dämonische im Gleichgewicht gehalten werden, damit Frieden und Harmonie auf Erden herrscht.

Der Göttin der Weisheit, der Literatur und Kunst ist der nach ihr benannte Saraswati-Tag gewidmet. In den Tempeln segnen Priester alte Lontar-Schriften mit Weihwasser. Schüler und Studenten danken der Göttin dafür, dass sie ihnen Möglichkeit gewährt zu lernen und zu studieren. Gleichzeitig bitten sie um göttlichen Beistand bei bevorstehenden Prüfungen. Eine wichtige Zeremonie zu Ehren von Dewi Saraswa-

Zum Melasti-Fest ziehen die Gläubigen an die Strände

ti findet im Pura Jagatnatha in Denpasar statt.

Der Saraswati-Tag fällt immer auf den letzten Tag eines Pawukon-Zyklus und leitet eine weitere Abfolge heiliger Tage ein. Frühmorgens am ersten Tag des neuen Pawukon-Jahres ziehen gläubige Balinesen an die Strände, zu Flüssen und zu Quellen, um sich mit rituellen Bädern körperlich sowie mit Gebeten und innerer Einkehr spirituell zu reinigen.

Am nächsten Tag wird die Reisgöttin Dewi Sri verehrt, dann darf keinerlei Arbeit in den Reisfeldern verrichtet werden. Am dritten Tag finden Opferrituale für Gold und Schmuck statt. Am Pagerwesi-Tag endet die Festperiode. Vor allem auf Nord-Bali gedenkt man dann des imaginären Zaunes (pagerwesi – eiserner Zaun), der Bali seit Menschengedenken vor Invasoren und einem Überhand nehmen der Mächte des Bösen bewahrt hat. Gleichzeitig erbittet man von den Göttern Schutz und Sicherheit für die Familie und das Dorf.

Als besonders heilig gelten überall auf Bali auch die alle 35 Tage stattfindenden Tumpek-Feste, an denen bestimmte Gruppen der hindu-balinesischen Glaubensgemeinschaft dem allerhöchsten Wesen in seinen vielen Erscheinungsformen Dankesopfer darbringen.

Neben den Jahresfesten werden in den neun Reichstempeln aufwendige Zehnjahresfeiern begangen, so genannte Landreinigungszeremonien. Als Fest aller Feste gilt das Eka Dasa Rudra, das nur alle 100 Jahre einmal im Tempel von Besakih stattfindet. Während der mehrwöchigen Feierlichkeiten kommen alle Balinesen, die dazu im Stande sind, mit Opfergaben zum großen Muttertempel. Auf dem Höhepunkt des Jahrhundertfestes werden Tiere geopfert – eines von jeder der in der balinesischen Fauna vorkommenden Arten. Mit diesen Opfern soll das Universum gereinigt werden.

Zeremonien im Leben eines Menschen

Den wichtigsten Ereignissen im Leben eines jeden Menschen wird nicht weniger rituelle Aufmerksamkeit als den Tempel- und Jahresfesten zuteil. Bedeutende Stationen und Wendepunkte, die man für magisch gefährdet hält, werden mit Feiern und Zeremonien begangen, die für das spirituelle Wohlsein der Menschen sorgen – die Religion begleitet die Balinesen von der Wiege bis zur Einäscherung.

Der Kreislauf dieser Übergangsrituale beginnt bereits vor der Geburt, wenn man bei ersten Zeremonien das ›Lebendigwerden‹ des Fötus im Mutterleib feiert und das Wohlwollen der Götter erbittet. Da Schwangere als kultisch unrein gelten, müssen sie Tempel und Reisfelder meiden.

Mit der Geburt eines Kindes kommen auch seine ›vier Geschwister‹ zur Welt – Plazenta, Nabelschnur, Fruchtwasser und Blut. Ein Ritual bestimmt die Behandlung und den

Feste und Zeremonien

Verbleib der persönlichen ›Schutzgeister‹. Nach der Entbindung müssen sie in einer gelb gefärbten Kokosnussschale am Eingang zum Schlafgemach vergraben werden, und zwar rechts der Tür bei Jungen und links davon bei Mädchen. Da für Balinesen dieser Ort im späteren Leben eine besondere spirituelle Bedeutung hat, bringen sie hier an Festtagen Opfer dar. Reinigungszeremonien *(sorongan* bzw. *dapatan)* für Kind und Mutter finden am 12. und 42. Tag nach der Geburt statt. Wenn das Baby 42 Tage alt ist, stellen es die Eltern unter die Obhut der Hausgötter, denen sie fortan durch regelmäßige Opfergaben ihre Dankbarkeit für den Schutz des neuen Lebens zeigen.

Säuglinge werden fast ständig auf Händen bzw. in einem Hüft- oder Schultertuch getragen, denn als Reinkarnation eines Gott gewordenen Ahnen darf ein neugeborenes Kind mindestens drei Monate lang nicht mit dem unreinen, dem Dämonischen nahen Erdboden in Berührung kommen. Frühestens am ›halben‹ Geburtstag, nach 105 Tagen, wird das Kind zum ersten Mal auf die Erde gesetzt.

Mit dieser Zeremonie wird der Übergang von der göttlichen in die menschliche Sphäre vollzogen. Die Mutter des Kindes bringt Opfergaben in den Pura Desa, um den Göttern mitzuteilen, dass das Dorf ein neues Mitglied bekommen hat. Bei der Drei-Monatsfeier nimmt ein Priester den ersten Haarschnitt vor. Der Säugling bekommt zudem Fuß-

Auf Bali gilt den Kleinsten alle Aufmerksamkeit

ringe sowie Arm- und Halsbänder zum Schutz vor bösen Geistern. Nach 210 Tagen, am ersten Geburtstag, den die Familie mit einem Fest feiert, erhält das Kind vom Vater seinen Namen.

Vor allem Balinesen höherer Kasten richten für Mädchen anlässlich der ersten Monatsblutung eine Pubertätszeremonie aus. Drei Tage lang muß sich das Mädchen in Klausur begeben, bevor es mit Weihwasser gereinigt wird und, für jeden sichtbar zur Frau gereift, in ein kostbares Goldbrokatgewand gehüllt und mit einem Blumenkranz geschmückt wieder in die Gemeinschaft zurückkehrt.

Feste und Zeremonien

Verbrennungszeremonie –
ein Fest für das ganze Dorf

Zwischen Pubertät und Heirat müssen sich Mädchen und Jungen der sehr schmerzhaften Prozedur der Zahnfeilung unterziehen. Ein Priester schleift sechs obere Zähne, die vier Schneide- und die zwei Eckzähne, so weit ab, bis sie eine gerade Linie bilden. Mit dieser Zeremonie soll die Macht sechs schlechter Eigenschaften – Faulheit, Habgier, Fleischeslust, Jähzorn, Dummheit und Eifersucht –, die nur Dämonen mit langen spitzen Zähnen eigen sind, reduziert werden. Dabei müssen die Zahnspäne sorgsam gesammelt werden, denn auch sie enthalten etwas Seelenhaftes. In einem Gefäß als Talisman aufbewahrt, schützen sie vor bösen Mächten. Die Jugendlichen gelten nach dieser Zeremonie als Erwachsene und sind heiratsfähig. Ohne flach geschliffene Zähne darf kein Toter eingeäschert werden, denn er gilt als Dämon, der vom Kreislauf der Wiedergeburten ausgeschlossen ist. Aus Kostengründen begnügt man sich heute bisweilen damit, nur die beiden Eckzähne anzufeilen.

Wie das Abfeilen der Zähne werden Hochzeitszeremonien so prächtig gefeiert, wie es sich die Familie nur leisten kann. Oft finden bei Hochzeiten zur Unterhaltung des ganzen Dorfes nachts Theater- und Tanzaufführungen statt. Nach der Eheschließung folgt die Frau meist ihrem Gemahl in dessen Familienhof, falls beide verschiedenen Kasten entstammen, wechselt sie auch in dessen Kaste.

Feste und Zeremonien

So paradox es klingen mag – auf Bali ist der Tod ein Freudenfest und die Leichenverbrennung die prunkvollste aller Familienfeiern. Zwar bedeutet auch auf Bali das Ableben eines geliebten Menschen schmerzvollen Abschied, doch markiert der Tod nicht das Ende, sondern einen Neubeginn. Fundament des balinesischen Hinduismus ist der Glaube an den Kreislauf von Leben, Sterben und Wiedergeburt.

Nach hinduistischer Vorstellung ist der Leib das Gefäß der Seele, nur wenn er durch die reinigende Kraft des Feuers zerstört wird, kann sich diese von der alten Inkarnation lösen und eine neue, bessere eingehen. Der Tod wird nicht als ein endgültiges Dahinscheiden betrachtet, sondern als ein Übergang in eine andere Form des Seins. So ist die Einäscherung keine Zeremonie der Trauer und der Klage, sondern ein Anlass zur Freude. Geweint wird bei einer balinesischen Kremation nur, wenn beißender Rauch in die Augen steigt, ansonsten sind Tränen verpönt – sie würden der Seele ihren Abschied erschweren.

Oft sind hunderte Menschen wochen- und monatelang mit den Vorbereitungen beschäftigt. Vor der Feuerbestattung müssen ein Transport- und ein reich geschmückter Verbrennungssarg hergestellt werden. Wichtig sind Symbolfiguren, die Eigenschaften des Verstorbenen darstellen und ihn auf dem Weg in die jenseitige Welt begleiten sollen. Am großen Tag dann wird der Leichnam in einem kunstvollen Verbrennungsturm (bade), der auf einer Bambusplattform steht, vom Familienanwesen zum Verbrennungsplatz gebracht. Mit dem mehrfach gestaffelten Pagodendach ähnelt der bade einem Meru, einem balinesischen Tempelturm. Die Zahl der Stockwerke hängt von der Kastenzugehörigkeit des Verstorbenen ab – elf stehen Brahmanen zu, satria und wesia hingegen nur sieben.

Während Angehörige der Jaba-Kaste ihre Himmelfahrt in schlichten, einstöckigen Trageschreinen beginnen, sind die Verbrennungstürme für Verstorbene aus der Oberkaste meist riesige Bauwerke, die eine Höhe von 10 m und mehr erreichen können. Überreich geschmückt mit Lametta, buntem Glanzpapier, Blumensträußen und kunstvoll geschnitzten Dämonenmasken zur Abwehr Unheil bringender Geister, symbolisiert der Bambusturm den balinesischen Kosmos. Oft sieht man am bade auch stilisierte Darstellungen von Vishnus Reittier Garuda, der die Seele in die himmlischen Gefilde emportragen soll.

Die Prozession dorthin ist ein spektakuläres Schauspiel. Die oft tonnenschweren Verbrennungstürme für eine fürstliche Kremation werden von bis zu 200 jungen Männern unter Geschrei und Gelächter durchs Dorf getragen. An jeder und Weggabelung dreht man den bade einige Male im Kreis herum. Dies soll, verbunden mit häufigen Richtungsänderungen, die bösen Geister verwirren. Doch auch die Totenseele soll jede Spur zurück verlieren.

Am Verbrennungsplatz, der sich meist in der Nähe des Unterwelttempels befindet, bettet man den Leichnam in einen Kremationsschrein um, der ebenfalls auf den gesellschaftlichen Status des Verstorbenen hinweist. Je nach Kastenzugehörigkeit ist dies ein Sarkophag in Form einer weißen Kuh (für Brahmanen-Priester), eines schwarzen Stieres (für Angehörige des Hochadels), eines Hirsches oder geflügelten Löwen (für Mitglieder des niederen Adels) oder eines mythischen Fabelwesens, halb Elefant, halb Fisch (für einen *jaba)*. Arme Leute der untersten Kaste müssen sich mit einfachen Holzkisten begnügen.

Nach einer festgelegten Zeremonie, während der weiß gekleidete Oberpriester Gebetsformeln rezitieren und die sterblichen Überreste mit Weihwasser besprengen, beenden die Flammen den irdischen Werdegang. Sowohl Verbrennungsturm als auch -schrein werden in Brand gesetzt. Innerhalb weniger Minuten ist von den Kunstwerken, deren Herstellung Monate gedauert und ein Vermögen gekostet hat, nur noch ein Aschehaufen übrig. Nicht besser könnten die Balinesen die Essenz ihres Glaubens demonstrieren: Alle Materie ist vergänglich, nur die Seele hat ewigen Bestand.

Nach der Kremation wird die weiße Knochenasche von der Holzasche getrennt und am folgenden Tag in einer Prozession zum Meer oder zu einem Fluss gebracht, um sie dem Wasser zu übergeben. Auf die Feuerreinigung folgt die Reinigung durch das Wasser. Jetzt erst ist die Seele von allen irdischen Bindungen befreit, kann zu den Göttern aufsteigen und in einem der Nachfahren wieder geboren werden.

Tänze und Tanzdramen

Auf Bali ist der Tanz eine Sprache, die jeder versteht. Tänze und Tanzdramen sind, wie auch die Musik, die sie begleitet, Ausdruck einer tief in der balinesischen Gesellschaft verwurzelten Religiosität. Mit Ausnahme der eigens für Touristen arrangierten Veranstaltungen finden Tanzaufführungen stets im Rahmen festlicher religiöser Ereignisse statt – etwa bei Tempelfesten und Totenverbrennungen. Weder Fernsehen noch Video oder andere moderne Errungenschaften haben vermocht, die Beliebtheit der Tanzzeremonien zu schmälern.

Wegen der religiösen und sozialen Bezüge war die Entwicklung der balinesischen Tanzkunst nie auf die Fürstenpaläste beschränkt. So steht denn der volkstümliche Tanzstil Balis in deutlichem Gegensatz zu den klassischen Tänzen Javas, bei denen es sich um ein aristokratisches Hofzeremoniell handelt. Während bei den gemessenen und beschaulichen Zeremonialtänzen, wie sie in Yogyakarta oder Surakarta lebendig sind, langsame, kontrollierte, fließende Bewegungen vorherrschen, sind die Darbietungen auf Bali dynamisch und leidenschaftlich.

Tänze und Tanzdramen

Heute bieten in den Ferienzentren Hotels und zahlreiche Bühnen Vorführungen klassischer Tänze an, meist gekürzte sowie dem Geschmack der ausländischen Besucher angepasste Versionen. Trotz aller Kommerzialisierung haben diese Darbietungen ein hohes künstlerisches Niveau. Auch die Mitglieder der professionellen Ensembles betrachten die vor Touristen aufgeführten Tänze als festen Bestandteil der balinesischen Kultur. Dank der Aufführungen vor einem großen Publikum hat die balinesische Tanzkultur eine wahre Renaissance erlebt. Heute besitzt fast jedes Dorf eine eigene Tanzgruppe und ein eigenes Gamelan-Orchester. Schätzungen zufolge gibt es auf Bali rund 5000 Tanzensembles mit jeweils 30 bis 70 Mitgliedern, die tagsüber ihrem Broterwerb als Bauern und Handwerker nachgehen. Mit den Aufführungen für Touristen verdienen sich viele das Geld für die Erhaltung oder Neu-Anschaffung von Musikinstrumenten sowie den kostbaren Kostümen und Masken.

Die Darbietungen vor zahlendem Publikum sind stets Schautänze mit profanem Charakter, die ihren ursprünglichen sakralen Hintergrund weitgehend verloren haben. Gelegentlich werden diese Tänze, zu denen auch das Tanzspiel Janger, der so genannte ›Affentanz‹ Kecak und der Solotanz Kebyar gehören, im Rahmen von Tempelfesten aufgeführt, dann aber nur im äußeren Tempelbezirk. Die heiligen Kult-

Fast jedes Dorf auf Bali hat ein eigenes Tanzensemble

Tänze und Tanzdramen

und Opfertänze und finden nur im inneren Tempelbereich statt, zu dem Fremde keinen Zutritt haben.

Zu den bekanntesten Tänzen gehört der Baris, den früher alle königlichen Sprösslinge männlichen Geschlechts beherrschen mussten. Er stammt aus einer Zeit, als Balis Herrscher in ständigen Fehden miteinander lagen, und war ursprünglich ein Opfertanz, mit dem die Götter vor einem Kampf um Beistand und Segen gebeten wurden. Vorgeführt wird der Baris, der in seiner authentischen Form Tempelzeremonien vorbehalten ist, von mehreren in weiße oder schwarz-weiß karierte Gewänder gehüllte Männer, die eine dreieckige Kopfbedeckung und Speere oder Schwerter tragen. Beim Baris folgen nicht die Tänzer der Musik, das Gamelan-Orchester untermalt mit an- und abschwellender Lautstärke sowie ständig wechselnden Rhythmen das stilisierte Kampfgeschehen.

Der bei Bali-Besuchern beliebte Barong- oder Kris-Tanz ist eine symbolische Darstellung des Konflikts zwischen Gut und Böse. Die beiden Hauptakteure Barong und Rangda kommen aus der jenseitigen Welt und stehen einander in ewiger Feindschaft gegenüber. Trotz seines wilden Aussehens und seiner Furcht erregenden Gebärden verkörpert der Barong, ein drachenähnliches Ungeheuer mit Löwenmähne, gewaltigen Eckzähnen und hervorquellenden Augen, als Beschützer der Menschheit das positive Prinzip. Machtvoll kämpft er gegen die mit zotteligen Haaren, roter Flammenzunge, hauerähnlichen Fangzähnen und langen Krallen noch Furcht einflößendere Hexe Rangda, als Königin der unteren Welt die Inkarnation des Bösen.

Das Barong-Drama wird – abgesehen von den für Touristen inszenierten Veranstaltungen in Batubulan bei Denpasar – aufgeführt, wenn das Böse die Oberhand gewinnt und der Dorfgemeinschaft ernste Gefahr droht. Es soll das verschobene Kräftegleichgewicht wieder austarieren.

Auf dem Höhepunkt des Tanzdramas treffen Barong und Rangda aufeinander und schleudern sich ihre gewaltigen Zauberkräfte entgegen. In der Schlussszene kommen dem in Bedrängnis geratenen Barong Kris-Tänzer mit einer Attacke auf Rangda zu Hilfe. Doch die Hexenfürstin schwenkt ein weißes Tuch, dem magische Kräfte innewohnen, und verzaubert die Männer, worauf diese in Ekstase verfallen und die tödlichen Waffen gegen sich selbst richten. Mit aller Gewalt drücken sie die geflammten Dolche gegen die Brust, bis sich die Klingen unter dem Druck krümmen. So sehr sie aber auch zustoßen, die Spitzen dringen nicht in ihre nackten Oberkörper ein, denn der Barong hat die Männer in Trance versetzt und unverwundbar gemacht. Nachdem ein Priester die Kris-Tänzer mit geweihtem Wasser aus der Trance erweckt hat, ziehen sich alle Akteure vom Schauplatz zurück. Der balinesischen Philosophie entsprechend, endet der Kampf unentschieden – es

Tänze und Tanzdramen

Barong – einer der spektakulärsten Tänze

gibt weder Sieger noch Besiegte. Gut und Böse halten sich die Waage, die Welt bleibt im Gleichgewicht.

Der in den 30er Jahren auf Nord-Bali entstandene, in Tranceremonien wurzelnde Janger wird von je einem Dutzend Mädchen und Jungen sowie einem Leittänzer dargeboten. Den Themen liegen Episoden aus dem »Mahabharata« zugrunde.

Bei dem pantomimischen Maskentanz Jauk ist der Solotänzer an keinen festen Handlungsablauf gebunden, hat also Spielraum für Improvisationen. Durch plötzliche Wendungen und ruckartige Bewegungen des Tänzers entsteht eine Spannung, die anderen balinesischen Tänzen gänzlich fehlt. Die musikalische Untermalung des Gamelan-Orchesters richtet sich nach dem Tänzer, der als Verkörperung einer Dämonengestalt eine weiße Maske mit Furcht erregenden Fangzähnen sowie Handschuhe mit langen Krallen trägt. Der Jauk hatte die gleiche Funktion wie die steinernen Wächterdämonen und -hexen an den Tempelportalen – er diente als Unheil abwehrender Ritus.

Weil bei ihm auch Zuschauer einbezogen werden, bildet der volkstümliche Joged Bumbung die große Ausnahme unter den balinesischen Tänzen. Zu den Klängen eines Bambus-Gamelan tanzt eine Solotänzerin einige Motive des Legong, bevor sie durch Berühren mit ihrem Fächer einen der zuschauenden Männer zum Mittanzen auffordert. Handelt es sich bei dem Partner um einen tanzerfahrenen

Tanzen für Götter und Touristen

Die Legong-Tänzerin Rati

Rati ist zehn Jahre alt und besucht die Sekolah Dasar, die Grundschule, hilft aber nach dem Unterricht – und das hält sie für ganz selbstverständlich – in der kleinen Pension ihrer Eltern in Ubud aus. Nur am Sonntagvormittag ist sie von ihren Alltagspflichten befreit. Jeden Sonntag übt sie – seit ihrem fünften Lebensjahr – im Fürstenpalast von Peliatan bei Ubud den Legong.

Jedes kleine balinesische Mädchen träumt davon, einmal eine berühmte Legong-Tänzerin zu werden, stellen sie doch der Überlieferung nach den himmlischen Tanz der göttlichen Nymphen dar. Aber nur sehr hübsche und feingliedrige Mädchen mit vornehm blasser Hautfarbe werden für die Ausbildung in diesem königlichen Tanz ausgewählt. Und sie dürfen nur bis zum Beginn der Pubertät tanzen, da sie mit Einsetzen der ersten Monatsblutung die rituelle Reinheit verloren haben – so will es die strenge Tradition.

Der Legong sowie auch die meisten anderen klassischen Tänze Balis erfordern ein langes und intensives Training. Mit der Ausbildung beginnt man daher meist schon im Kindesalter, wenn der Körper noch geschmeidig ist. Die Tanzschüler werden stets nur in einem ganz bestimmten Tanz unterrichtet, die Mädchen im Legong, die Jungen im Kriegstanz Baris. Die Eleven lernen durch Imitation, durch Wiederholen der vom Lehrer oder der Lehrerin vorgetanzten Bewegungen.

Vor allem der Legong mit seinem hochstilisierten Bewegungsablauf, der den Kampf zweier Könige um eine entführte Prinzessin erzählt, unterliegt einer strengen Choreografie, die keinerlei Spielraum für Improvisation zulässt. Alle Bewegungen, insbesondere das schnelle Vibrieren

Balinesen, so kann sich daraus ein improvisiertes Tanzspiel von hohem künstlerischen Niveau entwickeln, das nicht selten auch erotische Elemente beinhaltet. Wählt die Tänzerin jedoch einen Ausländer aus dem Publikum, so nimmt der Tanz zur großen Erheiterung der Zuschauer sehr schnell komische Züge an.

Die meisten balinesischen Tänze sind erdverbunden – der Gestik und Mimik kommt eine sehr viel größere Bedeutung zu als der Beinarbeit. Dies gilt vor allem für den Kebyar Duduk, einen Solotanz. Bei diesem Sitztanz werden die Beine nicht bewegt. Allein mit Oberkörper und Kopf sowie mit dem Spiel der Augen

Tänze und Tanzdramen

der Finger und das kontrollierte Spiel der Augen, laufen, abgestimmt auf die Rhythmen des Gamelan-Orchesters, mit der Präzision eines Uhrwerks ab und sprechen in einer feinen Symbolik. Ausländischen Zuschauern fällt es schwer, die Nuancierung dieses Tanzspiels zu verstehen, was den ästhetischen Genuss jedoch kaum mindert.

Legong – der anmutigste Tanz

Rati wiegt ihren Kopf zum Rhythmus des Gamelan, neigt ihn seitlich, um ihn gleich darauf abrupt nach rechts und links zu rucken. Sie rollt dabei ihre Pupillen in die äußersten Augenwinkel und reißt in dramatischen Momenten die Augen groß und starr auf. Die Bewegungen des Kopfes unterstreicht sie mit denen der Arme und Hände, während der Rumpf gerade bleibt und die Knie stets ein wenig eingeknickt sind.

Die Tanzmeisterin tritt hinter ihren Zögling, korrigiert die Haltung des Körpers, fasst das Mädchen bei den Handgelenken und führt jeden Schritt, jede Geste gemeinsam mit ihm aus. Wieder und wieder wiegen sich Lehrerin und Schülerin im Rhythmus, feilen jede Bewegung bis ins Detail aus und gleiten barfuß über den Fußboden.

drückt der Tänzer die Launen und Stimmungen eines heranwachsenden Jünglings aus. Seine Bewegungen müssen die komplizierten Klangbilder des Gamelan-Orchesters widerspiegeln, Hörbares visualisieren.

Kaum einen Bali-Besucher lässt die Dramatik und Virtuosität der Darsteller des ›Affentanzes‹ Kecak, Balis einzigem Tanz ohne Gamelan, unbeeindruckt. Ursprünglich ein wichtiger Bestandteil magischer Beschwörungs- und Reinigungszeremonien, wurde der Kecak nur in Zeiten drohender oder herrschender Epidemien zur Vertreibung der Krankheitsdämonen getanzt. In der heutigen Form ist er eine Kreation der 30er Jahre.

An der Transformation des Kecak war der deutsche Maler Walter Spies maßgeblich beteiligt, der mit balinesischen Tänzern die Choreografie des Kecak für den Film »Die Insel der Dämonen« übernahm. Die lautmalerische Ekstase des Kecak begleitet heute Episoden aus dem »Ramayana«. Eine Männergruppe, die um eine von Fackeln oder Öllampen beleuchtete Tanzfläche hockt, übernimmt den Part des von Hanuman geführten Affenheeres, was dem Kecak den Beinamen eingebracht hat. Charakterisiert wird dieses Rhythmusspiel, das bisweilen von über 100, nur mit einem schwarz-weiß gewürfelten Hüfttuch bekleideten Männern dargeboten wird, durch sich ständig wiederholende Bewegungen des Kopfes, der Arme und des Oberkörpers. Die Akteure versetzen mit ihren monotonen »Ke-tschak, Ke-tschak«-Rufen einen der Darsteller in Trance. Dieser ist nun in der Lage, über glimmende Kokosnusshälften zu laufen, ohne sich dabei die Füße zu verbrennen (vgl. S. 42).

Fester Bestandteil touristischer Tanzveranstaltungen ist der Legong. Diesen anmutigsten unter den Tänzen Balis gibt es in verschiedenen Variationen. Am bekanntesten ist der Anfang des 19. Jh. entstandene Legong Kraton, der ursprünglich zur Unterhaltung der Raja-Familie diente. Drei in Goldbrokatgewänder gehüllte Tänzerinnen, die als Kopfschmuck eine Krone aus Frangipani-Blüten tragen, stellen eine Legende aus dem 13. Jh. dar.

Zur Eröffnung von Legong-Aufführungen wird heute häufig der Pendet getanzt, oft von ganz jungen, fünf oder sechs Jahre alten Mädchen, die am Ende ihrer Darbietung

Spiel der Schatten – Wayang Kulit

zur Begrüßung der Zuschauer aus silbernen Schalen Frangipani-Blüten ins Publikum werfen.

Ein sehr populärer Solo-Maskentanz, der im Rahmen von Legong-Aufführungen für Touristen gezeigt wird, ist der Topeng Tua. Bei der bedächtigen Tanzpantomime imitiert der Akteur die unsicheren und schmerzhaften Bewegungen eines Greises.

Wayang Kulit
Spiel der tanzenden Schatten

Das flackernde Licht eines Öllämpchens wirft Schatten auf eine Leinwand. Sie gestikulieren, zucken, tanzen, kämpfen gegeneinander. Bisweilen verschwindet eine Figur und eine andere taucht auf. Ohne

»Ramayana« und »Mahabharata«

Die großen Hindu-Epen
»Ramayana« und »Mahabharata«

Der Ramayana-Tanz geht auf eine alte Sanskrit-Dichtung zurück

Auf Bali werden alte Epen, Legenden und Märchen durch Tänze und Tanzdramen sowie durch das Schattenspiel immer wieder zum Leben erweckt. Die beliebtesten Erzählungen sind die Sanskrit-Dichtungen des »Ramayana« und des »Mahabharata«. Die großen Hindu-Epen verbreiteten sich mit den indischen Religionen über das südöstliche Asien, von Thailand und Kambodscha über Malaysia bis nach Indonesien. Das

Mühe erkennen die Zuschauer die Kombattanten: den edlen Fürsten, die zarte Prinzessin, den tapferen Krieger, den bösen Dämonenkönig. Begleitet wird das Schattenspiel von einem Gamelan-Orchester, das sich bei dramatischen Szenen zu stürmischen Rhythmen steigert. Ab und zu huscht eine Fledermaus durch den nachtschwarzen Himmel. Es ist bereits weit nach Mitternacht, aber keiner der Zuschauer kann sich losreißen von diesem Ritual, das die Kultur Balis vielleicht am deutlichsten widerspiegelt. Niemand weiß, wie lange das Spiel dauern wird,

»Ramayana« und »Mahabharata«

Grundmotiv ist der ewig während Kampf zwischen den Mächten des Guten und des Bösen.

Im »Ramayana« verkörpern Rama, Sita und Lakshmana, unterstützt vom weisen Affen Hanuman, das positive Prinzip. Als Inkarnation Vishnus stellt Rama den Idealmenschen dar – er ist tapfer, edel und tugendhaft. Seine schöne Frau Sita verkörpert die perfekte Gemahlin, ein Vorbild ehelicher Treue und Liebe. Ramas Bruder Lakshmana versinnbildlicht brüderliche Ergebenheit und Tapferkeit. Als Widersacher und Repräsentant des Bösen tritt der Dämonenkönig Ravana mit seiner Gefolgschaft Übel wollender Riesen auf. In rund 24 000 Doppelversen beschreibt das »Ramayana« die Geschichte des Helden Rama, die Entführung und spätere Befreiung seiner Gattin Sita. Das Heldenepos entstand vermutlich zwischen dem dritten vorchristlichen und dem zweiten nachchristlichen Jahrhundert als Zusammenfassung noch älterer Mythen.

Mit rund 100 000 Doppelversen gilt das »Mahabharata« als längste zusammenhängende Dichtung der Welt. Der Kern, der etwa im vierten vorchristlichen Jahrhundert entstand, wird dem Dichter Vyasa zugeschrieben, im Laufe der nachfolgenden acht Jahrhunderte kamen neue Episoden hinzu. Das »Mahabharata« schildert den Machtkampf zwischen zwei Zweigen der königlichen Bharata-Dynastie, den edlen Pandava und den missgünstigen Kaurava, die wiederum das Gute und das Böse versinnbildlichen. Aus einer Entscheidungsschlacht gehen die Pandava siegreich hervor, verzichten jedoch auf den Thron, um sich einem asketischen Leben zuzuwenden.

In den Handlungsablauf sind religiös-moralische Gespräche eingeflochten, welche die Grundlagen der hinduistischen Religion verdeutlichen. Einer der Dialoge ist die »Bhagavadgita«, das Zwiegespräch zwischen dem Helden Arjuna und seinem Schwager Krishna, in dem sich der Gott Vishnu verkörpert. Arjuna ist voller Zweifel und Schmerz über den bevorstehenden Bruderkrieg, doch Krishna befreit ihn von den Skrupeln, gegen die eigenen Verwandten die Waffen zu erheben.

vielleicht bis drei oder vier Uhr morgens. Aber keiner wird nach Hause gehen, bevor nicht der Puppenspieler den Kekayon, das Symbol für die Weltachse, in die Mitte vor die Leinwand gestellt hat – das Zeichen dafür, dass die lange Vorstellung zu Ende ist.

Trotz Fernsehen, Video und Kino erfreut sich das jahrhundertealte Wayang Kulit, das Schattenspiel mit flachen Puppen aus Leder (*wayang* – Schatten, *kulit* – Leder), auch heute noch einer ungebrochenen Popularität, nicht nur auf Bali und Java, sondern fast überall in der indonesischen Inselwelt. Ursprünglich war das aus vorhinduistischen Zeiten stammende *wayang kulit* eine magisch-kulthafte Handlung, die dazu diente, böse Geister zu bannen sowie Kontakt mit den Ahnen aufzunehmen, die symbolisch in Gestalt der Schatten auf der Leinwand erscheinen. Auch heute noch ist es weit mehr als Puppentheater oder Volksbelustigung. Es gilt noch immer als eine magische Handlung, mit der die Verbindung zwischen den drei kosmischen Sphären hergestellt sowie die Ordnung des Univesums erneuert und gestärkt wird.

Handelt es sich nicht um Vorführungen für Touristen, werden Schattenspiele nicht zu beliebigen Zeiten aufgeführt, sondern stets im Rahmen religiöser Zeremonien, etwa bei Tempelfesten, Hochzeiten und Totenverbrennungen. Eine Wayang-kulit-Vorführung dauert normalerweise die ganze Nacht hindurch, von der Abenddämmerung bis zum Morgengrauen, wobei der Handlungsverlauf gegen Mitternacht seinen Höhepunkt erreicht. Die Themen stammen aus den Legenden und Mythen der hindu-javanischen Epoche, vor allem aus dem »Ramayana« und »Mahabharata« (vgl. S. 68f.). Grundmotiv ist der ewig während Kampf zwischen den Mächten des Guten und des Bösen.

Die Schlüsselfigur bei einem Schattenspiel ist der *dalang,* unter dessen Händen die Puppen zu leben beginnen. Er ist eine hoch angesehene Persönlichkeit im Rang eines priesterlichen Zeremonienmeisters, der auf magische Weise die Verbindung zwischen der Sphäre der Menschen und der oberen oder unteren Welt herstellt und dabei selbst zum Zentrum des Universums wird. Ein guter *dalang* führt nicht nur mit großem manuellem Geschick gleichzeitig bis zu acht Figuren, sondern spricht auch alle Rollen, wozu er die verschiedenen Sprachebenen fließend beherrschen muss. So sprechen in einem Schattenspiel Personen von Stand im alt-javanischen Kawi und die Gottheiten in Sanskrit, während die Narren und Bediensteten dem Publikum die Geschichte in ihren auf Nieder-Balinesisch abgegebenen Kommentaren verständlich machen. Der *dalang* ist zudem virtuoser Dirigent des hinter ihm sitzenden Gamelan-Orchesters – die Zeichen zum Einsatz gibt er nicht mit einem Taktstock, sondern, indem er mit einem Hämmerchen, das er zwischen die Zehen geklemmt hat, an die Requisitenkiste klopft. Eindrucksvoll ist seine Gedächtnisleistung, denn er muss sämtliche Texte auswendig beherrschen.

Während der Aufführung sitzt der *dalang* hinter einem Holzrahmen, der mit einem weißen, transparenten Stoff bespannt ist. Über seinem Kopf brennt ein Öllämpchen oder eine Glühbirne, deren Licht die Schatten der Puppen auf diese Leinwand wirft. Die zweidimensionalen, aus gegerbtem Büffelleder gefertigten Wayang-Kulit-Figuren steckt der Dalang mit Haltestielen aus Horn in zwei Bananenstämme, zu seiner Rechten die Guten, zu seiner

Linken die Bösen. Die Gestalten und deren Charaktere können die Zuschauer während des Spiels an der Gesichtsform erkennen, im ›Ruhezustand‹ zudem an Symbolfarben. Während bei edlen Gestalten wie Göttern und Helden Nase und Stirn eine gerade Linie bilden und die Augen mandelförmig sind, zeichnen sich Dämonen und Bösewichter durch Knollennasen und Glotzaugen aus. In einer schwarzen Gesichtsfarbe kommen positive Eigenschaften wie Besonnenheit und Reife zum Ausdruck, wohingegen Rot für Aggression und Unbeherrschtheit steht. Ein kompletter Figurensatz besteht aus rund 300 Lederpuppen.

Der Klang des Gamelan bleibt Bali-Besuchern noch lange im Ohr

Das balinesische Gamelan-Orchester

Folgt man auf Bali den magischen Klängen eines Gamelan-Orchesters, so kann man sicher sein, schon bald auf eine Tempelzeremonie, eine religiöse Prozession oder auf eine Tanzaufführung zu stoßen. Wenn auch die Ursprünge dieser Musik, deren Bezeichnung sich von *gamel* (Hammer) ableitet, wohl in Java zu suchen sind, prägen sich die Klänge doch nirgendwo nachhaltiger ein als auf Bali.

Für abendländische Ohren klingen jedoch die Gamelan-Melodien zunächst ungewohnt. Einen Zugang findet man als Europäer nur schwer, da Melodik, Rhythmik und Harmonik anderen Gesetzen folgen als in der westlichen Musik. So basieren

Gamelan

die beiden Tonleitern, das heitere Fünftonsystem Slendro und das ernste siebentonige Pelog, auf uns nicht vertrauten Intervallen. Anders als die westliche Musik besitzt die Musik Balis nicht den Charakter einer selbständigen Kunst, sondern dient in erster Linie zur Begleitung der Ritualtänze und Tanzdramen sowie zur musikalischen Untermalung der Schattenspiel-Darbietungen.

Auf Bali gibt es rund 300 große und mehrere tausend kleinere Gamelan, wobei keines im Klang mit einem anderen identisch ist. Am häufigsten zu hören ist das große Gamelan Gong (auch Gong Gede). Es besteht aus 30 bis 40 Musikern, die bis zu 80 Instrumente spielen.

Während in westlichen Orchestern Saiten- und Blasinstrumente dominieren, ist ein Gamelan ein Ensemble von Schlagspielen. Die rhythmisch kontrapunktierenden Kendang, mit Fell bespannte und mit beiden Händen geschlagene Trommeln, geben die Tempi vor. Der erste Kendang-Spieler fungiert als Leiter des Orchesters, der die Einsätze gibt und bei der Begleitung von Tänzen durch gezielte Schläge die Gesten und Bewegungen unterstreicht. Wichtige Instrumente zum Spielen der Kernmelodie sind die Gender (Metallofone mit Bambus-Resonanzkörpern, bei denen der Musikant mit einem Hämmerchen die schwebend aufgehängten Metallstäbe anschlägt und sie mit der Hand sofort wieder abdämpft), die Gambang (Xylofone mit Holztasten) und die *reyong* (lang ausklingende

Kesselgongspiele, die aus Doppelreihen kleiner liegender Gongs bestehen). Größere Bronzegongs bringen die Grundstruktur des Musikstücks zum Ausdruck. Nicht fehlen dürfen die *cengceng* (kleine Handzimbeln) und als einzige Blasinstrumente die *suling* (Bambusflöten). Besondere tonale Akzente setzen die *rebab* (zweisaitige Streichinstrumente, die den Celli verwandt sind).

Die Vielschichtigkeit der Gamelan-Melodien und ihre rasante Tonfolge ergeben sich aus dem Zusammenspiel der Gemeinschaft, bei dem eine Gruppe der Musiker auf ein Zeichen des Orchesterleiters hin eine andere ergänzt oder ablöst. Virtuose Solodarbietungen und individuelle Improvisationen sind beim Gamelan nicht gefragt, sondern die Fähigkeit, sich in das Orchester einfügen zu können. Die Musiker eines Gamelan-Orchesters kennen keine Noten, die Klangbilder und Tonkaskaden werden im Gedächtnis gespeichert und von Generation zu Generation weitergegeben.

Kunst und Kunsthandwerk

Mitte des 17. Jh. zerfiel Bali in ein Dutzend selbstständige Fürstentümer. Die ständig im Fehdezustand lebenden Rajas versuchten, sich nicht nur politisch-militärisch, sondern auch im kulturellen Bereich zu überbieten. Sie wetteiferten mitein-

Kunst und Kunsthandwerk

ander in der Ausschmückung ihrer
Paläste und Tempel, in der Qualität
der Musik und der Tänze, mit denen
sie die Götter hofierten und ihre
Gäste unterhielten. Jeder, auch der
rangniedrigste Untertan, war verpflichtet, hierzu seinen Beitrag zu
leisten.

So kam es, dass jeder Balinese
ungeachtet der Kastenzugehörigkeit
die Steinmetz- oder Holzschnitzkunst, die Malerei oder den Tanz
lernte. Jeder erwarb bestimmte Fähigkeiten und dieses reiche Erbe
wird noch heute von den Balinesen
bewahrt. Begabung als Bildhauer
oder Maler, Tänzer oder Musiker
scheint Balinesen so selbstverständlich zu sein, dass man Künstlern keine Sonderstellung einräumt. Natürlich sind sie angesehene Mitglieder
der Gemeinschaft, aber sie bleiben
Menschen wie jeder andere und gehen im Alltag einem Hauptberuf
nach, meist dem des Reisbauern
oder Handwerkers. Auch gibt es für
Kunst im Balinesischen keinen ent-
sprechenden Ausdruck.

Ursprünglich begriff man auf Bali
jegliches künstlerische Tun als ein
Wirken im Auftrag der Götter. Die
Religion erforderte eine konstante
Erneuerung der Verbindung mit den
Gottheiten und vergöttlichten Ahnen, und so entfalteten die Menschen alle ihre künstlerischen und
handwerklichen Fähigkeiten in der
Erfüllung dieser Pflicht. Heute gehen
auf Bali Kunst und Kommerz Hand
in Hand, was der künstlerischen
Weiterentwicklung nicht nur positive Impulse gibt.

Die Steinmetzkunst

Eines fällt Besuchern balinesischer
Tempel und Fürstenpaläste sofort auf
– die geradezu verschwenderische
Ausstattung mit steinernen Schmuckornamenten. Vor allem die Fassaden
nord-balinesischer Tempel werden
von einem nahezu lückenlosen
Mantel aus Reliefs, Steinfiguren, Arabesken und anderen Zierelementen
überzogen. Typisch ist die Verschmelzung von Relief und Voll-
plastik: Köpfe, die zu freistehenden
Statuen gehören könnten, gliedern
sich in Basreliefs ein, diese gehen
oftmals in die dreidimensionale Gestaltung der Bauplastik über. In der
Üppigkeit des Ornaments spiegelt
sich ein Aspekt balinesischer Welt-
anschauung wider: Wie sich der
Einzelmensch harmonisch in die
Gemeinschaft einzugliedern hat, so
muss auch das einzelne Schmuck-
element als Detail des Dekors zum
Gesamteindruck beitragen.

Thematisch dominieren bei den
Flachreliefs im Süden Balis Szenen
aus den Hindu-Epen »Ramayana«
und »Mahabharata« (vgl. S. 68f.),
während man im Norden bei der
Wahl der Motive Genredarstellun-
gen aus dem Alltagsleben oder westlich inspirierte Themen einbezieht.
An den Wänden nord-balinesischer
Tempel entdeckt man häufig erotische Motive. Einen exponierten
Platz unter den Zierornamenten
nimmt das alt-indische Hakenkreuz
ein, ein Symbol für Glück, Fruchtbarkeit und Wohlstand. Während es
in jedem balinesischen Tempel zahl-

Kunst und Kunsthandwerk

Steinmetz in Batubulan

reiche fantasievolle Bildnisse von Dämonen und Hexen gibt, die mit ihrem Furcht erregenden Aussehen Unheil bringende Wesen abwehren sollen, sucht man vergeblich nach Götterstatuen. Anders als in den hinduistischen Tempeln Indiens werden auf Bali die Götter als geistige Mächte und nicht als Wesen verehrt.

Der weiche, vulkanische Tuffstein, den balinesische Bildhauer vorwiegend verwenden, ist zwar ein ausgezeichneter Werkstoff, zersetzt sich jedoch bei der Luftfeuchtigkeit des Tropenklimas rasch. Da die Balinesen sich verpflichtet fühlen, ihre Tempel zu unterhalten, steht das Steinmetzhandwerk in dauerhafter Blüte. Aus Kostengründen werden die Schmuckelemente für die Tempel jedoch auch im Zementgussverfahren hergestellt.

Die Holzschnitzkunst

Neben traditionellen Schnitzereien wie Gefäßen und Schlitztrommeln für den kultischen Gebrauch schufen balinesische Holzschnitzer früher vorwiegend Helden- und Dämonenfiguren sowie andere Elemente zur Ausschmückung ihrer Tempel und der Fürstenpaläste. Erst Mitte des 20. Jh. löste sich die Holzschnitzerei von der Architektur und entwickelte sich zu einer eigenständigen Kunstgattung. Entscheidende Impulse für diese Neuorientierung gingen von westlichen Künstlern

Kunst und Kunsthandwerk

aus, die sich auf Bali niedergelassen hatten, sowie vom aufkommenden Massentourismus, der die Holzschnitzer stärker beeinflusste als andere balinesische Künstler. Mittlerweile dominieren Zugeständnisse an den Touristengeschmack, nur mit Glück und Geduld findet man unter den Holzschnitzarbeiten noch kleine Kunstwerke.

Eine Quelle der Inspiration für die Holzschnitzer ist die Welt der überlieferten Sagen und Mythen mit zahllosen Helden, Fabelwesen und Dämonen, es werden heute aber auch Motive aus dem Inselalltag wiedergegeben. Charakteristisch sind lang gestreckte, überschlanke Figuren. Als Material dient häufig Ebenholz, eine aus Kalimantan und Sulawesi eingeführte Hartholzart. Aus lokalem Weichholz hergestellte, bemalte Schnitzereien, etwa Früchte und Tiere, sind sehr preiswert und werden in Massenproduktion gefertigt.

Handwerklich solide gefertigte Holzmasken kann man überall kaufen. Doch sie haben nichts mit den heiligen Masken zu tun, die, begleitet von Ritualen an astronomisch günstigen Tagen, nur für zeremonielle Anlässe geschaffen werden. Ihnen sagen die Balinesen magische Kräfte nach. Es heißt, die Tänzer, die den Maskentanz Topeng ausführen, seien von den Geistern der Masken besessen. Bevor man zur Herstellung besonders bedeutsamer Masken einen Baum fällt, muss ein Priester diesen vorher um Verzeihung bitten.

Malerei

Noch bis weit in die 30er Jahre des 20. Jh. hinein führte die Malerei auf Bali ein Schattendasein. Seither spielt sie jedoch eine wichtige Rolle unter den balinesischen Kunstformen, was in erster Linie auf westliche Einflüsse zurückzuführen ist. Die traditionelle balinesische Malerei war in einem strengen, formalen Gestaltungsschema erstarrt und diente fast ausschließlich der Ausschmückung von Tempeln und Palästen.

Das Wayang Kulit hat die klassische Malweise beeinflusst, ihre zweidimensionalen Menschendarstellungen ähnelten den Schattenspielfiguren (daher auch die Bezeichnung Wayang-Stil). Die Maler schöpften ihre Motive vorwiegend aus der Hindu-Mythologie. Regeln, die jedes Detail festlegten, ließen kaum Raum für individuelle Ausdrucksformen. Auch in unseren Tagen wird der im 17. Jh. entstandene Wayang-Stil noch gepflegt, hauptsächlich von Malern um Klungkung.

Parallel zur Malerei entwickelte sich beim Kopieren älter Manuskripte eine grafische Kunst, die Lontar-Malerei, die heute noch einige Spezialisten im Bali Aga-Dorf Tenganan beherrschen. Mit einer Eisenfeder ritzen sie alt-balinesische Texte in der Ritualsprache Kawi mit kleinstformatigen Illustrationen in 3 cm breite und 40 bis 60 cm lange Blätter der Lontar-Palme und schwärzen die Gravuren anschließend mit einem Gemisch aus Öl und Russ. Die Einzelblätter, in längliche Streifen

Kunst und Kunsthandwerk

Gemälde von Arie Smit, der die Schule der jungen Künstler gründete

geschnitten, werden dann zwischen zwei verzierte Holzdeckel eingebunden. Alte Lontar-Manuskripte bewahrt man in der Bibliothek des Kirtya-Instituts in Singaraja auf.

Ein Wandel vollzog sich in der balinesischen Malkunst Anfang der 30er Jahre des 20. Jh. unter dem Einfluss europäischer Künstler, die damals auf Bali lebten. Besondere Impulse gingen von dem Deutschen Walter Spies und dem Holländer Rudolf Bonnet aus. Beide fanden in der balinesischen Kunst eine Quelle der Inspiration und regten einheimische Künstler an, mit neuen Materialien, Stilelementen und Inhalten zu experimentieren. Stoffe und Naturfarben wurden von Papier und Tusche bzw. von Leinwand und Tempera abgelöst. Formal vollzog sich der Übergang von zwei- zu dreidimensionalen Darstellungen, wobei die Vorliebe für das Ornamentale bei der detailgenauen Gestaltung von Bäumen und Blüten erhalten blieb. Es entwickelte sich eine Synthese aus mythologischen Motiven mit wirklichkeitsnahen Elementen, in der nach und nach der Realismus immer breiteren Raum einnahm. Neben die Götter und Dämonen, Prinzen und Heroen traten Szenen aus dem alltäglichen Leben der Dorfgemeinschaft – die Malerei wurde zum Spiegel des bäuerlichen Lebens. Erstmals entstanden eigenständige Stile, begannen balinesische Maler ihre Persönlichkeit zum Ausdruck zu bringen. Während Gemälde früher meist in gemeinschaftlicher Arbeit hergestellt wurden, setzte sich jetzt ein individueller Arbeitsstil durch und balinesische Maler signierten nun auch ihre Werke.

Ihren Ursprung hatte diese Entwicklung in Ubud, das bis heute als Zentrum der Malerei auf Bali gilt. 1936 gründeten dort Bonnet und Spies mit Unterstützung des Aristokraten Cokorda Gede Agung Sukawati und in Kooperation mit dem Künstler I Gusti Nyoman Lempad die Künstlervereinigung Pita Maha (Großes Bestreben). Hauptanliegen dieser etwa 125 Mitglieder zählenden Gesellschaft war neben der Förderung junger Künstler der kreative Gedankenaustausch sowie die Organisation von Verkaufsausstellungen (auch in Europa und den USA). Die Nachfolgeorganisation Ratna Warta fördert noch heute junge Nachwuchskünstler. In Penestanan bei Ubud entstand Ende der 50er Jahre unter der Ägide des holländischen Malers Arie Smit die Schule der jungen Künstler. Einen Überblick über die Entwicklung der balinesischen Maler im 20. Jh. vermitteln die Kunstmuseen in Ubud.

Bali kulinarisch

Odalan – bereits am frühen Morgen des Jahrestages der Tempelweihe herrscht im Vorhof des Pura Desa Hochbetrieb. Einige Männer und Frauen schlachten ein Schwein, andere bearbeiten auf großen Hackbrettern das Fleisch, wieder andere zerkleinern Zwiebeln und Gemüse.

Unter Anleitung des Küchenchefs wird geschält und geschnitten, gehackt und gemörsert, gebraten und gegrillt.

Bald füllen dichte Rauchschwaden aus Feuern von Kokosnussschalen das Tempelareal. Es duftet nach frisch gebratenen Hühnchen und Saté, Holzspießchen mit gegrillten Fleischwürfeln von Huhn oder Schwein. In riesigen Woks brutzeln Reis- und Nudelgerichte. Für den richtigen Geschmack und die Haltbarkeit der Speisen sorgen Gewürze und Kräuter wie Chili und Ingwer, Muskat und Gewürznelken, Kardamon und Gelbwurz, Zitronenblätter und Garnelenpaste. Ein besonders feines Aroma erhalten viele Gerichte durch die Zugabe von Kokosmilch und Kokosraspeln.

Bei all dem Treiben in der Tempelküche, einem langen, halb offenen Pavillon, herrscht Riesenlärm. Es wid viel gescherzt und gelacht sowie dem Tuak, dem balinesischen Palmwein, kräftig zugesprochen – ein ganz und gar unernstes Verhalten an einer heiligen Stätte. In der Luft hängt der würzig-süßliche Duft von Kretek, der mit Gewürznelken aramatisierten Zigaretten.

Auf Betrachter wirkt das alles reichlich chaotisch. Dabei läuft der Kochbetrieb nach uralten, komplizierten Vorschriften ab, die genau festlegen, welche Gerichte nach welchen Rezepten zubereitet werden müssen. Wichtig ist, dass die farbliche Komposition der Menüs, die von hohem Symbolgehalt ist, strikt eingehalten werden.

Bali kulinarisch

So stehen manche Speisen – je nachdem, welchen Farbton sie aufweisen – mit bestimmten Göttern in Zusammenhang. Bei keinem balinesischen Festmahl darf *lawar* fehlen, eine Mischung aus Fleisch mit zerkleinertem Gemüse, Gewürzen und Schweineblut. Tendiert die Farbe des Gerichts mehr zu Rot, besteht eine Verbindung zum Schöpfergott Brahma, überwiegt Grün, ist die Speise mit Vishnu, dem Welterhalter, verknüpft.

Weitere kulinarische Leckereien auf der Speisekarte der Götter sind in Bananenblättern gegarte Ente und über offenem Feuer gegrilltes Spanferkel. Für diese Delikatessen müssen sich Götter wie Menschen in Geduld üben, denn die Zubereitung nimmt Stunden in Anspruch. Zu jedem Festbankett gehört auch *saté*, meist höllisch scharfes Hühner- oder Fischack am Spieß.

Die Kochkunst ist untrennbar mit dem religiösen Leben der Balinsen verbunden. Die Zubereitung der Speisen für die Götter und die zu Gast geladenen Ahnen ist den Männern vorbehalten. Aber auch die Erdenbürger wissen die Speisen zu schätzen – selbstverständlich erst, nachdem die innere Substanz der Speisen von den göttlichen Wesen entgegengenommen wurde. Frauen sind in der Tempelküche allein für die riesigen Reisportonionen zuständig. Gekocht, zu Reishügeln aufgeschichtet, symbolisieren sie den kosmischen Himmelsberg Meru. Während bei einer religiösen Zeremonie ein gemeinsam eingenommenes opulentes Mahl nicht fehlen darf, messen Balinesen im Alltagsleben dem Essen im Familienkreis oder in größerer Runde unter Freunden keine Bedeutung bei. Zum einen, weil dies nicht ihrer traditionellen Esskultur entspricht, zum anderen, weil aufwenige Mahle die finanziellen Möglichkleiten der meisten Familien übersteigen.

Auf dem Lande kochen Frauen in den frühen Morgenstunden vor der Feldarbeit die Speisen für den ganzen Tag vor. Diese werden dann zu einem Buffet aufgebaut, von dem sich jeder bedient, wann immer er Hunger hat. Im Gegensatz zu den oft Stunden dauernden Festbanketts, die neben der religiösen auch eine wichtige soziale Funktion haben, ist für die Balinesen im Alltag Essen nichts anderes als reine Nahrungsaufnahme: Man isst schnell und allein, häufig zurückgezogen in einem stillen Winkel des Gehöfts.

Basis der meisten Mahlzeiten ist *nasi putih,* weißer, gedünsteter Reis. Als Beilage kommt bei einfachen Leuten Gemüse auf den Tisch, nur ab und zu Fleisch und ganz selten Fisch. Besteck betrachten die meisten Balinesen als unnütz. Sie verzehren die kalten oder lauwarmen Gerichte mit den Fingern der rechten Hand. Sehr beliebt zum Frühstück ist Reisbrei mit ein wenig Huhn. In Bananenblättern gegarten Reis nehmen Bauern gern mit zur Arbeit auf den Feldern.

Touristen, die auf Bali balinesisch essen möchten, stehen oft vor einem Problem – fast überall wird heute in-

Bali kulinarisch

Fast Food auf Balinesisch –
Reis in einem Bananenblatt

ternational gekocht. Auf den Speisekarten dominieren Gerichte wie Spaghetti Marinara oder Wiener Schnitzel und Fish and Chips oder dem westlichen Geschmack angepasste indonesische Gerichte. Für Fremde ist die reine balinesische Küche vor allem wegen der Schärfe recht ungewohnt.

Wirklich authentische balinesische Speisen findet man selten, weil sie meist nur für große Feste unter Einhaltung strikter Vorschriften in stundenlanger Arbeit zubereitet werden.

Mittlerweile gibt es aber auch in den Touristenzentren Restaurants, die inseltypische Spezialitäten anbieten. Wird man nicht fündig, macht man es am besten den Einheimischen nach und probiert die Speisen der mobilen Garküchen.

Die Essensstände unter freiem Himmel, die nicht nur preiswerte, sondern auch frische authenische balinesische Gerichte anbieten, werden *warung* genannt. Oft formieren sich die meist auf ein Gericht spezialisierten Ein-Mann-Küchen von den frühen Abendstunden an zu Nachtmärkten.

UNTERWEGS
AUF BALI

Strände, Ferienorte
und die Inselkapitale

Das kulturelle Zen-
trum von Bali

Vulkane, Strände und
Tempel

Städte und Stätten
mit Vergangenheit

Ausflüge nach Java
und Lombok

Strände, Ferienorte und die Inselkapitale

Kuta und Legian

Sanur und Nusa Dua

Die Schildkröteninsel Serangan

Die Inselhauptstadt Denpasar

Von Denpasar nach Gilimanuk

Auslegerboote am Strand von Sanur

Strände, Ferienorte und die Inselkapitale

Strandurlaub, Shopping und lange Disko-Nächte in Kuta und Legian, Sanur und Nusa Dua. Abstecher zur Schildkröteninsel Serangan und zum Felsenheiligtum Pura Luhur Ulu Watu an der Spitze der Halbinsel Bukit Badung sowie ein Streifzug durch die balinesische Hauptstadt Denpasar, Ausflug in den wilden Westen von Bali

Kuta und Legian

Der in einer langen Kurve vom Ngurah Rai Airport im Süden über Kuta und Legian bis Seminyak reichende, 10 km lange feinsandige Kuta Beach gehört zu den schönsten Küstenstreifen des indonesischen Archipels. Von Fremden wurde das beschauliche Fischerdorf Kuta erst Anfang der 60er Jahre entdeckt. Mit sicherem Gespür dafür, wo es besonders schön ist auf der Welt, bildeten Hippies, zivilisationsmüde Aussteiger und Globetrotter die touristische Vorhut. Angelockt von den traumhaften Surfbedingungen, folgten schon bald Scharen von Wellenreitern aus aller Welt, vor allem aus dem nahen Australien. Schließlich erkoren die Späher der Tourismusindustrie das lange als ›Geheimtipp‹ gehandelte Kuta zum Standort für Feriensiedlungen. Kuta entwickelte sich schnell und wildwüchsig. An das ehemalige Fischerdorf erinnert heute nur noch der Name.

Wer Bali sucht und als Erstes im hektischen Kuta landet, dem ist der Kulturschock gewiss. ›Bummelt‹ man in Kuta entlang der parallel zum Strand verlaufenden Jalan Legian, muss man seine Vorstellungen von Trubel revidieren. Auf der abgasgeschwängerten Hauptstraße knattern Schwärme von Motorrädern, quälen sich Stoßstange an Stoßstange Autos und Busse. Entlang der Gehwege schieben sich die Touristen, dicht umlagert von fliegenden Händlern. Gamelan-Orchester kämpfen ebenso verzweifelt wie vergeblich gegen

---

Kuta und Legian
1 Canggu 2 Bali Oberoi 3 Ramah Village 4 Puri Tantra 5 Sari Beach Inn 6 Three Brothers Bungalows 7 Bali Intan Cottages 8 Komala Indah 2 9 Mastapa Garden Hotel 10 Poppies Cottages I 11 Sari Yasa Samudra 12 Ramayana Seaside Cottages 13 Pendawa Inn 14 Bali Rani Resort 15 Kartika Plaza 16 Santika Beach Hotel 17 Four Seasons Resort

Kuta und Legian

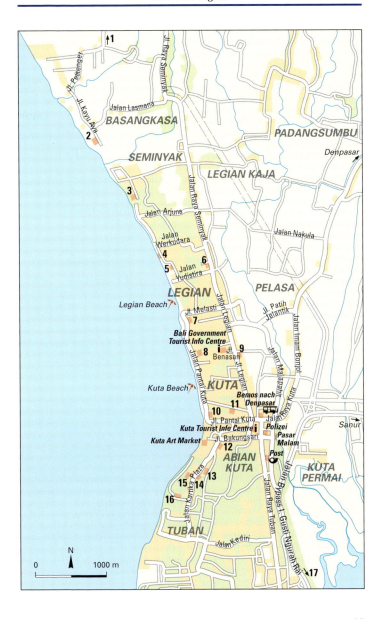

Kuta und Legian

ohrenbetäubenden Hard Rock, der aus Bars und Diskotheken dringt. Verstellt ist der Blick aufs Paradies durch Hotels, Souvenirgeschäfte und Restaurants, die sich an der Flaniermeile sowie in den Nebenstraßen aneinander reihen. Am Tag grassiert hier das Shopping-Virus, nachts werden viele vom Disko-Fieber befallen.

›Balidorm‹, auf den Gäste-Ansturm gut vorbereitet, bietet mit einer breit gefächerten touristischen Infrastruktur heute Erholungs- und Vergnügungsmöglichkeiten für jeden Geldbeutel. Bunt gemischt ist auch das Publikum. Dazwischen flanieren langmähnige einheimische Beach Boys, die ›Kuta-Cowboys‹, die nur allzu gern bereit sind, Urlauberinnen mit diversen Dienstleistungen die Zeit zu vertreiben. Insbesondere an Wochenenden zieht es Touristen aus Java in Scharen an den Kuta Beach. Während muslimische Frauen im knöchellangen *sarong* durch das seichte Wasser waten, fotografieren ihre Gatten mit langen Teleobjektiven Touristinnen aus Europa und Australien, die sich oben ohne in der Sonne aalen.

Schon längst hat die Entwicklung auch auf das weiter nördlich gelegene Legian übergegriffen, mit dem Kuta heute zur größten ›Ferienfabrik‹ Balis verschmolzen ist. Aber obwohl die Zahl der Sonnenhungrigen mittlerweile in die Zehntausende geht, herrscht am kilometerlangen Kuta Beach keine Enge wie an vielen mediterranen Stränden. Und wer von Legian über das ehemalige

Fischerdorf Seminyak eine Stunde lang am Strand nach Norden wandert, kann durchaus den Eindruck gewinnen, der einzige Tourist auf Bali zu sein. Dort verebben die hohen Wellen der Brandung an kilometerlangen Sandstränden, die der Tourismus noch nicht vereinnahmt hat. Überdies sind die Strände bei den Dörfern Canggu und Seseh für Balinesen magische Orte, an denen Opfer- und Reinigungszeremonien abgehalten werden. Nur noch wenige Kilometer sind es von hier zum Meerestempel von Tanah Lot. Allerdings müssen bei der Wanderung einige Flussmündungen, die bei Flut recht tief sind, durchquert werden.

Ein ruhiger und sauberer, etwa 2 km langer Sandstrand erstreckt sich an der halbmondförmigen Bucht von Jimbaran gleich südlich vom Flughafen. Allerdings bewirkt hier, wie auch am Kuta Beach, die oft meterhohe Brandung des Indischen Ozeans gefährliche Unterströmungen, die schon manchem Schwimmer zum Verhängnis wurden. Im Vergleich zu den nur wenige Kilometer entfernten Touristenhochburgen Kuta und Legian ist Jimbaran eine Oase der Ruhe, allerdings gibt es nur eine Hand voll sehr gute und entsprechend teurere Hotels. Lebhaft wird es am Jimbaran Beach ab dem späten Nachmittag, vor allem an Wochenenden, wenn in über einem Dutzend Open-Air-Restaurants die Köche ihre Kokosnussschalengrills entfachen. Man sitzt an einfachen Holztischen am Strand und genießt frischen Fisch und Meeresfrüchte,

Kuta und Legian

Der ultimative Kick –
Bungee-jumping in Kuta

---

während ein tropischer Sonnenuntergang den Himmel verzaubert.

 Vorwahl: ✆ 0361

Bali Government Tourist Information Centre, Jl. Benasari 7, Kuta, ✆ 754090, gegenüber dem Mastapa Garden Hotel, tägl. 8–20 Uhr; **Kuta Tourist Information Centre,** Jl. Legian 37, Kuta, ✆ 755424, tägl. 9–19 Uhr

Bali Oberoi, Jl. Kayu Aya, Seminyak, ✆ 730791, Fax 730361, traumhafte Bungalowanlage an einem ruhigen Strandabschnitt nördl. von Legian inmitten eines üppigen Tropengartens, mit spektakulärem Pool-Areal, RRRRR; **Four Seasons Resort,** Jimbaran, ✆ 701010, Fax 701020, einem balinesischen Dorf nachempfundenes Luxushotel mit drei Restaurants und zwei durch einen Wasserfall verbundene Pools, jede der großzügig ausgestatteten Villen steht auf einem 200 m^2 großen, ummauerten Grundstück und besitzt einen Privatpool, RRRRR; **Kartika Plaza,** Jl. Kartika Plaza, Kuta, ✆ 751067, Fax 752475, komfortables, familienfreundliches Strandhotel in einem Park mit erstklassigen Restaurants, mehreren Swimmingpools und Sportanlagen, RRRRR; **Bali Intan Cottages,** Jl. Melasti 1, Legian, ✆ 751770, Fax 751891, stilvolles Bungalowhotel in Strandnähe, mit Restaurant und Pool, RRRR; **Santika Beach Hotel,** Jl. Kartika Plaza, Kuta-Tuban, ✆ 751267, Fax

Kuta und Legian

75 12 60, komfortables Strandhotel, balinesischer Stil, großer Pool, elegantes Restaurant mit Meeresblick, RRRR; **Bali Rani Resort,** Jl. Kartika Plaza, Kuta, ☎ 75 13 69, Fax 75 26 73, freundliches Ferienhotel mit komfortablen Zimmern, Restaurant und Pool, fünf Gehminuten zum Strand, RRR–RRRR; **Legong Keraton Beach Cottages,** Pantai Berawa, Canggu, ☎ 73 02 80, Fax 73 02 85, komfortables Bungalowhotel weit weg vom Kuta-Chaos, RRR–RRRR; **Poppies Cottages I,** Poppies Lane I, Kuta, ☎ 75 10 59, Fax 75 23 64, info@bali.poppies.net, www.poppies.net, stilvolles Bungalowhotel, zentrale, aber ruhige Lage, Garten und Pool, 300 m zum Strand, RRR–RRRR; **Ramah Village,** Gang Keraton, Seminyak, ☎ 73 10 71, Fax 73 07 93, frontdesk@balirama.com, www.balirama.com, Buchung in Deutschland: G. P. Reichelt, ☎ 040-22 10 48, Fax 040-22 17 25, in Bambus möblierte Bungalows in einem üppigen Tropengarten, fünf Gehminuten zum Strand, RRR; **Ramayana Seaside Cottages,** Jl. Bakungsari, Kuta, ☎ 75 18 64, Fax 75 18 66, ›Klassiker‹ unter den Hotels mit mittlerer Kategorie, zentral, aber strandnah, Restaurant und Pool, RRR; **Sari Beach Inn,** Jl. Padma Utara, Legian, ☎ 75 65 57, Fax 75 16 35, Hotel am Strand mit stilvoll möblierten Zimmern, Restaurant und Pool, frühzeitig reservieren, da sehr beliebt, RRR; **Mastapa Garden Hotel,** Jl. Legian 139, Kuta, ☎ 75 16 60, Fax 75 50 98, Oase im Kuta-Trubel, zentral, aber ruhig, relativ weit vom Strand, mit Pool, im Restaurant ausgezeichnete balinesische Gerichte, RR–RRR; **Puri Tantra Beach Bungalows,** Jl. Padma Utara, Legian-Seminyak, ☎/Fax 75 31 95, hübsche Bungalows, ruhig, Zugang zum Strand, RR–RRR; **Pendawa Inn,** Jl. Kartika Plaza, Kuta, ☎ 75 23 87, Fax 75 77 77, ruhige Unterkunft in einem Tropengarten mit Zimmern und Bungalows, schöner Pool, 10 Min. zum Strand, RR; **Sari Yasa Samudra Bungalows,** Jl. Pantai Kuta, Kuta, ☎

75 15 62, Fax 75 29 48, zentral, aber strandnah und ruhig gelegen, Zimmer und Bungalows, mit Pool, RR; **Three Brothers Bungalows,** Jl. Legian Tengah, Legian, ☎ 75 15 66, Fax 75 60 82, Bungalows im landestypischen Stil mit Klima-Anlage oder Ventilator, mit Restaurant, Pool und schönem Garten, 5 Min. zum Strand, R–RR; **Komala Indah 2,** Jl. Benasari, Kuta, ☎ 75 42 58, familiäre Pension mit einfach ausgestatteten Bungalows in ruhiger Lage, 5 Min. zum Strand, R

Bali Seafood, Jl. Kartika Plaza, Kuta-Tuban, ☎ 75 39 02, fangfrische Meeresfische und -früchte, abends Gamelan-Musik und balinesische Tänze, RR–RRR; **La Indonesia,** Jl. Raya Ulu Watu 108, Jimbaran, ☎ 70 17 63, indonesische Spezialitäten von Sumatra bis Sulawesi, RR–RRR; **Aromas of Bali,** Jl. Legian, Kuta, ☎ 75 10 03, vegetarische Gerichte aus aller Welt, kreativ zubereitet, RR; **Poppies,** Poppies Lane I, Kuta, ☎ 75 10 59, beliebtes Gartenrestaurant mit hervorragendem Seafood, und balinesisch-chinesischen Gerichten, Reservierung empfehlenswert, RR; **Made's Warung,** Jl. Pantai Kuta, Kuta, ☎ 75 19 23, Szenetreff mit bunt gemischter Speisekarte, R–RR; **Mama's Restaurant,** Jl. Legian, Kuta, ☎ 75 18 05, Bintang-Bier vom Fass und deftige Kost für Heimwehkranke, R–RR; **Mini,** Jl. Legian 77, Kuta, ☎ 75 16 51, alteingesessenes Seafood-Restaurant mit offener Küche, R–RR; **Dayu II,** Jl. Bunisari, Kuta, ☎ 75 22 62, einfaches, beliebtes Lokal mit weitem Spektrum indonesischer, chinesischer und europäischer Gerichte, R; **Nagasari,** Jl. Bakungsari, Kuta, ☎ 75 18 89, internationale Speisen, abends Live-Musik, R; **Pasar Malam,** Kuta, Essensstände mit indonesischen Gerichten, R; **Rayunan,** Jl. Raya Tuban 100 A, Kuta, ☎ 75 20 11, schlichte Einrichtung, aber authentische balinesische Küche, R

Kuta und Legian

Für Schnäppchenjäger sind Kuta und Legian ein absolutes Muss: flippige Strand- und Freizeitbekleidung, modische Lederwaren, extravaganter Silberschmuck und originelle Accessoires – hier gibt es alles, meist zu niedrigen Preisen. **Batik Danar Hadi,** Jl. Legian, Kuta, ✆ 75 43 68, Batikstoffe und -textilien; **Galeri Ikat,** Jl. Legian 200, Kuta, ✆ 75 56 92, handgewebte, hochwertige Stoffe; **Kulkul – Castle of Music,** Jl. Bakungsari, Kuta, ✆ 75 15 23, MCs und CDs aller Stilrichtungen; **Kuta Art Market,** Jl. Bakungsari, Kuta, Strand- und Freizeitbekleidung; **Kuta Kiz,** Jl. Legian/Jl. Pantai Kuta, Kuta, ✆ 75 39 92, Kinderkleidung, Spielsachen; **Maya,** Jl. Legian/Jl. Pantai Kuta, Kuta, extravaganter Silberschmuck und Accessoires; **Milo's,** Kuta Square, Block E 1, Kuta, ✆ 75 40 81, Designer-Freizeitbekleidung; **Omega,** Jl. Legian, Kuta, ✆ 75 65 14, Kunst/Kunsthandwerk aus ganz Indonesien; **Rascals,** Kuta Square, Block D 6, Kuta, ✆ 75 13 46, ausgefallene Strand- und Schwimmbekleidung für sie und ihn, hergestellt im Batikverfahren; **Roberto Pasquale,** Jl. Bakungsari 16, Kuta, ✆ 75 52 76, maßangefertigte Lederbekleidung

Bounty, Jl. Legian, Kuta, ✆ 75 40 40, Restaurant mit Live-Musik sowie mehrere Bars in einer Replik des legendären Seglers; **Café del Mar,** Jl. Dhyana Pura 100X, Seminyak, ✆ 73 42 98, elegante Cocktailbar mit guten DJs; **Café Luna,** Jl. Raya Seminyak, Seminyak, ✆ 73 08 05, etwas in die Jahre gekommener, aber immer noch beliebter Szenetreff mit Live-Musik; **Casablanca,** Jl. Bunisari, Kuta, ✆ 75 13 33, Mischung aus Pub, Restaurant, Disko, mit Live-Unterhaltung; **Chez Gado Gado,** Seminyak, ✆ 73 09 55, luftige Bambus-Disko am Strand, beste Stimmung freitags nach 2 Uhr; **Double Six,** Seminyak, ✆ 73 12 66, legendäre Strand-Disko mit 40 m hohem Bungee-Turm; **Goa 2001,** Jl. Raya Seminyak, Seminyak, ✆ 73 11 78, bis zum frühen Morgen, Szenetreff mit Jazz und japanischer Küche; **Hard Rock Café,** Jl. Pantai Kuta, Kuta, ✆ 75 56 61, tägl. Live-Musik; **Kafe Warisan,** Jl. Raya Kerobokan, Seminyak, ✆ 73 11 75, minimalistisch eingerichteter Treff der beautiful people; **Peanuts,** Jl. Legian, Kuta, ✆ 75 41 49, bei Jugendlichen beliebte Mammut-Disko

A. J. Hackett Bungy Bali, Seminyak, ✆ 73 06 66, Bungee-Jumping von einem 44 m hohen Turm; **Waterbom Park,** Jl. Kartika Plaza, Kuta, ✆ 75 56 76, feucht-fröhliches Vergnügen für jung und alt.

Bank Central Asia, Jl. Raya Kuta, Kuta, Bargeld gibt es gegen Vorlage von Visa Card, MasterCard u. a.; außerdem viele Geldwechsler im Ort mit günstigen Kursen, sicherheitshalber sollte man den ausgezahlten Betrag nachzählen

Kantor Pos Besar (Hauptpostamt), Jl. Raya Kuta, Kuta, ✆ 75 40 12, sowie zwei kleinere Postämter (Postal Agent) in Jl. Bakungsari/Jl. Raya Kuta und in Jl. Legian 61; in allen Poste Restante-Service

Kantor Polisi, Jl. Raya Kuta, Kuta, ✆ 75 15 98

Verschiedene Agenturen in den Hauptstraßen von Kuta und Legian bieten einen Shuttle-Busservice zwischen Kuta/Legian und Ubud, Candi Dasa, Lovina Beach, z. B. Perama Tourist Service, Jl. Legian 39, Kuta, ✆ 75 15 51. Bemos nach Denpasar (Terminal Tegal) warten an der Kreuzung Jl. Pantai Kuta/Jl. Legian.

Garuda-Büro im Kuta Beach Hotel, Jl. Pantai Kuta, Kuta, ✆ 75 11 79

Sanur und Nusa Dua

Wer als Urlaubslektüre Vicki Baums Roman »Liebe und Tod auf Bali« liest, wird das dort beschriebene Dorf Sanur nicht mehr finden. Heute hat sich Sanur, einst ein konservativer Brahmanen-Ort, zu einer Hotelstadt entwickelt, über der ein Hauch von Saint Tropez liegt. In den 30er Jahren, als Sanur noch ein kleines Fischerdorf war, ließen sich dort Intellektuelle und Künstler aus aller Welt nieder, darunter die amerikanische Anthropologin Margaret Mead und der belgische Maler Adrien Jean Le Mayeur, der hier sein Lieblingsmodell, die berühmte Legong-Tänzerin Ni Pollok, heiratete.

Der Tourismusboom wurde in den frühen 60er Jahren mit der Eröffnung des Grand Bali Beach Hotel eingeleitet, das im Rahmen japanischer Reparationszahlungen errichtet worden war. Mit zehn Stockwerken wirkt der 605-Zimmer-Koloss wie ein Stück nach Bali verpflanztes Miami Beach. Zum Glück ist dies die bislang einzige krasse Bausünde geblieben. Nach Fertigstellung der Luxusherberge erhoben die ortsansässigen Brahmanen, die das himmelwärts stürmende Hotel als Gotteslästerung empfanden, Proteste. Und so erließ die Provinzregierung eine Anordnung, nach der kein Neubau mehr die Palmwipfel überragen darf.

Zwar reiht sich am kilometerlangen Strand von Sanur Hotel an Hotel, doch fast alle sind geschmackvolle, in die tropische Vegetation eingebettete, aufgelockerte Bungalowanlagen, deren Architektur dem balinesischen Baustil entspricht. So hat man das luxuriöse Bali Hyatt nach dem Vorbild balinesischer Palastarchitektur entworfen. Die Bungalows sind in einem Tropenpark verstreut, den künstliche Bäche und Pools durchziehen.

Im Gegensatz zu Kuta und Legian mit einem großen Besucherspektrum ist Sanur fast ausschließlich die Domäne des gehobenen Pauschaltourismus. Allerdings reicht der Sandstrand bei weitem nicht an den von Kuta heran. Die meisten Urlauber ziehen denn auch den Hotel-Swimmingpool der Lagune von Sanur vor. Zwar schützt ein Korallenriff die Bucht, was das Baden und Schwimmen im seichten Wasser sicher macht, allerdings nur bei Flut. Während der Ebbe zieht sich das Meer weit zurück, und algige, scharfkantige Korallenbänke und Wattflächen trüben die Badefreuden.

Lohnend ist ein Besuch im **Museum Le Mayeur** unweit des Grand Bali Beach Hotel. Dort sind zahlreiche Gemälde ausgestellt, die der Maler Le Mayeur vor seinem Tode 1958 dem indonesischen Staat vermachte (Di–Do 8–14, Fr 8–11, Sa

---

Sanur

1 Agung and Sue 2 Museum Le Mayeur
3 Segara Village 4 Gazebo Beach Cottages 5 Tanjung Sari 6 Griya Santrian Beach Bungaows 7 Santai 8 Pura Belancong 9 Sanur Beach Hotel

Sanur und Nusa Dua

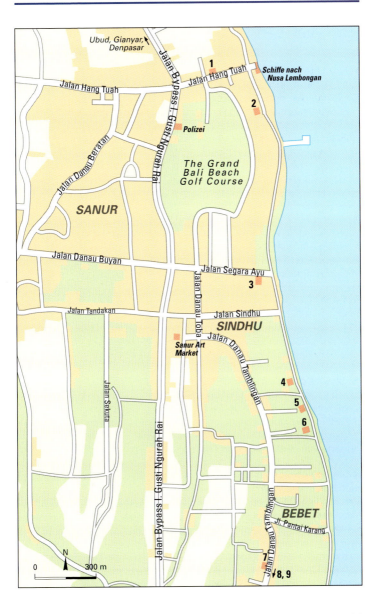

Sanur und Nusa Dua

Die weite Bucht von Sanur

8–12.30, So 8–14 Uhr). Am Strand sorgen *jukung* genannte Auslegerboote für bunte Farbtupfer. Die traditionellen Fischerboote, mit denen Einheimische nachts, ausgerüstet mit Kerosinlampen, zum Fischen auslaufen, besitzen am holzgeschnitzten Bug ein aufgerissenes Fabeltiermaul – damit wollen die Fischer im Meer hausende Dämonen abwehren.

Im Süden von Sanur führen schmale Zufahrtsstraßen zu Privatstränden. Hier haben indonesische Millionäre ihre Villen hinter hohen Mauern und dichtem Tropengrün versteckt. Der kleine **Pura Belancong** am südlichen Ortsrand, ein schlichtes und unauffälliges Heiligtum, hat große historische Bedeutung. Hier entdeckte man auf einer Steinsäule eine Inschrift in Sanskrit, die beweist, dass die indische Hochsprache für Literatur und Wissenschaft bereits im 10. Jh. als Hofsprache auf Bali gebräuchlich war.

Von der vierspurigen Autobahn, die Sanur mit Nusa Dua an der Ostküste der Bukit Badung-Halbinsel verbindet, zweigt eine Stichstraße zum Hafen Benoa ab. Dort ist es heiß und staubig, aber ein kurzer Abstecher lohnt sich trotzdem, denn das malerische Chaos am Pier der Fischkutter erinnert an Szenen aus Romanen von Joseph Conrad.

Nusa Dua (zwei Inseln), Balis jüngste und eleganteste Hoteloase, gilt als Nonplusultra unter den Touristenzentren der Insel. Wo früher Riesenschildkröten ihre Eier im Sand vergruben, begann man Anfang der 70er Jahre mit Unterstützung der Weltbank eine formvollendete Feriensiedlung aus der Retorte für

Sanur und Nusa Dua

höchste Ansprüche zu bauen. Es entstand eine künstliche, durch Mauern und Schranken vom wirklichen Bali getrennte Tempelstadt des Tourismus. Eingebettet im üppigen Grün gepflegter Tropenparks erwarten hier Hotels schön wie königliche Residenzen solvente Gäste, denen für die ›kostbarsten Tage des Jahres‹ nichts teuer genug ist.

Inzwischen bieten in Nusa Dua Hilton, Hyatt und andere Quartier für über 500 000 Gäste pro Jahr, die ihre Luxusrefugien nicht einmal ver-

Sanur und Nusa Dua

lassen müssen, um balinesische Kultur zu erleben. Denn die Nobelherbergen verdienen sich ihre Sterne nicht nur mit komfortabel ausgestatteten Zimmern und einem erstklassigen Service, sondern auch mit perfekten Präsentationen balinesischer Tänze und Tanzdramen. Im Trend liegen auch verschiedene ›Wellness‹-Einrichtungen wie so genannte Spas und Thalasso-Therapien, bei denen Heilbadspezialisten balinesische Traditionen mit westlichen Behandlungsmethoden verbinden.

Nördlich der Nusa Dua-Enklave erstreckt sich die schmale Halbinsel Tanjung Benoa, an deren Spitze das Dorf Benoa liegt, Balis größtes Wassersportzentrum. Von hier starten Bootstouren zur Schildkröteninsel Serangan sowie Kreuzfahrten in Luxus-Katamaranen zu den Inseln Lembongan und Penida.

Vorwahl: ✆ 03 61

Amanusa, Nusa Dua, ✆ 77 12 67, Fax 77 11 66, Buchung in Deutschland: Prima Hotels, ✆ 08 00-85 42 27 80, luxuriöses Resort-Hotel, RRRRR; **Grand Hyatt Bali**, Nusa Dua, ✆ 77 12 34, Fax 77 20 38, Buchung in Deutschland: Hyatt Service Centre Frankfurt, ✆ 0 69-29 01 14, Firstclass-Resort im balinesischen Stil mit luxuriös ausgestatteten Zimmern in einem Hauptgebäude sowie komfortablen Chalets, mit mehreren Restaurants und einer traumhaften Pool-Landschaft, RRRRR; **Grand Mirage**, Jl. Pratama 72–74, Tanjung Benoa, ✆ 77 18 88, Fax 77 22 47, www.grandmirage.com, komfortables Ferienhotel mit vielfältigem Sport- und Unterhaltungsprogramm sowie Thalasso Bali, RRRRR; **Tanjung Sari,** Jl. Danau Tamblingan, Sanur, ✆ 28 84 41, Fax 28 79 30, kleines, sehr feines Bungalowhotel am Strand mit dem Charme alter Zeiten, RRRRR; **Sanur Beach Hotel**, Jl. Semawang, Sanur, ✆ 28 80 11, Fax 28 75 66, dreistöckiges Strandhotel im balinesischen Stil, mit Restaurant, Pool und großem Sportangebot, RRRR–RRRRR; **Nusa Dua Puri Tanjung,** Jl. Pratama 62, Tanjung Benoa, ✆ 77 23 33, Fax 77 23 35, Strandhotel außerhalb der Nusa Dua-Enklave mit klimatisierten, komfortablen Zimmern und Bungalows, RRRR; **Segara Village,** Jl. Segara Ayu, Sanur, ✆ 28 84 07, Fax 28 72 42, familienfreundliches Bungalowhotel in Strandnähe mit Tropengarten und Pool, RRR–RRRR; **Gazebo Beach Cottages,** Jl. Danau Tamblingan 35, Sanur, ✆ 28 82 12, Fax 28 83 00, komfortable Zimmer in einem Hauptgebäude und landestypische Bungalows in einem Garten, mit Pool und stilvollem Open-Air-Restaurant, RRR; **Griya Santrian Beach Bungalows,** Jl. Danau Tamblingan, ✆ 28 80 09, Fax 28 71 01, familiäres Strandhotel mit Restaurant, schönem Tropengarten und zwei Pools, RRR; **Santai,** Jl. Danau Tamblingan 148, Sanur, ✆ 28 16 84, Fax 28 73 14, kleines Ferienhotel etwas abseits vom Strand mit Restaurant und Pool, Zimmer mit Klima-Anlage oder Deckenventilator, RR; **Agung & Sue,** Jl. Hang Tuah 35, Sanur, ✆ u. Fax 28 82 89, einfache strandnahe Familienpension mit teils klimatisierten Zimmern und beliebtem Restaurant, R

Spago, Jl. Danau Tamblingan 79, ✆ 28 83 35, kreative Gerichte mit mediterranem Akzent, RRR; **Bali Moon,** Jl. Danau Tamblingan 19, Sanur, ✆ 28 84 86, romantisches Lokal in einem Stelzenbau mit indonesischer und europäischer Speisekarte, tägl. ab 20 Uhr ba-

Sanur und Nusa Dua

linesische Tänze, RR; **Kuri Puti,** Jl. Danau Tamblingan 37, Sanur, ✆ 28 82 12, balinesische Tänze, RR; **Lotus Pond,** Jl. Danau Tamblingan 30, Sanur, ✆ 28 93 98, stilvolles Ambiente und guter Service, Spezialität ist die *rijstafel* (Reis mit einer großen Auswahl an Beilagen), RR; **Penjor,** Jl. Danau Tamblingan 140, Sanur, ✆ 28 82 26, indonesische und internationale Gerichte, Di, Do u. So ab 19.30 Uhr Legong-Aufführungen; RR; **Rayunan,** Galleria Nusa Dua, Block E, Nusa Dua, ✆ 77 56 98, indonesische und europäische Gerichte sowie balinesische Spezialitäten, ab 18 Uhr balinesische Tänze, RR; **Segara Agung** (früher: Sanur Beach Market), Jl. Segara Ayu, Sanur, ✆ 28 85 74, Terrassenrestaurant am Strand, hervorragendes Seafood, RR; **Jukung,** Jl. Pratama 85 D, Tanjung Benoa, ✆ 77 39 02, Fisch und Meeresfrüchte, kreativ zubereitet, R–RR; **Waroeng Ikan,** Jl. Pratama, Tanjung Benoa (nahe Hotel Grand Mirage), einfaches Seafood-Lokal am Strand, R

🅿 **Alle Hotels** der gehobenen Kategorie besitzen Einkaufsarkaden der Luxusklasse mit entsprechend hohem Preisniveau. Andenken-, Antiquitäten- und Kunstgewerbeläden sowie Boutiquen konzentrieren sich in Sanur an der parallel zum Strand verlaufenden Jl. Danau Tamblingan. **Animale,** Jl. Danau Tamblingan 138, Sanur, ✆ 28 85 61, Damenbekleidung, Schmuck und Accessoires; **Galleria Nusa Dua,** Nusa Dua, ✆ 77 16 62, edles Einkaufszentrum mit buntem Querschnitt durch hochwertiges balinesisches Kunsthandwerk sowie Boutiquen für Damen und Herren; **Mama & Leon,** Jl. Danau Tamblingan 97, Sanur, ✆ 28 80 44, Boutique für Damenmode; **Nogo-Bali Ikat Centre,** Jl. Danau Tamblingan 98, Sanur, ✆ 28 87 65, handgewebte, hochwertige *Ikat*-Stoffe; **Pisces,** Jl. Danau Tamblingan 105, Sanur, ✆ 28 93

73, Designer-Mode made in Bali für Damen und Herren; **Sanur Beach Market,** Jl. Segara Ayu, Sanur, Strand- und Freizeitbekleidung; **Yulia Art Shop,** Jl. Danau Tamblingan 38, Sanur, ✆ 28 80 89, große Auswahl an balinesischem Kunsthandwerk

🍸 **Hemingway's Piano Bar,** Jl. Pratama 99, Tanjung Benoa, ✆ 77 16 36, Live-Unterhaltung und kleine Gerichte; **Kafe Wayang,** Jl. Bypass Ngurah Rai, ✆ 28 87 45, Szene-Treff, kleine Gerichte und gute Cocktails, jeden Freitagabend Jazz-Jam Sessions

✈ **Garuda-Büros** in Nusa Dua Beach Hotel, Nusa Dua, ✆ 77 19 06, 77 18 64 und im Grand Bali Beach Hotel, Sanur, ✆ 28 82 43, 28 85 11-13. Im Grand Bali Beach Hotel auch Buchungsbüros von Air France, Cathay Pacific, China Airlines, Lufthansa, Malaysia Airlines, Qantas, SAS, Singapore Airlines und Thai Airways

Die Schildkröteninsel Serangan

Die Meerenge zwischen Bali und Serangan ist so seicht, dass man die kleine Insel bei Ebbe zu Fuß erreichen kann. Serangan trägt den Beinamen Schildkröteninsel. Doch wegen dieser ›Hauptsehenswürdigkeit‹ des vorwiegend von muslimischen Fischern besiedelten Eilands, deren Vorfahren aus Süd-Sulawesi einwanderten, lohnt sich ein Besuch nicht.

Da bei Festessen im Rahmen religiöser Zeremonien Schildkröten-

95

Der Süden von Bali

fleisch häufig das weit verbreitete Schweinefleisch ersetzt, werden im Dorf Dukuh im Norden von Pulau Serangan jedes Jahr einige tausend Grüne Meeresschildkröten gezüchtet, die nebenbei als Touristenattraktion dienen. Noch mehr Tiere werden aber in den Gewässern um Lombok, Sumbawa und Flores gefangen, in den trüben Betonbecken ›zwischengelagert‹ und schlachtreif gemästet. Appelle des World Wildlife Fund, die vom Aussterben bedrohten und unter Artenschutz stehenden Tiere zu schonen, fanden auf offizieller balinesischer Seite bislang kein Gehör.

Pura Sakenan, ein unscheinbarer Tempel an der Nordwestspitze der Insel nahe dem Dorf Dukuh, wird zu den neun so genannten Reichstempeln gezählt, in denen alle Mitglieder der hindu-balinesischen Glaubensgemeinschaft beten und opfern. Seine Gründung wird dem javanischen Hindu-Priester Sanghyang Nirartha (auch Pedanda Sakti Bahu Rau genannt) zugeschrieben. An Manis Kuningan, dem zweiten Tag des Kuningan-Festes, ist der Sakenan-Tempel Ziel Tausender Pilger, die in einer Wasserprozession hoch aufgetürmte Opfergaben, komplette Gamelan-Orchester und riesige Barong-Puppen zum Heiligtum bringen.

Der Süden von Bali

Der Süden von Bali

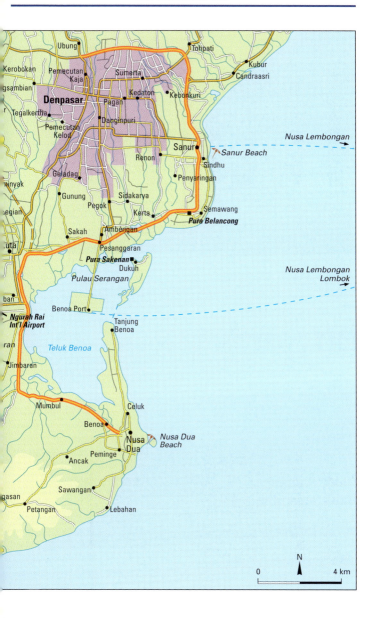

97

Bukit Badung

In der Brandung vor Bukit Badung

Von Denpasar/Terminal Suci mit dem Bemo nach Suwung oder Mesigit, ab dort Motorboot (mit Glück regulär, ansonsten Charter) zur Insel Serangan; Fahrt durch Mangrovenwald. Mit dem Boot ab Sanur (teuer) und Benoa (sowohl von Benoa-Hafen als auch vom gegenüberliegenden Fischerdorf Benoa)

Bukit Badung
Balis Südspitze

Die kleine Halbinsel Bukit Badung ist nur durch eine schmale, 5 km lange Landbrücke mit dem ›Festland‹ verbunden. Überraschend rau ist es dort, so gar nicht tropisch und heiter. Das karge und steppenartige Korallenkalkplateau (*bukit* bedeutet Hügel), das sich bis 200 m über dem Meer erhebt, bildet einen krassen Gegensatz zu der sattgrünen Reisfeldlandschaft Balis. Da die Niederschläge in den porösen Karstböden versickern, zählt das Bukit-Tafelland zu den trockensten und unfruchtbarsten Gegenden der Insel. Nur wenige kleine Dörfer gibt es in dieser unwirtlichen Region, deren Pflanzenwelt – Trockenbüsche, Kakteen und Pandanusbäume – fast an afrikanische Savannen erinnert.

An der Südwestspitze der Halbinsel, dort wo der Indische Ozean mit haushohen Wellen an die bis zu 100 m senkrecht abfallenden Klippen brandet, wacht der aus weißem Korallengestein erbaute Felsentempel Pura Luhur Ulu Watu über die Geschicke der Insel. So klein das Heiligtum mit seinen reich verzier-

Bukit Badung

ten Toren und Schreinen ist, so groß ist seine Bedeutung. Pura Luhur Ulu Watu, dessen Geschichte wahrscheinlich mehr als ein Jahrtausend zurückreicht, zählt zu den Reichstempeln. Der javanische Brahmane Empu Kuturan hat – so heißt es in historischen Dokumenten – den Tempel im 10. Jh. an der Stelle eines vorhinduistischen Kultplatzes errichtet. Zusammen mit anderen Meeresheiligtümern wie Pura Sakenan auf der Insel Serangan und Pura Tanah Lot westlich von Denpasar bildet er einen imaginären Schutzschild gegen die im Meer hausenden Mächte des Bösen.

Im Pura Luhur Ulu Watu soll der javanische Hindu-Missionar Sanghyang Nirartha in meditativer Versenkung die Vereinigung mit dem allerhöchsten Wesen im Nirvana erlangt haben. Darauf deutet auch der Name des Tempels hin – *nga luhur* kann man mit ›erleuchtet werden‹ übersetzen. Anfang des 16. Jh., als auf Java der Islam die Oberhand gewann, war der Sanskrit-Gelehrte nach Bali ausgewandert. Während seines jahrzehntelangen Wirkens auf Bali, in dessen Verlauf er zahlreiche Meeresheiligtümer gründete, verbreitete und erneuerte er die hinduistische Lehre.

Heute verehren die Gläubigen im Ulu Watu-Tempel Dewi Danu, die Schutzgöttin der Bergseen und Flüsse, die von einer Horde heiliger, aber recht unfreundlicher Affen bewacht wird. Der vorderste Tempelbezirk an der Abbruchkante, darf nur von Balinesen betreten werden. Aber auch vom rückwärtigen Teil des Heiligtums bietet sich ein überwältigender Blick auf die Steilklippen und die wilde Brandung.

An mehreren Strandabschnitten in der Umgebung des Pura Luhur

Ulu Watu hat das Meer imposante Auftritte, etwa am Brandungsstrand von Suluban, an dem internationale Surfwettbewerbe ausgetragen wurden. Ein Abstecher nach Suluban Beach lohnt sich auch für jene, die die meterhohen Wellen scheuen. Denn dort wurden zur Versorgung der Surfer einige einfache Lokale eröffnet, in denen man bei einem Drink die Aussicht auf Steilküste und Meer genießen kann. Weitere Dorados für Surfer sind Nyang Nyang Beach und Padang Padang Beach.

Bali Cliff Hotel, Jl. Pura Batu Pageh, Ungasan, ☎ 0361-771992, Fax 771993, bcs@indosat.net.id, www.balicliff.com, Luxushotel auf den Klippen über dem Meer mit dem spektakulärsten Pool der Insel, RRRRR

Mit öffentlichen Verkehrsmitteln (Bemo ab Denpasar/Terminal Tegal) kann man Pura Luhur Ulu Watu meist nur an Feiertagen erreichen. Die Anfahrt erfolgt am besten mit dem Motorrad oder Auto. Da die Halbinsel sehr hügelig ist und es kaum Schatten gibt, ist eine Tour mit dem Fahrrad recht strapaziös.

Die Inselhauptstadt Denpasar

Stadtplan s. hintere Klappenkarte

Die meisten Touristen meiden das am Rande von Balis bedeutendster Ferienregion gelegene Denpasar, denn der erste Eindruck von der Inselhauptstadt ist ernüchternd: Staubig, laut, übervölkert ist die 400 000-Einwohner-Metropole, chaotisch der Verkehr, erschreckend die Umweltverschmutzung. Viele Besucher halten Denpasar für einen langweiligen Ort, denn ein unkontrollierter Bauboom hat das Flair der alten Königsstadt weitgehend zerstört. Mag Balis Kapitale, die sich mit modernen, mehrstöckigen Betonbauten als eine typische indonesische Provinzstadt präsentiert, auch keine Schönheit sein, so lässt sich doch Einiges hier entdecken. Denpasar ist eine asiatische Stadt, die lärmt, stinkt und schwitzt, aber sie ist ein unverfälschtes Stück Bali. Und dass Touristen einen weiten Bogen um Denpasar machen, trägt gerade zu seinem Reiz bei.

Vor der holländischen Kolonisation zu Beginn des 20. Jh. war die Stadt unter dem Namen Badung, der unter Einheimischen heute noch gebräuchlich ist, Mittelpunkt des Königreiches gleichen Namens. Nach der Unabhängigkeitserklärung Indonesiens wurde der Marktflecken in Denpasar umgetauft, was soviel wie neuer Markt bedeutet.

Bereits im Namen der Stadt klingt an, dass hier der Handel eine vorrangige Rolle spielt. Ein bedeutender Warenumschlagplatz ist der **Pasar Badung** (1), auf dem landwirtschaftliche Erzeugnisse und handwerkliche Produkte des Hinterlands feilgeboten werden. Man sollte früh aufstehen, wenn man das pulsierende Treiben des Marktes erleben will. Der Padar Badung, der sich über die drei Stockwerke eines riesigen Betonkomplexes erstreckt, teilt sich in

Denpasar

einen ›nassen‹ Bereich, wo es Obst, Gemüse, Fisch und Fleisch gibt sowie einen ›trockenen‹ Sektor, in dem Haushaltswaren und konfektionierte Lebensmittel angeboten werden – ein farbenprächtiges und stellenweise geruchsintensives Fest für die Sinne. Gegenüber, auf der anderen Seite des Badung-Flusses, erstreckt sich der **Pasar Kumbasari** (2), ein Einkaufszentrum für Bekleidung, Stoffe, Batiken und alle Arten von kunstgewerblichen Artikeln. Gelegenheit für ein spätes Frühstück bieten einige gute Restaurants. Im Untergeschoss wird vom späten Nachmittag an ein Nachtmarkt (Pasar Malam) abgehalten.

Pura Maospahit (3), dessen Ursprünge in das 14. und 15. Jh. zurückreichen, ist eine der ältesten Tempelanlagen Balis. Man betritt den aus rotem Ziegelstein errichteten Bau, der durch seine Schlichtheit besticht, durch einen Seiteneingang im Gang III der Jl. Dr. Sutomo. An der Kreuzung Jl. Thamrin/Jl. Hasanuddin steht der von den Holländern wieder aufgebaute Fürstenpalast **Puri Pemecutan** (4). Die ursprüngliche Residenz des Raja von Badung wurde während des *puputan* (vgl. S. 29) im Jahre 1906 ein Raub der Flammen. Touristen können hier in fürstlichem Ambiente nächtigen, denn einen Teil des Gebäudes hat man zu einem Hotel umgestaltet. Im Empfangspavillon sind Memorabilia der Königsfamilie ausgestellt, darunter die Instrumente eines Gamelan-Orchesters, Lontar-Manuskripte und alte Waffen.

Gruppenbild im Bali Museum

Eine Viertelstunde geht man vom Pasar Badung entlang der Jl. Gajah Mada zum Puputan-Platz, um den sich Denpasars wichtigste Sehenswürdigkeiten konzentrieren. An der nordwestlichen Ecke des Platzes wacht inmitten eines Kreisverkehrs Bhatara Guru über Verkehrschaos und Lärm. Mit steinernem Stoizismus blickt die 1972 errichtete, viergesichtige Götterstatue, eine Darstellung des allerhöchsten Wesens, als Wächter der vier Himmelsrichtungen, auf waghalsige Mopedfahrer. Ein Stückchen weiter ragt das bronzene Puputan-Monument in den Himmel. Das Heldendenkmal, das einer stilisierten Lotosblüte ent-

101

wächst, erinnert an die rituelle Selbstvernichtungsschlacht im Jahr 1906, in deren Verlauf der letzte Badung-Herrscher mit seinem Hofstaat in selbstmörderischer Absicht in das Gewehrfeuer der holländischen Kolonialtruppen rannte.

Als neue Herren taten die Niederländer viel für die Bewahrung unersetzlicher Kunstschätze, nicht zuletzt durch die Errichtung des **Bali-Museums** (5) 1932, das einen hervorragenden Überblick über die Kulturgeschichte der Insel von prähistorischer Zeit bis in unsere Tage vermittelt. Alle Gebäude der weitläufigen Anlage spiegeln die balinesische Palast- und Tempelarchitektur wider: Das Hauptgebäude in der Mitte ist im Stil ost-balinesischer Karangasem-Paläste errichtet, das fensterlose Gebäude links daneben ist eine Nachbildung des Fürstenpalastes von Tabanan, der rechts anschließende Pavillon steht für den nord-balinesischen Buleleng-Stil. Typische Merkmale des Tempelbaus sind das gespaltene Eingangstor und die Gliederung der Anlage in mehrere Höfe sowie der Kulkul-Trommelturm links vom Eingang. Beim Kassenhäuschen bieten sich Englisch sprechende Führer durch die Ausstellungsgebäude an. Ihre Ausführungen können aufschlussreich sein, denn viele Exponate sind nur unzureichend auf Tafeln kommentiert (Di–Do 8–15.45, Fr 8–14.45, Sa 8–15.15, So 8–15.45 Uhr).

Neben dem Museum liegt der **Pura Jagatnatha** (6), einer der neun Staatstempel. Das Heiligtum ist als einziger der vielen tausend balinesischen Tempel dem allmächtigen Gott, Sanghyang Widhi Wasa, geweiht und nicht einer seiner zahlreichen Erscheinungsformen. Die Gottheit präsentiert sich in tänzerischer Pose als glänzende Metallstatue an der obersten Stelle des zentralen, siebenstufigen Padmasana-Lotosthrons aus weißem Korallengestein. In jeder Vollmondnacht ist der Pura Jagatnatha Schauplatz von Opferzeremonien.

Im Denpasar Government Tourism Office schräg gegenüber erhält man den »Calendar of Events« mit den Terminen der bedeutendsten religiösen Zeremonien sowie Veranstaltungshinweisen für Tanz- und Theateraufführungen. Die katholische St.-Joseph-Kirche etwas weiter östlich in der Jl. Kepundung ist einen Besuch wert, weil hier christliche Motive im balinesischen Stil dargestellt sind. So tragen die Engel an der Fassade *sarongs* und im Innern des roten Ziegelbaus zeigt ein Bild die Muttergottes mit asiatischen Gesichtszügen.

Mit einem Bemo, einem der auf den Hauptstraßen pendelnden Sammeltaxis, erreicht man das am östlichen Ortsrand gelegene **Werdhi Budaya Art Centre** (7). Die verschiedenen Pavillons des im ›barocken‹ balinesischen Baustil errichteten Kulturkomplexes beherbergen Museen und Galerien, Verkaufsausstellungen für Kunsthandwerk sowie Übungssäle für Musik und Tanz. Das hier alljährlich meist im Juni und Juli stattfindende Bali Art Festi-

Denpasar

val mit Musik-, Tanz- und Theateraufführungen sowie Sonderausstellungen lockt Tausende von Kunstliebhabern aus aller Welt an (tägl. 8–16 Uhr; tägl. außer So von 9.30 bis 10.30 Uhr Vorführung eines Barong- und Kris-Tanzes).

In der 1967 eröffneten nationalen Tanzakademie STSI (Sekolah Tinggi Seni Indonesia) unweit des Kulturzentrums absolvieren 500 Studenten ein vier bis fünf Jahre dauerndes Studium. Gelehrt wird hier neben traditionellem Tanz und Gamelan-Musik auch das Schattenspiel. Besucher haben wochentags von 9 bis 13 Uhr die Möglichkeit, den Studenten bei den Proben zuzuschauen. Im großen Gebäude links vom Haupteingang kann man die prachtvollsten Gamelan-Instrumente Balis bewundern.

 Vorwahl: ✆ 03 61

Denpasar Government Tourism Office, Jl. Surapati 7, ✆ 23 45 69, Mo–Do 8–14, Fr 8–11, Sa 8–12.30 Uhr, Informationen über Denpasar und Süd-Bali sowie »Calendar of Events«

Natour Bali Hotel, Jl. Veteran 3, ✆ 23 56 81, Fax 23 53 47, renoviertes Kolonialhotel mit Restaurant und Pool, RRR; **Pemecutan Palace Hotel**, Jl. M. H. Thamrin 2, ✆ 42 34 91, stilvolle Unterkunft im wieder aufgebauten Fürstenpalast von Badung, RRR

Rasa Sayang, Jl. Teuku Umar 175, ✆ 26 20 06, chinesische Gerichte und sehr gute Fischspezialitäten, RR; **Atoom Baru**, Jl. Gajah Mada 106–108, ✆ 43 47 72, indonesische und chinesische Gerichte sowie hervorragendes Seafood, R–RR; **Kak Man**, Jl. Teuku Umar 135, ✆ 22 71 88, balinesische Küche, R–RR

 Gute Einkaufsmöglichkeiten für Kunstgewerbe, Antiquitäten, Textilien und Lederwaren bieten die Läden in den Hauptgeschäftsstraßen Jl. Gajah Mada, Jl. Veteran, Jl. M. H. Thamrin und Jl. Sulawesi sowie kleine Shops im Pasar Kumbasari, Jl. Gajah Mada. Goldläden (Toko Mas), in denen man den Schmuck nach Gewicht kauft, konzentrieren sich in der Jl. Hasanuddin. Ein Einkaufszentrum für kunsthandwerkliche Produkte ist Sanggraha Kriya Asta in Tohpati (✆ 46 19 42), 4 km östl. an der Hauptstraße Richtung Ubud/Gianyar

Banken meist in der Jl. Gajah Mada

Kantor Pos Besar (Hauptpostamt), Kompleks Niti Mandala, Jl. Raya Puputan (Umgehungsstraße in Richtung Sanur, im neuen Verwaltungsviertel Renon), ✆ 22 35 66, Mo–Do 8–14, Fr 8–11, Sa 8–13 Uhr

Kantor Polisi, Jl. Diponegoro 10, ✆ 23 49 28

Innerhalb der Stadtgrenzen pendeln auf festgelegten Routen zu Einheitspreisen Bemos (Minibusse): Es gibt fünf größere Bus- und Bemo-Terminals für den innerbalinesischen Fernverkehr. **Terminal Tegal** (Jl. Imam Bonjol, 2 km südl. des Zentrums Richtung Kuta): Bemos nach Kuta, Legian und zum Flughafen sowie nach Nusa Dua, Benoa und anderen Orten auf der Halbinsel Bukit Badung, sporadisch auch zum Tempel Pura Luhur Ulu Watu. **Terminal Ubung** (Jl. Cokroaminoto, 3 km nördl.): Busse

Bemos

Jeder Fahrgast zählt

Wayan setzt den Blinker, drückt das Gaspedal bis zum Anschlag und wechselt auf die rechte Fahrspur. In der Kurve taucht ein Lastwagen auf, keine hundert Meter mehr entfernt. Wayans Bemo liegt auf gleicher Höhe mit dem zu überholenden Fahrzeug, der Lkw kommt näher, ist schon bedrohlich nahe, ein Zusammenstoß scheint unvermeidlich – doch die schützende Kraft der balinesischen Götter hilft, es geht gerade nochmal gut. Wayan zuckt nur gleichgültig die Schultern und setzt ein breites Grinsen auf. ›Tidak apa apa!‹ – das macht doch nichts.

Bemos sind die populärsten öffentlichen Verkehrsmittel im Kurzstreckenbereich. Meist pendeln die Minibusse japanischer Herkunft auf festen Routen zwischen Endhaltepunkten. Sie halten auch auf Handzeichen, an jedem Punkt der Straße, an Engstellen oder, wenn es sein muss, auch in unübersichtlichen Kurven und vor Kuppen, um Passagiere einsteigen zu lassen, denn jeder Fahrgast zählt. Wayan hat seinen Wagen auf Tagesbasis gemietet und muss sich anstrengen, um die Leihgebühr, die Spritkosten und einen Profit einzufahren. Allerdings gibt es da noch einen kaum kalkulierbaren Faktor – die ständigen Reibereien mit der Polizei. Schmiergeld ist oft die einzige Möglichkeit, eine drohende Anzeige oder gar den Entzug der Lizenz abzuwenden. Sein großer Traum sei, Besitzer eines eigenen Bemo zu werden, erzählt Wayan, jede Münze, die nicht unbedingt zum Leben gebraucht werde, lege er dafür zurück.

Wer auf Bali, wo die meisten Verkehrsteilnehmer mehr nach göttlicher Fügung denn nach Gesetzen fahren, ein Bemo lenken will, muss ein exzellenter Fahrkünstler sein. Da genügt es nicht, virtuos und differenziert hupen zu können. Wenn Wayan am Steuer sitzt, hat er fünf Hände, mindestens. Mit der einen schaltet er, mit der anderen wechselt er eine Musikkassette aus, mit der linken wischt er den Schweiß von der Stirn, mit der rechten zündet er sich eine Zigarette an, behält dabei ständig den fließenden Verkehr im Auge, achtet auf die Handzeichen von Passanten am Straßenrand, schaltet einen Gang zurück, reagiert blitzschnell, als

und Bemos nach Nord- und West-Bali, z. B. Bedugul, Singaraja, Mengwi, Kediri, Tanah Lot, Tabanan, Negara, Gilimanuk. Von hier auch Fernbusse nach Java. **Terminal Kereneng** (Jl. Kamboja): Bemos

zum Terminal Batubulan und nach Sanur. **Terminal Batubulan** (8 km nordöstl. des Zentrums in Richtung Ubud): Busse und Bemos nach Ost- und Zentral-Bali, z. B. Bedulu, Gianyar, Ubud, Tampaksiring,

Bemos

ein anderes Bemo vor ihm abrupt abbremst, weicht in einem wilden Manöver um Haaresbreite aus. Denpasar-Kuta-Denpasar, das ist seine Rennstrecke, zehnmal, zwölfmal am Tag, gestern, heute und morgen.

Ein Bemo lässt sich von der Größe her mit einem Kleintransporter, vom Fassungsvermögen her aber mit einem Lastwagen vergleichen. Im innerstädtischen Verkehr befördern Bemos etwa acht bis zwölf Fahrgäste. Die Ladekapazität der Provinz-Bemos versetzt Mitteleuropäer immer wieder in Erstaunen: Auf den beiden in Längsrichtung angebrachten Bänken im Fond drängen sich oft 14 bis 16 Passagiere, vier oder fünf sitzen auf Holzschemeln im Mittelgang, zwei bis drei weitere quetschen sich neben den Fahrer und mindestens acht bis zehn klammern sich am Dachgepäckträger oder den hinteren Trittbrettern fest.

Ein volles Bemo gibt es anscheinend nicht. Da viele Fahrgäste auf dem Wege vom oder zum Markt sind, müssen auch sperrige Gemüse- und Obstkörbe, Reissäcke und pralle Plastiktüten verstaut werden, von gackernden Hühnern und quiekenden Ferkeln gar nicht zu reden. Doch in der drangvollen Enge entsteht ein Gemeinschaftsgefühl: Steigt eine alte Frau oder ein Kind ein, strecken sich viele helfende Hände aus, man rutscht zusammen, macht Platz, lächelt sich an, kein böses Wort.

Der Bemo-Boy turnt auf dem rückwärtigen Trittbrett herum, kassiert das Fahrgeld, verstaut Gepäckstücke und hält nach neuen Passagieren Ausschau. An Verkehrsknotenpunkten steigt er aus, läuft umher und sucht sich durch lautes Ausrufen des Fahrziels die Fahrgäste zusammen. Wenn er Marktfrauen die schweren Körbe zum Wagen schleppt, sichert er sich Kundschaft.

Ein Bemo fährt erst los wenn auch der letzte Platz besetzt ist. Fragt man »Jam berapa bemo berangkat?« – wann fährt das Bemo ab? –, erhält man die Antwort »Sebentar!«, was gleich bedeutet, aber einen Zeitraum von bis zu zwei Stunden beschreibt. Die ungezwungene Einstellung zur Pünktlichkeit wird mit dem Begriff *waktu karet* umschrieben, wörtlich übersetzt Gummizeit. Wer aussteigen möchte, ruft laut »Kiri« oder trommelt mit der Faust gegen das heiße Blechdach, wenn seine Stimme nicht gegen die laute Musik aus den Lautsprechern ankommt. Bezahlt wird immer erst kurz vorm Aussteigen, wenn man sein Ziel heil erreicht hat. Die Fahrpreise sind festgelegt, und jeder, außer den Touristen, kennt sie.

Bangli, Kintamani, Klungkung, Kusamba, Padang Bai, Candi Dasa, Amlapura. **Terminal Suci** (Jl. Hasanuddin): Bemos nach Benoa (Hafen) und Suwung (kleiner Hafen zur Schildkröteninsel Serangan)

Mabua Express, Benoa Harbour, ✆ 72 12 12, Fax 72 36 15, Katamaran von Benoa (Bali) nach Lembar (Lombok), tägl. um 8 sowie in der Hochsaison zusätzlich um 14.30 Uhr, Fahrzeit 2,5 Std.

✈ **Flughafen Ngurah Rai** in Tuban, 13 km südl., ☏ 75 10 11. Fluglinien: Garuda, Jl. Melati 61, ☏ 22 78 25; Merpati, Jl. Melati 57, ☏ 23 53 58; Bouraq, Jl. Jend. Sudirman, Block A 47/48, ☏ 24 13 97.

Zu Heiligtümern der Berge und des Meeres

Wer von einem der Badeorte den Ausflug in den Südwesten an einem Tag schaffen will, muss sehr früh aufstehen und sollte über ein eigenes Fahrzeug verfügen. Auf der Route liegen mit dem Reichstempel Pura Taman Ayun, dem Bergtempel Pura Luhur Batukau und dem Meeresheiligtum Pura Tanah Lot drei der bedeutendsten Tempelanlagen Balis. Ein weiteres Highlight sind die Reisterrassen von Jatiluih, die zu den schönsten Balis zählen.

Nur wenige Kilometer hinter der Stadtgrenze von Denpasar leuchtet das satte Grün der Reisfelder. Wie Spiegel blinken die von Bächen durchzogenen *sawahs* im Sonnenlicht. Die Dörfer Sempidi, Lukluk und Kapal befinden sich mitten in der ›Kornkammer‹ von Bali. Bekannt sind sie für die reiche und kunstvolle Plastik ihrer Tempel. In barocker Üppigkeit präsentieren sich vor allem der Dorftempel (Pura Desa) von Sempidi und der etwas abseits der Durchgangsstraße gelegene Unterweltstempel (Pura Dalem) von Lukluk.

Am schönsten ist der Pura Sadha an der westlichen Peripherie von **Kapal.** Ursprünglich war die Tempelanlage, deren Grundmauern aus dem 12. Jh. stammen, ein Ahnenheiligtum zur Erinnerung an einen javanischen Adligen. Während der Majapahit-Periode im 14. Jh. (aus jener Zeit stammen verschiedene Bauwerke wie das gespaltene Tor) wurde Pura Sadha von einem Mengwi-König ausgebaut. Einem Candi, einem javanischen Totentempel, ähnelt die elfstufige, 16 m hohe Prasada aus Backstein im innersten Tempelbezirk.

Das Bauwerk symbolisiert den kosmischen Berg Mahameru, der als Sitz der hinduistischen Götter gilt und spirituelles Zentrum des Mengwi-Reiches war. Die phallische Form war einst Sinnbild für die Manneskraft und Lebensenergie der vergöttlichten Rajas. Um Schreine für die Ahnen der Herrscherdynastie von Mengwi handelt es sich bei den 57 kleinen und drei großen Ziegelsteinthronen in der südwestlichen Ecke. Im Tempelvorhof erhebt sich ein jahrhundertealter Banyan-Baum, zwischen dessen Luftwurzeln sich ein kleiner Steinthron für die Gottheiten der Unterwelt versteckt.

Die Heerscharen von Götter- und Dämonenstatuen, welche die Straße säumen, weisen Kapal als Töpferzentrum von Bali aus. Allerdings werden die kleinen Töpfereien und Keramikwerkstätten, die den immensen Bedarf an Zierrat für die vielen tausend Tempel der Insel längst nicht mehr decken können, von

Mengwi

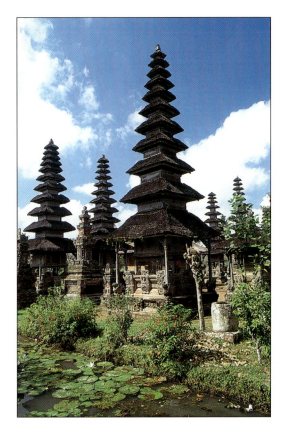

Der Pura Taman Ayun in Mengwi zählt zu den neun Reichstempeln von Bali

modernen Zementgießereien verdrängt. Dort werden die Wesen der oberen und der unteren Welt schnell und preiswert in Serie gefertigt und bunt bemalt. Was dabei herauskommt, wirkt wie eine balinesische Version des Gartenzwergs.

Wenige Kilometer westlich von Kapal zweigt eine Straße nach **Mengwi** ab, früher Zentrum eines aus der Gelgel-Dynastie hervorgegangenen Königreichs, bis dieses 1891 zwischen den beiden Fürstentümern Tabanan und Badung aufgeteilt wurde. Zauberhaft präsentiert sich in Mengwi der Reichstempel Pura Taman Ayun. Einen guten Eindruck von der klaren, für süd-balinesische Tempel typischen Gliederung der weitläufigen Anlage erhält man von der Plattform des Kulkul-Trommelturms links vom Haupteingang.

107

Der Südwesten von Bali

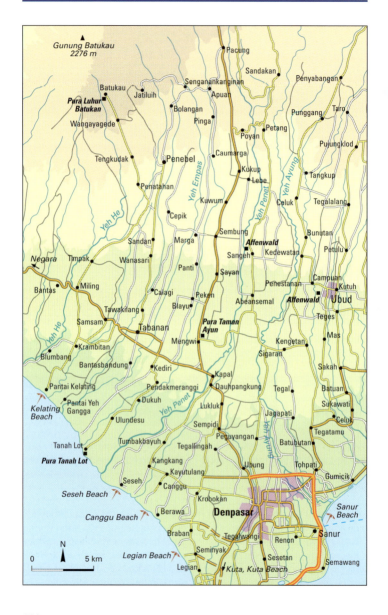

Der Affenwald von Sangeh

Die zweitgrößte Tempelanlage von Bali, deren Ursprünge in das 17. Jh. zurückreichen, gliedert sich in mehrere, auf unterschiedlichem Niveau gelegene Höfe mit Altären, Schreinen und Pavillons sowie großen und kleinen vielstöckigen Pagoden, die so genannten Meru. Besonderes Augenmerk verdient die ornamentale Gestaltung der Tore, welche die einzelnen Höfe miteinander verbinden.

Nicht-Balinesen ist der Zutritt zum höchst gelegenen Tempelhof, dem *jeroan* genannten Allerheiligsten, nicht gestattet. Dort stehen die kunstvoll verzierten Ahnenschreine, die den Vorfahren des königlichen Geschlechts von Mengwi bei Tempelfesten als Ehrensitze dienen. Die 1937 auf ihre heutige Größe erweiterte Tempelanlage wird von lotosbewachsenen, künstlichen Wassergräben, welche die Götter bei Tempelfesten gern als Badeplatz aufsuchen, gegen die irdische Umwelt abgegrenzt. Von den Wassergräben rührt auch der Name des Heiligtums her – Taman Ayun bedeutet schwimmender Garten.

Bestandteil im Programm lokaler Reiseagenturen ist der **Affenwald von Sangeh** 10 km nordöstlich von Mengwi. Die hier inmitten hoher Muskatbäume hausenden Grauaffen gelten einem dem »Ramayana«-Epos entliehenen Mythos zufolge als Nachfahren der Heerscharen des Affenkönigs Hanuman, der Rama in dessen Kampf gegen den Dämonenkönig Rawana beistand.

Auch wenn sie den Balinesen heilig sind – die Affenhorden von Sangeh werden lästig bis aggressiv, wenn Besucher ihnen nicht pausenlos Erdnüsse zuwerfen, die sie am Eingang kaufen können. Unvorsichtigen Touristen nehmen sie Brillen von den Nasen, Hüte von den Köpfen und lose umgehängte Taschen von den Schultern. Im Pura Bukit Sari, einem kleinen Tempel, den ein Fürst der Mengwi-Dynastie im 17. Jh. im sakralen Hain als Meditationstempel errichten ließ, erregt eine Statue des Sonnenvogels Garuda Aufmerksamkeit. Die Balinesen betrachten Garuda als Reittier des hier verehrten Hindu-Gottes Vishnu, der darauf vom Himmel zur Erde gelangt. Das mythische Wesen gilt nicht nur als König der Vögel, es ist auch ein Menschenfreund: In keinem balinesischen Haus fehlt eine Garuda-Figur, die das Anwesen und seine Bewohner vor Unglück schützt.

Aus vielen Häusern im Dorf **Blayu** nordwestlich von Mengwi dringt das monotone Schlagen von Holz auf Holz. Dort sitzen Mädchen und Frauen an Handwebstühlen und fertigen in einer von Generation zu Generation weitergegebenen Technik brokatartige, golddurchwirkte Hüfttücher *(songket)*. Diese wertvollen, nicht waschbaren Textilien, deren Herstellung Wochen oder gar Monate in Anspruch nehmen kann, trägt man nur bei Tem-

---

Der Südwesten von Bali

Nicht ohne Sarong und Selendang

Kleiner Tempel-Knigge

Sobald eine Leichenverbrennung angekündigt ist, setzt sich ein Schwarm Schaulustiger in Bewegung. Manche Foto- und Filmamateure scheuen sich nicht, fast in die Särge zu klettern, um ihre Aufnahmen zu machen. Unbekümmert fallen Scharen nachlässig bekleideter Touristen in Tempel ein. Sie erklimmen die Stufen von Schreinen und erheben sich damit über die Köpfe anderer, obwohl dies gegen alle Sitte ist. Unbeeindruckt heben sie ihre Kameras und fotografieren verwirrte Gesichter, aus denen das Lächeln gewichen ist.

Die meisten Balinesen freuen sich über das Interesse der Besucher aus aller Welt an ihrer Kultur, erwarten jedoch, dass sie sich bei Tempelfesten und anderen Zeremonien, bei denen die Götter zu Gast sind, an gewisse Spielregeln halten. Zwar ist bei manchen besonders heiligen Festen wie auch in den innersten Bezirken einiger Tempel die Anwesenheit von Nicht-Balinesen unerwünscht, doch wird keinem Fremden der Zutritt zu einem Tempel oder die Teilnahme an einer öffentlichen Zeremonie verwehrt.

Vor allem bei Leichenverbrennungen bedeuten zahlreiche Gäste eine Ehre für die Familie des Verstorbenen. Daher sind auch Touristen willkommen – vorausgesetzt, sie sind bereit, die geltenden Sitten und Gebräuche zu respektieren. Von Besuchern wird erwartet, dass sie sich sitt-

---

pelfesten und anderen wichtigen religiösen Zeremonien.

In **Marga,** etwas weiter nördlich, beleuchtet das Nationaldenkmal Margarana ein dunkles Kapitel der jüngeren balinesischen Geschichte. Dort lieferte sich am 20.11.1946 ein Regiment von Unabhängigkeitskämpfern unter dem Kommando von Oberstleutnant I Gusti Ngurah Rai (nach dem heute der internationale Flughafen von Bali benannt ist) eine Schlacht mit holländischen Kolonialtruppen. Obwohl hoffnungs-

los unterlegen, weigerten sich die Balinesen zu kapitulieren und zogen in die *puputan,* die rituelle Selbstvernichtungsschlacht. Für jeden der 1371 gefallenen Kämpfer wurde hinter dem Nationaldenkmal auf einem Heldenfriedhof ein stupaartiger Grabstein errichtet.

Tabanan inmitten der ›Reiskammer‹ Balis war einst Mittelpunkt des mächtigen und kriegerischen Königreiches gleichen Namens. Der Ort verlor an Bedeutung, als der Raja beim Einmarsch der Holländer 1906

Kleiner Tempel-Knigge

sam kleiden. Unbedeckte Knie und Schultern sind tabu. Obligatorisch sind für Frauen und Männer *sarong* und *selendang* – ein Wickelrock und eine Tempelschärpe, die man sich um die Taille schlingt. Diese Minimalausstattung, die überall für wenige Rupiah zu erwerben ist, sollte man gleich am Ankunftstag kaufen und sich auch das Anlegen und Tragen erklären lassen. Gelegentlich wird bei religiösen Festen von Männern erwartet, dass sie ein *destar,* ein dreieckiges Tuch, um den Kopf binden.

Besucher tun gut daran, sich bei religiösen Zeremonien als Gäste diskret im Hintergrund zu halten und Rücksicht auf die Gläubigen zu nehmen. So fühlen sich Balinesen gestört, wenn man vor ihnen herumläuft, während sie beten. Unter keinen Umständen darf man auf Mauern klettern, denn die Füße gelten als unrein, sind sie doch ständig mit dem Boden, der Sphäre der Dämonen, in Berührung. Bei Tempelzeremonien achten die Andächtigen darauf, dass sie den Priester nicht überragen. Auch Gäste sollten eine gebückte Haltung einnehmen und nicht stehen bleiben, wenn sich die Gläubigen zum Gebet niederlassen, denn sie würden dann auch die anwesenden Gottheiten überragen.

Blut auf dem Tempelboden bedeutet eine rituelle Verunreinigung, die eine aufwendige, für den Verursacher sehr kostspielige Reinigungszeremonie erfordert. Aus diesem Grund untersagt die ›Hausordnung‹ Menschen, die aus einer Wunde bluten sowie auch Frauen während ihrer Menstruation den Zutritt. Besondere Sensibilität ist beim Fotografieren angebracht. Streng verboten ist die Verwendung von Blitzlicht, etwa bei nächtlichen Festen. Ein Fauxpas wäre es, auf die scheinbar achtlos am Boden liegenden Opferschälchen zu treten.

mit seiner Familie und seinem Gefolge den *puputan* der Unterwerfung vorzog. Heute ist Tabanan ein wichtiger Handelsplatz, aber auch bekannt für ein reges Kulturleben.

In der Geburtsstadt des großen, 1968 verstorbenen Tänzers I Nyoman Mario, der unter anderem den Kebyar Duduk kreierte, misst man vor allem der Pflege des klassischen balinesischen Tanzes Bedeutung bei. Das Museum Subak, ein kleines Agrarmuseum östlich des Zentrums, vermittelt Wissenswertes zum Thema Reis (nicht immer geöffnet). Vor allem erhält man hier Einblick in den Aufbau und in die Arbeit der Bewässerungsgenossenschaften.

Etwa 7 km nördlich von Tabanan, im Dorf **Wanasari,** schwirren Farbkleckse durch die Luft – mit über 1000 Arten von Schmetterlingen, die dort gezüchtet werden, gilt der Bali Butterfly Park als eine der größten Schmetterlingsfarmen in Südostasien. Mit etwas Glück kann man eine Entpuppung beobachten (tägl. 8–17 Uhr).

Pura Luhur Batukau

Kein Bali-Besucher versäumt den Sonnenuntergang am Pura Tanah Lot

Westlich von Tabanan zweigt meerwärts eine Straße zum Dorf **Krambitan** ab. Seit jeher sahen sich die Rajas von Tabanan, zu deren Herrschaftsbereich Krambitan einst gehörte, wie auch die Regenten der anderen Fürstentümer als Erben und Bewahrer der Hochkultur des untergegangenen ost-javanischen Majapahit-Imperiums. Und auch ihre Nachkommen legen heute noch viel Wert auf die Pflege von Musik und Tanz, Malerei und Holzschnitzkunst.

In **Baturiti,** 1 km vor Krambitan, steht Puri Anyar, ein mit Antiquitäten reich bestückter Palast des Fürstengeschlechts von Tabanan. Ein Teil des Puri, bei dem es sich um eine originalgetreue Rekonstruktion des im 17. Jh. errichteten und später bei einem Erdbeben zerstörten Bauwerks handelt, beherbergt heute ein stilvolles Hotel und Restaurant. Die weitläufige Palastanlage des Puri Agung gegenüber vom Markt von Krambitan wurde 1775 errichtet. Nur noch in Krambitan wird am ersten Tag des Nyepi-Neujahrsfestes der exorzistische Ritualtanz Tektekan abgehalten, den ein Orchester mit Bambustrommeln und Holzklappern begleitet. Touristenversionen dieses Tanzdramas inszeniert man im Rahmen eines Royal Dinner im Puri Anyar (✆ 03 61-81 27 74).

Beinahe menschenleer sind die schönen, grau-schwarzen Sandstrände **Pantai Kelating** 6 km südlich von Krambitan und **Pantai Yeh Gangga** 11 km südlich von Tabanan.

Dass die Balinesen ein Gespür für magische Plätze haben, beweist das Bergheiligtum **Pura Luhur Batukau,** das sich an der Flanke des 2276 m hohen Gunung Batukau in einer Mythen- und Märchenlandschaft ausbreitet. Umgeben von hohen Bäumen, in deren Wipfeln sich oft Nebelfetzen verfangen, strahlt dieser von Touristen kaum besuchte Tempel eine weltentrückte Atmosphäre aus. Auch Balinesen kommen nur an wichtigen Feiertagen zum Pura Luhur Batukau, um hier Mahadewa, der Gottheit des Batukau-Vulkans, Opfergaben darzubringen.

Die Ursprünge des Bergheiligtums reichen ins 11. Jh. zurück. Histori-

Jatiluih

schen Quellen zufolge hat der javanische Religionserneuerer Empu Kuturan den Pura Luhur Batukau als einen der ›Himmelsrichtungstempel‹ (vgl. S. 49) erbaut. 1604 wurde die Anlage von einem Herrscher des nord-balinesischen Buleleng-Reiches zerstört. Ob dieses Sakrilegs bekam der Übeltäter jedoch alsbald den Zorn der Götter zu spüren – sein Heer wurde von einem riesigen Wespenschwarm angegriffen und in die Flucht geschlagen. Das berichtet zumindest die Legende. Trotz seiner Schlichtheit zählt das 800 m über dem Meeresspiegel gelegene Heiligtum zu den bedeutendsten Tempeln auf Bali. Über einen Stufenpfad erreicht man einen künstlichen Teich östlich des Tempels mit zwei moosüberwachsenen Schreinen.

Ein zeitaufwendiger Abstecher auf einer schmalen und kurvenreichen Straße, die 3 km südlich des Tempels in Wangayagede nach Osten abzweigt, führt zum Dorf **Jatiluih** an den Ausläufern des Gunung Batukau. Die Aussicht, die sich von der Panoramastraße bietet, hält, was der Name Jatiluih verspricht – wahrlich wunderbar. Dort haben balinesische ›Bergbildhauer‹ steile Bergflanken umstrukturiert mit waagerechten Borden, die sich dem Gelände anpassen. Über Jahrhunderte haben sie sich vom Talgrund die Hänge hinaufgearbeitet und die Terrassenfelder mit Stein- und Lehmwällen umgeben. Das Ergebnis ihrer Mühen ist ein Meisterwerk, in dem Nutzen und Ästhetik eine harmonische Verbindung eingegangen sind.

Pura Tanah Lot

Nicht später als 16 Uhr sollte man sich auf den Rückweg an die Küste machen, will man eines der spektakulärsten Naturschauspiele der Insel nicht versäumen – den Sonnenuntergang beim **Pura Tanah Lot,** der zu den Lieblingstempeln der Reiseveranstalter zählt. Davon zeugen ein riesiger Parkplatz ebenso wie eine Shopping-Meile, in der Bali-Souvenirs angeboten werden. Ein Besuch lohnt sich trotz des Trubels, denn Pura Tanah Lot gehört zu den landschaftlich am schönsten gelegenen Tempeln von Bali.

Das kleine Heiligtum, das auf einem bei Flut von der Brandung umschäumten Felsenriff tront, hat mit einfachen reisstrohgedeckten Schreinen keine überragende architektonische Bedeutung. Doch ist es ein wichtiger Vorposten gegen die Mächte der Unterwelt, die im Meer hausenden Dämonen.

Wie die meisten anderen Meeresheiligtümer wurde auch Pura Tanah Lot im 16. Jh. von dem Hindu-Heiligen Sanghyang Nirartha gegründet, der – so will es die Legende – in einer Kokosnussschale von Java nach Bali übersetzte, um das Eiland vor dem Ansturm des Islam zu retten. Während seiner Wanderschaft, auf der er die Hindu-Lehre verbreitete, zog er sich zum Meditieren auf die kleine Felseninsel zurück. Ihm ist in der Tempelanlage ein dreistufiger Meru geweiht. In den Klippen bei Pura Tanah Lot hat der Ozean Höhlen ausgespült. Sie sind ein Unterschlupf für jene schwarz-weiß gebänderten, heiligen Seeschlangen

(ular suci), die als Wächter des Tempels gelten. Gegen ein Entgeld zeigt ein Priester Besuchern die Reptilien.

Allabendlich ist Pura Tanah Lot ein faszinierendes Motiv für jeden Fotografen, wenn das ›Auge des Tages‹ rot glühend im Meer versinkt und sich die Felseninsel mit den pagodenartigen Schreinen als Schattenriss gegen den Himmel abhebt. Den schönsten Blick hat man von den kleinen – meist aber brechend vollen – Restaurants auf den gegenüberliegenden Klippen.

Im Umkreis von Pura Tanah Lot liegen auf Felsvorsprüngen weitere kleine Tempel, die leicht zu Fuß erreichbar sind. Folgt man dem schmalen Pfad entlang der Steilküste ein Stückchen Richtung Westen, erreicht man, noch in Sichtweite von Tanah Lot, das kleine Heiligtum Pura Galuh. Auf einer Klippe erhebt sich einige hundert Meter weiter Pura Batu Bolong. Vom Pura Batu Mejan noch etwas weiter westlich führen Stufen hinunter zu einer heiligen Quelle. Von Reisfeldern umrahmt, erstreckt sich landeinwärts die größere Tempelanlage Pura Luhur Pekendungan mit einem weithin sichtbaren siebenstufigen Meru.

🛏 **Dewi Sinta Cottages,** Taman Wisata Tanah Lot, ✆ 03 61-81 29 33, Fax 03 61-81 39 56, komfortables Bungalowhotel an der Klippenküste, mit Pool und Restaurant, RRR–RRRR; **Puri Anyar,** Krambitan, Tabanan, ✆ 03 61-81 26 68, Fax 03 61-26 35 97, romantische Unterkunft in feudalem Ambiente, Restaurant mit balinesischer Kost, RRR; Reservierung für Royal Dinner, ✆ 03 61-81 27 74

Von Denpasar nach Gilimanuk

Auf der Fahrt von Denpasar nach Gilimanuk, wo die Fähren nach Java ablegen, wird ein deutlicher Wandel augenfällig. Während in der dicht besiedelten Region um die Inselhauptstadt ein Dorf fast nahtlos in das nächste übergeht, berührt die Küstenstraße westlich von Tabanan oft kilometerweit keine Ortschaft. Der Westen von Bali ist nur sehr dünn besiedelt. Mit Negara und Mendaya gibt es nur zwei Zentren, ansonsten verlieren sich einige wenige Dörfer in den Reisfeldern.

Der Westen von Bali

Wegelos – westlich von Pulukan führen keine Straßen mehr durch das Inselinnere von Bali – und nahezu völlig unbewohnt ist das Hochland von Jembrana. Jembrana oder Jimbar Wana bedeutet soviel wie großer Wald. Und für einen Großteil der Westregion trifft dies auch heute noch zu. Während vor allem im Süden und Osten von Bali nach vielen Jahrhunderten zivilisatorischer Entwicklung kaum mehr etwas so ist, wie es die Natur einst geschaffen hat, sind im Westen der Insel noch mehr als 1000 km^2 ursprünglichen Regenwaldes erhalten geblieben. Entlang der Küste ist zwar auch dort der Dschungel schon längst gerodet, aber landeinwärts dominiert noch immer eine wilde, ungezähmte Landschaft mit üppigem tropischen Bewuchs.

Von Denpasar nach Gilimanuk

Büffelrennen in Negara

Den 700 km² großen **Bali-Barat-Nationalpark** durchstreiften noch vor einem halben Jahrhundert zahlreiche balinesische Tiger. Heute zieht das Naturreservat, dessen höchste Erhebung mit 1580 m der Gunung Patas ist, wegen seiner vielfältigen Vogelwelt hauptsächlich (Hobby-)Ornithologen an. Den Rothschild- oder Bali-Star (Jalak Putih) werden sie allerdings nur mit Geduld und viel Glück beobachten können, denn der weiße Vogel mit schwarz geränderten Flügeln und blauen Schattierungen um die Augen ist vom Aussterben bedroht. Mit Vögeln, die in zoologischen Gärten rund um den Globus gezüchtet wurden, will man den Bestand von nur noch 50 freilebenden Paaren aufstocken.

Während der östliche Teil des Naturparks kaum zugänglich ist, schätzen Veranstalter die Westregion als ideales Trekking-Terrain. Einen flüchtigen Eindruck von der Bergwildnis erhält, wer auf der landschaftlich reizvollen Straße von **Pekutatan** nach **Pupuan** fährt, einen Bergort mit schönen Reisterrassen. Nordöstlich von **Asahduren** gibt es an der Route, die nahe an die Nationalparkgrenze heranführt, einige Aussichtspunkte. Bei Asahduren führt die Landstraße durch den ausgehöhlten Stamm eines Bunut Bolong, eines mächtigen Banyan-Baums.

Der **Medewi Beach** einige Kilometer westlich von Pekutatan ist bei Wellenreitern beliebt. Noch etwas weiter westlich thront der aus drei Einzelbauwerken bestehende **Pura Rambut Siwi** auf einer Klippe über einem einsamen Strand. Wie viele andere Meeresheiligtümer steht auch dieser Tempel in Verbindung mit dem legendären Hindu-Missionar Sanghyang Nirartha. Bei seinen

Von Denpasar nach Gilimanuk

Wanderungen durch Bali ließ der javanische Priester hier eine Haarlocke *(rambut)* zurück, welche die zum Hinduismus bekehrten Einheimischen in einem Schrein verwahrten. Im Laufe der Jahre entstand um den Reliquienschrein herum die heutige Tempelanlage.

Negara, die Hauptstadt von Balis westlichem Verwaltungsbezirk Jembrana, ist für die meisten Touristen nur eine Durchgangsstation. In dem deutlich javanisch-muslimisch beeinflussten Provinzstädtchen kommt auf drei Hindu-Tempel eine Moschee. Im malerischen Fischereihafen **Pengambengan** einige Kilometer südlich dümpeln bunt bemalte Fischerboote im seichten Wasser.

Nach den Reisernten in den Monaten Juli bis Oktober finden in Negara Wasserbüffelrennen (mekepung)

Von Denpasar nach Gilimanuk

Der Hafen von Gilimanuk

statt. Auf einem 2 km langen Parcours ziehen jeweils zwei mit einem Holzgeschirr zusammengebundene Büffel einen zweirädrigen Karren, auf dem der ›Jockey‹ steht. Die eigens zu diesem Zweck gezüchteten Tiere, die keine Feldarbeit verrichten müssen, entwickeln dabei erstaunliche Geschwindigkeiten. Aber nicht nur die Schnelligkeit wird bewertet, es zählen auch Schönheit und Eleganz der Gespanne.

Wer am großen Rennen in **Mertasari** bei Negara am Sonntag vor dem 17. August, dem indonesischen Unabhängigkeitstag, teilnehmen will, muss sich in mehreren Ausscheidungen qualifizieren. Bei den Wettbewerben geht es nicht nur um Geld und Prestige, wie die balinesischen Hahnenkämpfe haben auch sie einen religiösen Hintergrund: Man will die Götter beglücken, damit sie die Teilnehmer mit einer reichen Reisernte belohnen. Zugleich geben die kraftstrotzenden Büffel etwas von ihrer Energie in den Boden ab. Wegen des großen Interesses werden auch außerhalb der Saison Rennen für Touristen organisiert.

Etwa 8 km östlich von Melaya führt eine Stichstraße zum katholischen Dorf **Pelasari** im hügeligen Hinterland. Wie im protestantischen Nachbarort **Belimbingsari** zeugt hier eine Kirche vom Bekenntnis der Dorfbewohner zum christlichen Gott. Auf balinesische Stilelemente wurde beim Bau des Gotteshauses jedoch nicht verzichtet. So zeigt Gereja Santo Fransiskus außen wie innen eine interessante Synthese aus christlichen Motiven und balinesischer Gestaltungsform.

In **Gilimanuk,** dem unattraktiven Fährhafen nach Java, soll ein monu-

Von Denpasar nach Gilimanuk

mentales, gespaltenes Tor Dämonen und anderen unerwünschten Besuchern den Zugang zur heiligen Götterinsel verwehren. Vor Gilimanuk knickt die Hauptstraße nach rechts ab und führt an der Nordküste entlang nach Singaraja. Nach einigen Kilometern deutet ein Hinweisschild ›Makam Jayaprana‹ bergwärts. Ein ausgetretener Stufenpfad endet bei einer Lichtung im Bergwald, auf der ein Pavillon steht. Gegen einen kleinen Obolus sperrt der *pak kunci,* der Vater des Schlüssels, die kunstvoll geschnitzte Holztür auf und lässt Besucher einen Blick auf das bunt geschmückte Grabmal des Jayaprana werfen.

Interessanter als die den Balinesen heilige Gedenkstätte ist die Legende, die sich um sie rankt: Das von einer königlichen Familie in Obhut genommene Waisenkind Jayaprana verliebte sich in die Bürgerstochter Leyonsari und heiratete sie. Als der Fürst seine Schwiegertochter zu Gesicht bekam, verfiel er ihrem Charme und wollte seinen Zögling so schnell wie möglich aus dem Weg räumen. Während eines Feldzugs, bei dem Jayaprana durch heroische Taten glänzte, wurde er von einem Vertrauten des hinterlistigen Königs umgebracht. Der verzweifelten Leyonsari berichtete man, ihr Gatte sei im Kampf gefallen. Im Traum aber erzählte ihr ein Geist von dem Meuchelmord, woraufhin sich Leyonsari in die Fluten der Bali-See stürzte, um den Annäherungsversuchen ihres Schwiegervaters zu entgehen.

Gegenüber der Stelle, wo Leyonsari ihrem Leben ein Ende gesetzt haben soll, ragt **Pulau Menjangan** aus dem kristallklaren Wasser. Die zum Bali-Barat-Nationalpark gehörende Insel ist ein Dorado für Taucher und Schnorchler. In der sanften Dünung schwingen Fächerkorallen und treiben Schwärme farbenprächtiger Riff-Fische. Hunderte Korallenarten sowie Riffhaie, Rochen, Meeresschildkröten und andere glamouröse Vertreter der submarinen Fauna machen die Unterwasserwelt vor der Nordküste der kleinen Insel bis zur 60 m tief abfallenden Riffwand zum artenreichsten Tauchrevier von Bali. Boote für die halbstündige Überfahrt nach Pulau Menjangan kann man in Labuhan Lalang an der Terima-Bucht mieten.

🛈 **Bali Barat National Park Headquarter** (PHPA), Cekik, ✆ 03 65-6 10 60, Mo–Do 8–14, Fr 8–11, Sa 8–12.30 Uhr, *permits* für Wanderungen im Nationalpark und Vermittlung von Führern

🛏 **Matahari Beach Resort,** Pemuteran, ✆ 03 62-9 23 12, Fax 9 23 13, Buchung in Deutschland: ✆ 0 40-37 49 68 50, Fax 37 51 00 02, exklusive Bungalowanlage im balinesischen Stil mit Gourmet-Restaurant, Pool und Tauchbasis, 30 km östl. von Gilimanuk, RRRRR; **Medewi Beach Cottages,** Medewi Beach, ✆ 03 65-4 00 29, Fax 4 15 55, Bungalowhotel mit Restaurant und Pool in ruhiger Lage, 25 km östl. von Negara, RRR; **Taman Sari Beach Cottages,** Pemuteran, ✆ u. Fax 03 62-9 32 64, Strandhotel mit gemütlichen Bungalows und Restaurant, 30 km östl. von Gilimanuk, RRR

Das kulturelle Zentrum der Insel

Von Denpasar nach Ubud

Ubud

Rund um Ubud

Von Ubud nach Bangli

Wie moduliert – Balis Reisfelder

Das kulturelle Zentrum der Insel

Durch Kunsthandwerker- und Künstlerdörfer nach Ubud. Ausflüge zur Elefantengrotte Goa Gajah, dem Relieffries von Yeh Pulu, dem Pura Penataran Sasih mit dem Bronzegong ›Mond von Pejeng‹, den Königsgräbern von Gunung Kawi und dem Quellheiligtum Pura Tirta Empul. Wanderung durch die Reisfeldlandschaft von Ubud nach Taro. Besuch der alten Fürstenstädte Gianyar und Bangli sowie des Unterweltstempels Pura Dalem Sidan

Von Denpasar nach Ubud

Nordöstlich von Denpasar, in den fruchtbaren Ebenen zwischen der Hauptstadt und den Bergen, liegen einige der bekanntesten Kunsthandwerker- und Künstlerdörfer von Bali. Die viel befahrene Straße ist eine einzigartige, 26 km lange Galerie. Furcht erregende Dämonenfiguren, mystische Tiergestalten und erhabene Götterstatuen stehen in **Batubulan** (Steinmond), dem ersten Dorf an der Straße der Kunsthandwerker, Spalier. Die Steinmetze hämmern wie im Akkord, denn sie haben alle Hände voll zu tun, die Nachfrage nach steinernem Zierrat für Schreine und Tempel zu befriedigen. Selbst Touristen ordern zentnerschwere Steinskulpturen, um ihre Vorgärten damit zu schmücken. Sorgfältig verpackt werden diese Kunstwerke dann nach Übersee verschifft. Allerdings übersteigt der Preis der Seefracht den Kaufpreis meist um ein Mehrfaches.

In der Fülle bauplastischer Verzierungen am Pura Puseh, dem Ursprungstempel, der 300 m östlich der Hauptstraße liegt, kommt die Kunstfertigkeit der Steinschnitzer von Batubulan zum Ausdruck. Ein nahezu lückenloser Mantel aus Schmuckornamenten bedeckt das massive Tempeltor. An diesem Kori Agung stehen sich Gottheiten aus dem hinduistischen Pantheon und zwei Buddha-Statuen gegenüber – ein steingewordenes Symbol für die Verschmelzung religiöser und kultureller Einflüsse auf Bali.

Morgens stauen sich Stoßstange an Stoßstange Ausflugsbusse, Taxis

Zentral-Bali

Das kulturelle Zentrum der Insel

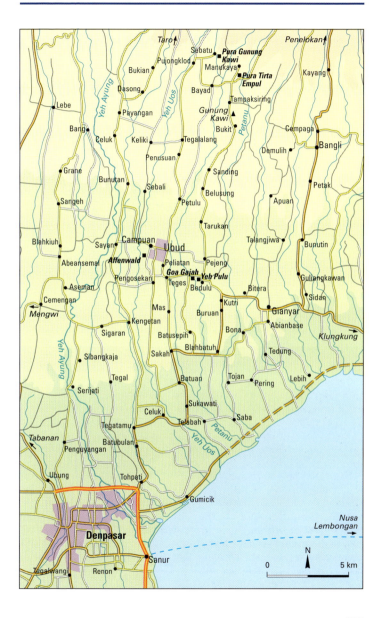

123

Das kulturelle Zentrum der Insel

und Mietwagen. Grund dafür ist das Barong-Drama, das man täglich von 9 bis 10.30 Uhr auf einer der vier Bühnen von Batubulan als Tanz inszeniert. Für viele Touristen ist dieses Spektakel der Auftakt ihrer Tagestour. Am frühen Abend dann das gleiche Bild, nur kommt dieses Mal von 18.30 bis 20 Uhr der Kecak-Tanz zur Aufführung.

In der KOKAR-Akademie (Konservatori Kerawitan), Balis führendem Konservatorium für darstellende Künste, können Interessierte wochentags Studenten bei den Proben zuzuschauen und sich ein Bild davon zu machen, wie intensiv und anstrengend deren Training ist

Nicht zum Reinbeißen –
aus Holz geschnitzte Früchte

(Mo–Fr 8–16 Uhr). Im Taman Burung am nördlichen Ortsrand von Batubulan kann man die Vogelwelt Asiens und Australiens betrachten. Der weitläufige Vogelpark presentiert in großen Volieren über 1000 Vögel, darunter den Paradiesvogel und den Nashornvogel (tägl. 8–18 Uhr). Wer für die Reise zur ›Dracheninsel‹ Komodo keine Zeit hat, findet im benachbarten Reptilienzoo Rimba Reptil neben Königskobras, Pythons und anderen Schlangen einige Komodo-Warane (tägl. 9–18 Uhr).

Das lang gezogene Straßendorf **Celuk** hat sich als Zentrum der balinesischen Gold- und Silberschmiedekunst einen Namen gemacht. An fast jeder Hausfassade weist ein Schild *Mas & Perak* (Gold und Silber) auf eine Verkaufsausstellung hin. Aus Hinterhöfen dringt rhythmi-

124

Das kulturelle Zentrum der Insel

sches Klopfen und das zischende Geräusch von Lötkolben. Mit oft einfachsten Handwerksmitteln fertigen in kleinen Werkstätten, die Besuchern offen stehen, Schmiede in traditioneller Technik Filigranarbeiten. Die Vorfahren der heutigen Kunsthandwerker hämmerten und ziselierten nur für die Fürstenhöfe, heute arbeitet man meist im Auftrag ausländischer Kunden.

Im weiter östlich gelegenen **Sukawati** gibt es die flachen Lederfiguren des Wayang Kulit, des indonesischen Schattenspiels zu kaufen. Die hiesigen Puppenspieler *(dalang)*, die zu den angesehensten ihrer Zunft auf Bali gehören, fertigen ihre filigranen Schattenspielfiguren selbst an, verkaufen aber nur Puppen zweiter Wahl. Einen guten Ruf haben auch die in diesem Ort beheimateten Schirmmacher, die Hoheitsschirme und andere für Tempelzeremonien und religiöse Prozessionen wichtige Requisiten herstellen. Gute Einkaufsmöglichkeiten für kunstgewerbliche Produkte aller Art bietet der Pasar Seni (Kunstmarkt), ein modernes, zweistöckiges Gebäude gegenüber dem Obst- und Gemüsemarkt in der Ortsmitte.

Bekannt für ihren Malstil sind die Künstler von **Batuan.** In den 30er Jahren war die Künstlervereinigung des Ortes unter der Anleitung des Deutschen Walter Spies die erste Malerschule von Bali, an der Gemälde mit weltlichen Motiven entstanden. Zum Renommee von Batuan haben auch die Tänzer und Tänzerinnen beigetragen, die sich

auf Baris und Legong spezialisiert haben. Hier erlebte der beinahe in Vergessenheit geratene Gambuh, der als ›Mutter aller balinesischen Tänze‹ gilt, eine Renaissance. Öffentliche Aufführungen finden abends an jedem ersten und fünfzehnten Tag im Monat statt.

Mas dominiert die Schnitzkunst. Über mehrere Kilometer ziehen sich museumsartige Galerien und Studios, Ateliers und Manufakturen rechts und links der Straße hin. Früher wurde hier nur im Auftrag von Priestern und Herrschern gearbeitet, heute entstehen dekorative Produkte für den Touristenmarkt. So manches stattliche Anwesen beweist, dass sich Balis Charme mit einem Sinn fürs Profitable verbindet.

Bataillone von Holzschnitzern werkeln wie am Fließband und zaubern aus groben Holzklötzen hinduistische Götter und edle Helden sowie Tiere und Früchte. In einer alten Tradition wurzelt in Mas die Maskenschnitzerei, auf die sich einige Familien spezialisiert haben.

Im Dorfheiligtum Pura Taman Pule (Tempel mit wunderschönem Garten), das mit reichem Skulpturenschmuck versehen ist, verehrt man den javanischen Hindu-Priester Sanghyang Nirartha, den Urvater der balinesischen Brahmanen. Der Überlieferung zufolge hatte er Anfang des 16. Jh. in der Gegend des heutigen Mas eine Heimat gefunden und von dort den Hinduismus auf Bali verbreitet. In Mas heiratete der Sanskrit-Gelehrte die Tochter eines Adeligen. Ihre vier Söhne gründeten später die bedeutendsten Brahmanen-Familien von Bali.

Nördlich von Mas häufen sich die Gemäldegalerien – ein Zeichen dafür, dass man sich Ubud nähert. In Pengosekan befinden sich, nur wenige Meter von der Hauptstraße, die Ausstellungs- und Arbeitsräume der Community of Young Artists, einer Künstlergruppe, die 1969 von Dewa Nyoman Batuan gegründet wurde und an die Tradition der berühmten Pita Maha anknüpft. Auch in Peliatan wird gemalt. Die Mitglieder der hiesigen Fürstenfamilie, seit jeher großzügige Mäzene der schönen Künste, messen auch in unseren Tagen der Pflege des klassischen balinesischen Tanzes große Bedeutung bei. Meist dürfen Besucher bei den sporadisch Sonntagvormittag im Puri Agung, dem Fürstenpalast, stattfindenden Proben zuschauen und sich ein Bild von den sehr lebendigen Traditionen von Tanz, Musik und Drama auf Bali machen.

Ubud
Zwischen Kunst und Kommerz

Als Zentrum des balinesischen Kunst- und Kulturlebens ist das kleine Städtchen Ubud Ziel all jener Touristen, die nicht wegen Sonne, Strand und Surfen, sondern der Kunst und Kultur wegen nach Bali kommen. In und um Ubud konzentriert sich vieles von dem, was gern als ›typisch balinesisch‹ bezeichnet

wird: Ateliers von Malern, Werkstätten von Holzschnitzern und Galerien von Batik-Künstlern sowie bedeutende Tempel.

Abends klingt das schnelle, monotone Klöppeln der Hämmer und der Hall der Gongs von Gamelan-Orchestern in der lauen Luft – ein unüberhörbares Zeichen dafür, dass auf einer der Bühnen des Ortes gerade ein balinesischer Tanz zur Aufführung kommt. Mögen sie auch für ein zahlendes Touristenpublikum inszeniert sein, so sind Tanzshows doch hinsichtlich Ausdruckskraft, Dramatik und Virtuosität von hoher künstlerischer Qualität. Und immer noch finden in Ubud und den umliegenden Dörfern farbenprächtige Tempelfeste und andere religiöse Zeremonien statt. Ubud ist also wie geschaffen, um einen Einblick in die reiche Kultur der Balinesen zu gewinnen. Ganz abgesehen davon liegt es inmitten einer hinreißend schönen, von einem engmaschigen Netz von Pfaden durchzogenen Reisfeldlandschaft, die zu Spaziergängen und Wanderungen einlädt.

Im Ort, der bis Mitte der 70er Jahre gemütlich vor sich hindämmerte, hat sich im Laufe der letzten beiden Jahrzehnte eine spürbare Veränderung vollzogen. Früher hatten die Häuser noch kein elektrisches Licht und es mussten nach Sonnenuntergang Petroleumlampen angezündet werden. Es gab kein fließendes Wasser, keine Post und kein Telefon. Und auch die touristische Infrastruktur steckte noch in den Kinderschuhen. Der Mythos vom Zentrum der

Ubud

Souvenirladen in Ubud

Künste entwickelte sich im Laufe der Zeit zum Verkaufsschlager. Heute empfängt Ubud seine Gäste mit einer Mischung aus kulturellem Flair und profitorientierter Geschäftigkeit.

Seit einigen Jahren erscheint Ubud mit zahlreichen Galerien, Boutiquen und Souvenirläden wie ein riesiger Supermarkt für Kunst und Kunsthandwerk. Das Idyll der 30er Jahre, als sich in Ubud europäische und amerikanische Künstler und Bonvivants niederließen, ist ein für allemal dahin. Vor allem bei einem Bummel durch die Monkey Forest Road oder entlang der Hauptstraße, den beiden touristischen Ballungsgebieten des mittlerweile 10 000 Einwohner zählenden Ortes, wird deutlich, wie sehr Ubud im Umbruch begriffen ist. Hier reihen sich Hotels und Pensionen, Restaurants und Bars, Geschäfte und Boutiquen aneinander. Doch trotz Tourismus-Boom und aller Konzessionen an den Zeitgeist hat es Ubud geschafft, sich viel von seiner Ursprünglichkeit zu bewahren.

Ubuds wichtigste Sehenswürdigkeiten liegen zentral an der Durchgangsstraße. Im **Puri Saren** (1) finden jeden Tag nach Einbruch der Dunkelheit Aufführungen balinesischer Tänze und Tanzdramen statt. Die Residenz der hiesigen Fürstenfamilie versteckt sich gegenüber dem modernen, zweistöckigen Marktgebäude mit Kunstgewerbe- und Souvenirläden hinter einer Ziegelstein-

Ubud

mauer im Grün eines kleinen Parks. Samstagnachmittags üben sich in einem Pavillon junge Mädchen im Legong-Tanz. In den Schreinen des Sippentempels der Fürstendynastie, des **Pura Pamerajan Sari Cokorda Agung** (2) etwas weiter nördlich, werden heilige Erbstücke der königlichen Familie aufbewahrt.

Folgt man der Hauptstraße Jl. Raya Ubud nach Osten, kommt man nach 500 m zur **Galerie von I Gusti Nyoman Lempad** (3), dem bedeutendsten Steinmetz und Holzschnitzer der Künstlervereinigung Pita Maha, die der örtliche Aristokrat Cokorda Gede Agung Sukawati und der deutsche Maler Walter

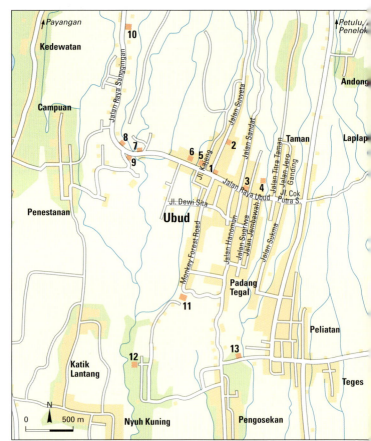

Ubud

Spies 1936 gegründet hatten. Einige von Lempads Tuschezeichnungen sind in der von seinen Nachkommen geführten Galerie ausgestellt (tägl. 9–19 Uhr). Gleich um die Ecke, in der Jl. Sri Wedari, zeigt die **Galerie Sanggar Seniwati** (4) ausschließlich Werke indonesischer Künstlerinnen (Di–So 10–17 Uhr).

Einige Schritte westlich des Fürstenpalastes Puri Saren bedeckt ein dichter Teppich von Lotosblüten und -blättern einen Teich. Der **Pura Taman Kemude Saraswati** (5) dahinter ist der schönen Göttin der Weisheit, der Wissenschaft und der Kunst, vor allem der Literatur, geweiht. Am Saraswati-Tag treffen sich hier Schüler und Studenten, um Dewi Saraswati ihre Reverenz zu bezeugen. Nächtigen in fürstlichem Ambiente – das kann man im Puri Saraswati, einem an den Saraswati-Tempel angrenzenden Fürstenpalast, der heute ein kleines Hotel beherbergt. Die geschnitzten Tore und anderer Zierrat des ehemaligen Adelspalastes sind Zeugnisse der Holzschnitz- und Steinmetzkunst des Multitalents I Gusti Nyoman Lempad. Seine Handschrift trägt auch der Lotosthron im Saraswati-Tempel.

Ubuds Ruf als Kulturhauptstadt wird gefestigt durch das **Museum**

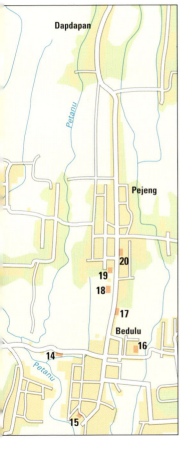

Ubud und Umgebung
1 Puri Saren   2 Pura Pamerajan Sari Cokorda Agung   3 Galerie von Nyoman Lempad   4 Sanggar Seniwati
5 Pura Taman Kemude Saraswati
6 Museum Puri Lukisan   7 Pura Dalem
8 Pura Gunung Lebah   9 Kunstmuseum von Antonio Blanco   10 Museum Neka
11 Monkey Forest (Affenwald) mit Pura Dalem Agung Padang Tegal   12 Environmental Bamboo Foundation   13 Agung Rai Museum of Art   14 Goa Gajah
15 Yeh Pulu   16 Pura Samuan Tiga
17 Museum Purbakala Gedung Arca
18 Pura Kebo Edan   19 Pura Pusering Jagat   20 Pura Penataran Sasih

Der Schöpfer des Bali-Mythos

Walter Spies

Walter Spies (links) mit Gästen – augenscheinlich mit viel Spaß an der Touristenpose

Wer in Deutschland kennt heute noch Walter Spies? Nur eine kleine Gruppe von Insidern. Da gibt es die ›Bali-Freaks‹ mit künstlerischem Interesse und die Gruppe derer, die sich mit der Lebensführung dieses ›Nobel-Aussteigers‹ identifiziert. Auf Bali sieht die Sache anders aus. Walter Spies hat dort in Kunst- und Kulturkreisen noch heute einen klangvollen Namen. Er ist bekannt als künstlerisches Allround-Talent, das sich Bali, seinen Bewohnern und seiner Kunst so innig verbunden fühlte, dass er es zu seiner zweiten Heimat machte.

Vieles aus Walter Spies' Frühzeit erscheint als konsequente Vorbereitung seines späteren Aufbruchs in die tropische Inselwelt. Seine Kindheit und Jugend verbrachte der 1895 geborene Sohn einer kultivierten deutschen Kaufmannsfamilie in Moskau. Im Ersten Weltkrieg als wehrpflichtiger Angehöriger des deutschen Feindes im Ural interniert, musizierte er mit den Dorfbewohnern, komponierte im Stil der baschkirischen Volksmusik und malte Motive des bäuerlichen Lebens. Seine Übersiedlung nach Deutschland am Ende des Kriegs war nicht von Dauer.

Auch wenn er in Avantgarde-Kreisen in Hellerau bei Dresden und Berlin als Künstler und Lebemann beliebt war und einige Jahre in homosexueller Beziehung mit Fritz Murnau, dem Regisseur des berühmten Stummfilms »Nosferatu« (1922), lebte, gelang es ihm nicht, sich in Deutschland heimisch zu fühlen. Die Kälte und Enge des gesellschaftli-

Walter Spies

chen Lebens ekelten ihn an und machten den Traum vom ›natürlichen‹ Leben immer attraktiver. Seine Sehnsucht nach der körperlichen Schönheit der ›braunen Menschen‹ erweckte wohl der damals Aufsehen erregende Bali-Fotoband von Gregor Krause (1921). So nimmt es nicht Wunder, dass Spies als Matrose für eine Reise nach Jakarta anheuert.

Nach einem kurzen Zwischenaufenthalt auf Java finden wir ihn ab 1927 auf Bali. Eingeladen vom Fürsten von Ubud, den er am Hofe des Sultans von Yogyakarta kennengelernt hatte, lässt er sich im Dorf Campuan am Rande des damals ländlichen Ubud nieder. Es folgt eine Zeit der intensiven Auseinandersetzung mit der hinduistischen Kultur und der tropischen Natur der Insel, die ihn faszinieren.

Spies wird zum Insektenforscher, komponiert, spielt Gamelan-Musik und malt. Er unterscheidet sich von anderen europäischen Malern, die Bali für sich entdecken und oft nicht mehr als Epigonen der realistischen Malerei des 19. Jh. sind. Spies entwickelt auf Bali seine Version des magischen Realismus, seinen ganz eigenen Stil, der durch Futurismus, Kubismus und den ›naiven‹ Henri Rousseau ebenso beeinflusst ist wie von der statisch-zweidimensionalen Malerei des hinduistischen Bali.

Spies' Leben wechselt zwischen Rückzug in die Einsamkeit für Studien und Malerei und hedonistischem Lebensgenuss im Kreise gleichgesinnter Gäste aus Europa und Amerika. Er baut in Campuan ein Haus in lokaler Tradition und bewohnt es mit seinen balinesischen Freunden.

Sein Anwesen wird zum attraktiven Mittelpunkt des internationalen Jetset. Die kosmopolitischen Gäste – unter anderem Charlie Chaplin, die Woolworth-Erbin Barbara Hutton, die Romanautorin Vicki Baum und die Anthropologin Margaret Mead – geben sich in den folgenden Jahren die Tür in die Hand. Ihnen allen wird der gut aussehende junge Deutsche zum Führer und Begleiter auf ihrer Entdeckungsreise durch die fremde Welt. Er, der sich Jahr für Jahr mehr zum Kenner und Liebhaber Balis entwickelt, ist dabei Freund, Gastgeber und Informant.

Wenn er nicht genug Auftragsarbeiten hat oder seine Gäste ihm keine Bilder abkaufen, droht ein finanzieller Engpass. Dann wird Spies auch schon mal zum Touristenführer und Hotelier. Der erste Bali-Guide ist geboren! Und für dessen Kundschaft ist Bali vieles: Folie des edlen Wilden und der unberührten Natur, Schauplatz eines vermeintlich freieren Lebens oder ethnologisches Studienobjekt. Spies stellt den Gästen sein immenses Wissen zur Verfügung und seine guten Kontakte zu den Einheimischen, die ihm vertrauen.

Schillernde Rollen werden zum Bestandteil von Walter Spies' Leben auf Bali. Er verehrt alles ursprünglich Balinesische und engagiert sich in

Walter Spies

der 1936 gegründeten Künstlervereinigung Pita Maha, welche die Eigenständigkeit balinesischer Malerei unterstützt und eine Verflachung für den touristischen Geschmack verhindern möchte. Hier darauf aus, das ›Echte‹ zu konservieren, greift Walter Spies an anderer Stelle durch seine Aktivität als Künstler gewollt oder ungewollt in die Entwicklung ein. Der deutschen Romantik verpflichtet sammelt Spies wie schon im Ural Melodien, Volkserzählungen und Sprichwörter. Er malt dörfliche Szenen in tropischer Natur und fängt dabei mit westlichem Auge die Magie Balis ein.

Spies' Einfluss auf seine balinesischen Malerkollegen ist groß. Es entsteht der so genannte Batuan-Stil, der an die Stelle der religiösen Motive Szenen des täglichen gesellschaftlichen Lebens setzt und bis in die 80er Jahre des 20. Jh. in der Malerei für das Touristengeschäft kopiert wird.

Auch in anderen Kunstformen ist Walter Spies' Einfluss prägend. Die Großform des expressionistisch anmutenden Kecak-Tanzes, des so genannten Affentanzes, die heute den Touristen im Dorf Bona täglich vorgeführt wird, ist ein Nebenprodukt seiner choreographischen Arbeit für Viktor von Plessens Film »Insel der Dämonen«.

Doch die balinesische Idylle ist nicht von Dauer. Das faschistische Klima in Deutschland verschärft sich gegen Ende der 30er Jahre des 20. Jh. Die holländische Kolonialverwaltung schließt sich an und sorgt für eine Verfolgung Homosexueller auf Java und Bali. Walter Spies wird inhaftiert. Seine balinesischen Freunde tragen sein Lieblings-Gamelan vor die Gefängnistore in Denpasar und spielen ihm auf. Seine Freilassung erreichen sie nicht. Auch Margaret Meads scharfzüngiges Plädoyer vor Gericht verfehlt seine Wirkung. In der Gefangenschaft entstehen seine wichtigsten Bilder, die aus einer Innensicht heraus hinduistische Themen der Wiedergeburt und des Werdens und Vergehens reflektieren.

Nach einigen Monaten wird Walter Spies entlassen und zieht sich in sein Haus in Iseh im einsamen Osten von Bali zurück. Auch hier sind Spätfolgen seines Aufenthaltes nicht zu übersehen: Iseh wird heute zunehmend zum Geheimtipp mondänen Rückzugs vom Massentourismus.

Der Aufenthalt in Iseh ist nur kurz. Deutschland überfällt Holland und damit schließt sich Walter Spies' Schicksal genauso spektakulär wie es begonnen hatte. Wieder wird er interniert, diesmal mit 3000 Deutschen als Kriegsfeind Hollands, der Kolonialmacht im indonesischen Inselreich.

Im Jahre 1942 stirbt Walter Spies bei einem japanischen U-Boot-Angriff auf ein holländisches Schiff, das deutsche Internierte nach Ceylon bringen sollte. Man weiß nicht, ob die Berichte von Augenzeugen stimmen, nach denen er, der immer Glückliche, sich nicht retten lassen wollte.

Nele Wasmuth

Ubud

Puri Lukisan (6) ein paar Schritte abseits der lärmenden Hauptstraße in einem Garten. Der 1956 auf Betreiben des niederländischen Malers Rudolf Bonnet eröffnete ›Palast der Gemälde‹ veranschaulicht die Entwicklung vom klassischen zweidimensionalen Wayang-Stil zur modernen Malerei mit einer realistischen Menschendarstellung. Ausgestellt sind zudem Werke hiesiger Holzschnitzer (tägl. 8–16 Uhr).

Ein Spaziergang entlang der Hauptstraße in Richtung Westen führt zum Dorf Campuan, heute praktisch ein Ortsteil von Ubud. Auf halbem Weg passiert man den **Pura Dalem** (Unterweltstempel, 7), dessen Treppenaufgang Furcht erregende Dämonen- und Hexenfiguren flankieren. Aufgabe dieser Tempelwächter ist es, mit ihren magischen Kräften Übel wollende Wesen aus der unteren Sphäre – sowie nicht der Tempeletikette entsprechend gekleidete Fremde und andere unerwünschte Besucher – fernzuhalten. Kurz vor der Brücke nach Campuan, die eine vom Uos-Fluss gebildete Schlucht überspannt, führt rechter Hand eine Treppe hinunter zum Tempel **Pura Gunung Lebah** (8), in dem von einer Reisanbau-Vereinigung (subak) die Reisgöttin Dewi Sri verehrt wird.

Jenseits der Brücke thront hoch über dem Uos die Villa und Galerie des Malers Antonio Blanco, eines exzentrischen Amerikaners spanisch-philippinischer Herkunft. Kritiker rügen den ›Dalí von Bali‹, weil er sich in seinem Anwesen einen zwölfstufigen Meru errichten ließ, einen ›Tempelturm‹ mit noch einem Dach mehr, als dem Hindu-Gott Shiva zusteht, der auf Bali besondere Verehrung genießt (tägl. 9–17 Uhr). Im altehrwürdigen Hotel Campuan etwas weiter Richtung Norden wohnte einst der deutsche Maler Walter Spies, der in den 30er Jahren einen wesentlichen Beitrag zur Renaissance der bildenden Kunst auf Bali leistete.

Bei Antonio Blancos privatem **Kunstmuseum** (9) zweigt eine Straße nach Penestanan ab, wo in den 50er Jahren der holländische Maler Arie Smit die ›Schule der jungen Künstler‹ gründete. Zwar sind die *young artists* mittlerweile alt und ergraut, doch ihre Söhne und Enkel stehen ihren Vätern und Großvätern in puncto Kreativität in nichts nach. Besucher sind in den Ateliers und Galerien gern gesehen. In das Künstlerdorf gelangt man auch über einen steilen Stufenpfad, der einige hundert Meter nördlich des Hotels Campuan links abbiegt.

In Sangginan, 1,5 km nördlich von Campuan, liegt das reich bestückte **Museum Neka** (10). Dieser 1982 eröffnete, ansprechend gestaltete Komplex, der sich nach thematischen Schwerpunkten in mehrere Pavillons aufgliedert, ist der balinesischen Malerei unseres Jahrhunderts gewidmet. Ausgestellt sind auch Werke anderer indonesischer Maler wie die des Javaners Affandi und Bilder europäischer Künstler, die auf Bali gelebt haben (tägl. 9–17 Uhr).

Ubud

Vorwahl: ✆ 0361

Touristenbüro Bina Wisata, Jl. Raya Ubud, Ubud, ✆ 973285, tägl. 8–20 Uhr, hier Karte von Ubud und Umgebung sowie Termine von kulturellen Veranstaltungen und Tempelzeremonien

In Ubud

Komaneka Resort, Monkey Forest Rd., ✆ 976090, Fax 977140, Melange aus Elementen traditioneller Inselarchitektur und 90er-Jahre-Minimalismus, luxuriöse Villen und komfortable Zimmer sowie ein extravaganter Pool, RRRRR; **Pringga Juwita Water Garden Cottages,** Jl. Bisma, ✆ u. Fax 975734, stilvoll mit Bambusmöbeln ausgestattete ein- und zweistöckige Gästehäuser in einem Garten, mit Pool, ruhige Lage, RRR; **Siti Bungalows,** Jl. Kajeng 3, ✆ 975699, Fax 975643, kleines Bungalowhotel des Malers Han Snel, mit Restaurant, Pool und Kunstgalerie, RRR; **Ubud Village Hotel,** Monkey Forest Rd., ✆ 975571, Fax 975069, balinesisches ›Dorf‹ mit geräumigen Bungalows in traditioneller Architektur, mit Pool und sehr gutem Restaurant, RRR; **Oka Wati's Sunset Bungalows,** Monkey Forest Rd., ✆ und Fax 975063, geräumige ein- und zweistöckige Gästehäuser, zentral, aber ruhig am Rande von Reisfeldern, mit Pool und ausgezeichnetem Restaurant, RR–RRR; **Puri Saraswati Bungalows,** Jl. Raya Ubud, ✆ u. Fax 975164, stilvolle Unterkunft in einem ehemaligen Fürstenpalast, mit Pool und Gartenrestaurant, zentral, aber ruhig gelegen, RR–RRR; **Nick's Pension,** Jl. Bisma, ✆ u. Fax 975636, alteingesessene, gut geführte Unterkunft, ruhig, mit Pool und Restaurant, RR; **Pande Permai Bungalows,** Monkey Forest Rd., ✆ 975436, Fax 975115, Bungalows im inseltypischen Stil nahe dem Affenwald, mit Pool, RR; **Monkey Forest Hideaway,** Monkey Forest Rd., ✆ u. Fax 975354, alteingesessene Herberge am Rande des Monkey Forest, einfache, aber solide ausgestattete Zimmer, R; **Vera Accommodation,** Jl. Bisma, ✆ u. Fax 975960, familiäre Pension inmitten von Reisfeldern am Rande von Ubud mit einfachen, aber ordentlichen Zimmern, hilfsbereites deutsch-balinesisches Besitzerehepaar, R

... in Campuan

Ibah, ✆ 974466, Fax 974467, ibah@denpasar.wasantara.net.id, www.bali.paradise.com.ibah, Luxusbungalows, herrliche Lage, extravaganter Pool und Top-Restaurant, RRRR–RRRRR; **Hotel Campuan,** ✆ 975368, Fax 975137, Klassiker unter den Hotels der gehobenen Kategorie, ehemaliges Refugium des deutschen Malers Walter Spies, mit zwei Pools und ausgezeichnetem Restaurant, RRR–RRRR

... in Nyuh Kuning

Alam Indah, Buchung: Denpasar Office, ✆ u. Fax 0361-974629, kleines, sehr stilvolles Hideaway, versteckt gelegen und sehr ruhig, mit Pool und Restaurant, RRR; **Garden View Cottages,** Buchung: Denpasar Office, ✆ u. Fax 0361-974055, kleines Hotel mit gemütlichen Zimmern und Bungalows in ruhiger Lage, mit Pool und Restaurant, RR–RRR

... in Penestanan

Baliubud, ✆ 975058, Fax 974773, stilvoll in Bambus möblierte, z. T. klimatisierte Zimmer in doppelstöckigen Gebäuden, ruhige Lage, Pool, Restaurant, RRR; **Sari Bamboo Bungalows,** ✆ 975547, familiäre Bungalowanlage im inseltypischen Stil, schöner Blick auf Reisfelder, R–RR

... in Pengosekan

Guci Guest House, ✆ u. Fax 975975, gemütliche Pension im inseltypischen Stil unter deutsch-balinesischer Leitung, der Besitzer ist Maler, RR

Ubud

... in Kedewatan
Amandari, ☏ 97 53 33, Fax 97 53 35, Buchung in Deutschland: Prima Hotels, ☏ 08 00-85 42 27 80, extravagantes Bungalowhotel in traumhafter Lage am Rande der Schlucht des Yeh-Ayung-Flusses, RRRRR

... in Payangan
The Chedi, Desa Melinggih Kelod Payangan, ☏ 97 59 63, Fax 97 59 68, chediubd @ghmhotels.com, www.ghmhotels.com, fantastisch gelegenes Luxus-Resort, Gourmet-Restaurant, spektakulärer Pool, RRRRR

Indus, Jl. Raya Sanggingan, Campuan, ☏ 97 76 84, elegantes Terrassenrestaurant mit Panoramablick, west-östliche Gerichte, RR–RRR; **Warung Laklak,** Jl. Hanoman, Padangtegal, ☏ 97 58 94, internationale und authentisch balinesische Gerichte, stimmungsvolles Ambiente, RR; **Murnis Warung,** Jl. Campuan, Ubud, ☏ 97 52 33, alteingesessenes Restaurant, indonesische und europäische Gerichte, R–RR; **Nomad,** Jl. Raya Ubud, Ubud, ☏ 97 71 69, stimmungsvolles, halb offenes Restaurant im balinesischen Stil, indonesische, chinesische und europäische Gerichte sowie gute Weinkarte und Bier vom Fass, R–RR; **Oka Wati's Restaurant,** Monkey Forest Rd., Ubud, ☏ 97 50 63, Gartenrestaurant im balinesischen Stil, internationale Gerichte und balinesische Spezialitäten, R–RR; **Bamboo,** Jl. Dewi Sita, Ubud, ☏ 97 53 07, balinesische und vegetarische Gerichte, R; **Lilie's Garden Restaurant,** Monkey Forest Rd., Ubud, ☏ 97 53 59, angenehmes Lokal mit internationaler Speisekarte und regionalen Spezialitäten, Probiertipp: Bebek Betutu – in Bananenblättern gegarte Ente (rechtzeitig vorbestellen), R; **Lotus Café,** Jl. Raya Ubud, Ubud, ☏ 97 56 60, ›Szene-Lokal‹ am Lotosteich in der Ortsmitte mit indonesischen und europäischen Standardgerichten, R

Galerien und Geschäfte für kunsthandwerkliche Souvenirs konzentrieren sich in der Hauptstraße Jl. Raya Ubud und in der Monkey Forest Rd. Gemälde und Holzschnitzarbeiten sind in den Ateliers und Werkstätten der Künstler oft preiswerter. **Agung Rai Fine Art Gallery,** Peliatan, ☏ 97 45 62, erlesene Auswahl an Gemälden balinesischer Künstler, teuer; **Kertas Gingsir,** Jl. Dewi Sita, Ubud, ☏ 97 30 30, originelle Mitbringsel aus Papier; **Le Chat,** Monkey Forest Rd., Ubud, ☏ 0 81-1 38 80 25, Designer-Mode für den Herren ›made in Bali‹; **Linda Garland Interior Design Collection,** Jl. Nyuh Gading, Nyuh Kuning, ☏ 97 40 28, stilvolle Accessoires aus Naturmaterialien für die Inneneinrichtung; **Lotus Studios,** Jl. Raya Ubud, Ubud, ☏ 97 46 63, balinesisches Kunsthandwerk; **Mutiara,** Jl. Raya Ubud, Ubud, ☏ 97 51 45, Batikstoffe und -textilien; **Neka Gallery,** Jl. Raya Ubud, Ubud, ☏ 97 50 34, Verkaufsgalerie mit weiter Palette balinesischer Malerei; **Tong Ting,** Monkey Forest Rd., Ubud, ☏ 97 46 68, Holzschnitzereien; **Wardani Boutique,** Monkey Forest Rd., Ubud, ☏ 97 55 38, ›Supermarkt‹ mit buntem Querschnitt durch das balinesische Kunsthandwerk

Bali Bird Walks, c/o Beggar's Bush, Jl. Campuan, Ubud, ☏ 97 50 09, Vogelbeobachtung in Begleitung von einheimischen Experten; **Casa Luna Cooking School,** Jl. Bisma, Ubud, ☏ 97 32 82, Kochkurse, die auch Einblick in die soziale und kulturelle Bedeutung des Essens auf Bali geben; **The Meditation Shop,** Monkey Forest Rd., Ubud, ☏ 97 62 06, Meditationskurse

Verschiedene Agenturen bieten einen Shuttle-Busservice von Ubud nach Kuta/Legian, Sanur, zum Flughafen Ngurah Rai, nach Lovina sowie nach Candi Dasa und Padang Bai.

135

Rund um Ubud

Karte S. 128/29

Zwischen Ubud und den umliegenden Dörfern breitet sich die Landschaft aus, wie man sie aus vielen Bali-Bildbänden kennt: In schier endloser Wiederholung reihen sich Reisfelder und -terrassen aneinander. In der Umgebung von Ubud, vor allem im schmalen Landstrich zwischen den Flüssen Petanu und Pakerisan, findet man auch die bedeutendsten Kulturdenkmäler der Insel. Die von einem engmaschigen Wege- und Straßennetz durchzogene Landschaft bietet sich für Wanderungen und Radtouren an. Weiter entfernte Ziele erreicht man auch mit öffentlichen Verkehrsmitteln.

Die Monkey Forest Road führt Richtung Süden zum **Affenwald** (11) von Ubud. Der wie ein verwunschener Märchenwald wirkende Hain gilt Balinesen als heilig. Deshalb blieb hier ein alter Bestand aus Banyan-Bäumen bislang unangetastet. Zwischen den Luftwurzeln der Riesen toben die Nachkommen des mythischen Affengenerals Hanuman, eine Horde frecher Makaken, vor denen sich Besucher in Acht nehmen sollten. Gleich nach dem Eingang führt rechter Hand ein Stufenpfad zu einer Schlucht, wo sich inmitten üppigen Tropengrüns der kleine Tempel Pura Beji versteckt. Ganz in der Nähe befinden sich ein zweiteiliger Badeplatz mit moosbewachsenen Wasserspeiern und ein Quellheiligtum, das für Fremde nicht zugänglich ist.

Am Rande des Monkey Forest steht der Pura Dalem Agung Padang Tegal. An den Mauern und Toren des unheimlich wirkenden Tempels der Todesgöttin Durga dominieren als Hauptmotiv Dämonenstatuen. Das in den zweiten Hof führende, oben geschlossene Kori Agung wird von Rangda-Figuren mit gewaltigen Hängebrüsten und weit heraushängenden Zungen bewacht. Die Riesenschildkröte Bedawang bildet die Basis des nur bei festlichen Anlässen geöffneten Tempeltors.

Ein Spaziergang führt vom Affenwald zum Holzschnitzerdorf Nyuh Kuning. Dort gründete 1993 die amerikanische Innenarchitektin Linda Garland die **Environmental Bamboo Foundation** (EBF, 12) zur Erforschung und Verwertung des rasch nachwachsenden Rohstoffes Bambus. Sie preist das ›Wundergras‹ als Ersatz für Tropenhölzer und demonstriert dessen schier unerschöpfliche Nutzanwendung. Mit ihren Aktivitäten will die ›Umweltorientierte Bambus-Stiftung‹ zum Schutz der südostasiatischen Regenwälder beitragen. Sie veranstaltet Workshops, deren Teilnehmern alle Aspekte der Bambusproduktion vom Pflanzen bis zur Vermarktung vermittelt werden, entwickelt hochwertige Bambusprodukte und fördert Wiederaufforstungsprogramme mit Bambus in Indonesien. Auf dem 4 ha großen EBF-Gelände findet regelmäßig die ›International Bamboo Conference‹ statt, an der Wissen-

Rund um Ubud

schaftler und Künstler aus aller Welt teilnehmen.

Von Nyuh Kuning kann man durch die Reisfeldlandschaft zum Malerdorf Penestanan und von dort über Campuan zurück nach Ubud wandern. In Pengosekan, südöstlich des Affenwaldes, leben zahlreiche Maler. In den Ausstellungsräumen des **Agung Rai Museum of Art** (ARMA, 13) präsentiert Anak Agung Rai, der zur Zeit bedeutendste balinesische Kunstsammler und Mäzen, seine Gemäldekollektion, die traditionelle und zeitgenössische balinesische Kunst sowie Werke europäischer und australischer Maler umfasst (tgl. 9–18 Uhr). Zum 3 ha großen ARMA-Komplex gehören eine Open-Air-Bühne, auf der regelmäßig Kecak- und Legong-Aufführungen inszeniert werden, eine Kunstschule für Kinder und Jugendliche sowie ein Tagungszentrum für internationale Kolloquien.

Östlich von Pengosekan kündigt ein riesiger, meist voller Parkplatz eines der bedeutendsten Kulturdenkmäler aus der alt-balinesischen Epoche an – die legendenumwobene Elefantengrotte **Goa Gajah** (14). Das erst 1923 entdeckte Heiligtum, das Wissenschaftler in das 11. Jh. datieren, hat vermutlich einst shivaistischen Eremiten als Mönchsklause gedient. Eine riesige Dämonenfratze mit weit aufgerissenem Maul, das heute ganze Busladungen von Touristen verschluckt, bildet den Eingang zur T-förmigen, von Menschenhand geschaffenen Höhle. In den Innenwänden befinden sich Nischen, wahrscheinlich einst Meditationsstätten für Mönche. Im linken Teil der Querhöhle erkennt man im Dämmerlicht eine Statue von Ganesha, des elefantenköpfigen Sohnes von Shiva, dem das Heiligtum vermutlich seinen Namen verdankt. Auf die shivaistische Ausrichtung des Höhlentempels deuten auch Lingas auf einem Steinaltar im rechten Quergang hin, steinerne Phallussymbole, die Shivas Zeugungskraft versinnbildlichen.

1954 legte man bei Ausgrabungen gegenüber der Höhle ein Wasserheiligtum frei, dessen drei Bassins von sechs Wasserspeiern in Form von Quellnymphen gespeist wer-

Die Elefantengrotte Goa Gajah verschluckt Busladungen von Touristen

den. Folgt man wenige Meter südlich der Elefantengrotte einem steilen Pfad hinab ins Flusstal, so findet man am jenseitigen Ufer des Petanu neben reliefverzierten Mauerfragmenten zwei Buddha-Statuen. Nach Meinung von Archäologen befand sich hier einst ein buddhistisches Kloster, was beweist, dass auf Bali Hinduismus und Buddhismus lange Zeit friedlich nebeneinander bestanden.

Für Kunstinteressierte lohnt sich der Abstecher zum wenig besuchten Relieffries von **Yeh Pulu** (15), nicht weit entfernt von Goa Gajah. Ein etwas schwer zu findender, schmaler Pfad führt vom Dorf Batulumpang durch Reisfelder zum 27 m langen und 2 m hohen, tief in eine Felswand eingemeißelten Reliefband, das 1925 freigelegt wurde. Abgesehen von einem Bildnis des sitzenden Elefantengottes Ganesha handelt es sich bei den sehr plastisch herausgearbeiteten, lebensgroßen Figuren um profane Darstellungen. Das Monumentalrelief erzählt in verschiedenen Szenen eine Geschichte, die man bis heute noch nicht zweifelsfrei hat deuten können. Möglicherweise stellt es Begebenheiten aus dem Leben Krishnas dar, einer Inkarnation des Gottes Vishnu. Auch die zeitliche Einordnung – eventuell 14./15. Jh. – des Hochreliefs ist schwierig, weil es weder auf Bali noch auf Java Vergleichbares gibt. Der Legende nach hat der Riese Kebo Iwo das Relief mit seinen Fingernägeln aus dem Felsen gekratzt.

Der hinduistischen Trinität Brahma-Vishnu-Shiva ist der **Pura Samuan Tiga** (16) in Bedulu geweiht, der sich über mehrere Terrassen ausbreitet. Der Name des kleinen Ortes, der auf ein große Vergangenheit zurückblicken kann, leitet sich von einem Herrscher der Pejeng-Dynastie ab, Raja Dalem Bedahulu. In der Gegend des heute unbedeutenden Bedulu und des nördlich gelegenen Pejeng erstreckte sich einst das Kerngebiet des ersten Königreichs aus der Frühzeit schriftlich belegter Inselgeschichte.

Im 10. Jh. gründete die Warmadewa-Dynastie zwischen den Ufern der Flüsse Petanu und Pakerisan ein Imperium, das später den Namen Pejeng erhielt. Bis zur Eroberung durch Gajah Mada, den Premier des expansiven ost-javanischen Majaphit-Großreiches, im 14. Jh. war das Süd-Bali umfassende Königreich von Pejeng unabhängig von der mächtigen Nachbarinsel. Zu jener Zeit entstanden Monumente wie Goa Gajah und die Königsgräber von Gunung Kawi. Nach der Annexion Balis durch den Majapahit-Herrscher verlagerte sich das Machtzentrum ins ost-balinesische Gelgel und Pejeng verlor rasch an Bedeutung. Von der kulturellen Blüte des Pejeng-Reiches zeugen noch heute archäologische Fundstücke, meist hinduistische und buddhistische Götterstatuen und Relieffragmente. Eine sehenswerte Sammlung von Kunstwerken dieser und früherer Epochen präsentiert das archäologische **Museum Purbakala Ge-**

Rund um Ubud

dung Arca (17), nördlich von Bedulu an der Hauptstraße (Mo–Do 8–14, Fr 8–11, Sa 8–13 Uhr).

Der Landstrich zwischen Bedulu und Pejeng ist gespickt mit Schreinen und kleinen Tempeln, die antike Steinplastiken oder zumindest Fragmente davon enthalten und deshalb besonders verehrt werden. Eines dieser Heiligtümer ist der kleine, pavillonartige Schrein Pelinggih Arjuna Metapa gegenüber dem archäologischen Museum. Nur wenige hundert Meter weiter nördlich birgt im **Pura Kebo Edan** (18, Tempel des verrückten Wasserbüffels) ein Pavillon eine 3,6 m hohe Bima-Statue. Dieser steinerne Gigant mit seinem enormen Phallus, unter dessen Füßen sich ein hilfloses Menschenwesen windet, sowie Wächterdämonen, deren Häupter von Totenkopfkränzen gekrönt sind, lassen vermuten, dass sich hier als Gegenbewegung zu asketischen Hindu-Sekten einst ein Zentrum tantrischer Geheimkulte befand. Der weiter nördlich gelegene **Pura Pusering Jagat** (19, Tempel des Weltzentrums) ist ein Pilgerziel kinderloser Ehepaare aus ganz Bali, die vor einem verwitterten Riesenphallus für den erwünschten Nachwuchs beten. Im Dunkeln liegen Alter und Bedeutung der meisten anderen hier aufbewahrten archäologischen Fundstücke.

Ein weiteres Rätsel harrt im **Pura Penataran Sasih** (20) von Pejeng auf seine Lösung. Hoch unter dem Dach eines turmartigen, schlecht einsehbaren Schreins hängt eines der bedeutendsten altertümlichen Fundstücke Indonesiens – der legendenumrankte ›Mond von Pejeng‹, der größte erhaltene vorgeschichtliche Bronzegong der Welt. Trotz des riesigen Durchmessers von 1,40 m haben Betrachter Mühe, mit bloßem Auge Einzelheiten des reich ornamentierten Klangkörpers zu erkennen. Vermutlich stammt der in einem Stück gegossene und mit stilisierten Menschenköpfen verzierte Rundgong aus dem 3. Jh. v. Chr. Obwohl die Ornamentik des ›Mondes von Pejeng‹ indonesische Stilelemente aufweist, ist seine Herkunft bis heute nicht endgültig geklärt. Man vermutet, dass die Kunst des Bronzegusses auf Bali schon früh hoch entwickelt war und der Kesselgong als wichtiges Zeugnis für die Ausbreitung jungmalaiischer Kultur zu werten ist. Rätselhaft bleiben auch die ursprüngliche Bestimmung des Gongs und die symbolische Bedeutung der Ornamente.

Die Balinesen bieten zwei Theorien zur Entstehung des Kesselgongs an. Der ersten zufolge hat der Riese Kebo Iwo, bekannt als ›Architekt‹ der Elefantengrotte Goa Gajah und der Königsgräber von Gunung Kawi, den Gong als Ohrgehänge getragen und irgendwann verloren. Einleuchtender ist folgende Überlieferung: Einmal waren anstatt der zwölf Monde (einer für jeden Monat des Jahres) deren 13 am Himmel. Eines Nachts fiel ein Monde herab und verfing sich im Geäst eines Baumes. Sehr zum Verdruss einer Diebesbande erleuchtete er nun die Nächte taghell und störte die Spitzbuben bei

Die Speise der Götter

Reis

Tempel im Reisfeld – hier danken die Balinesen den Göttern für ihr Geschenk

Für die Balinesen ist Reis ein Geschenk der Götter. Auf Schritt und Tritt wird Besuchern klar, welch große Bedeutung die kleinen weißen Körner für Bali haben. Der Reis hat die Insel geprägt, ihre Landschaft, ihre Kultur und das Leben der Menschen – seit vielen Jahrhunderten. In den Küstenebenen und weiten Tälern erstrecken sich Reisfelder bis zum Horizont. Landeinwärts schmiegen sie sich zunächst sanft geschwungen an die Hänge, um sich dann, je weiter man in die Bergwelt Zentral-Balis vordringt, geradezu dramatisch als Terrassen an den steilen Flanken von Bergen und Vulkanen übereinander zu stapeln – ›Treppen in den Himmel‹ nennen die Balinesen diese in den Wolken hängenden Terrassenanlagen.

Die *sawahs*, die Felder und Terrassen für den Nassreisanbau, bringen aufgrund der fruchtbaren Vulkanböden bis zu drei Ernten im Jahr hervor. Voraussetzung ist jedoch eine ausgeklügelte Bewässerungstechnik, die auf Bali alte Tradition hat. In den Bergregionen – Reis wird auf Bali bis zu einer Höhe von 500 bis 700 m, auf Java, Sumatra und Sulawesi sogar bis 1500 m angebaut – nutzt man das Wasser gefällestarker Bäche und Flüsse, das durch ein System kleiner Kanäle, Gräben und Bambusrohrleitungen die oberste Etage einer Terrassenanlage erreicht. Diese fungiert als Staubecken, aus dem das Nass durch Öffnungen in den Stützwällen auf die tiefer gelegenen Parzellen abgeleitet werden kann.

Die Instandhaltung einer Terrassenanlage kostet viel Mühe. Werden die von Hochwasser, Erdrutschen oder auch unvorsichtigen Wanderern verursachten Schäden an den aus Stein oder Lehm errichteten Umfassungswällen nicht sofort behoben, droht das komplizierte System des Reisanbaus aus dem Gleichgewicht zu geraten.

Trotz mancher Modernisierungsmaßnahmen ist der Reisanbau immer noch Knochenarbeit. Seit den Zeiten der alt-malaiischen Einwanderer hat sich die Anbautechnik wenig geändert. Auch heute werden kaum Maschinen eingesetzt. Untersuchungen haben ergeben, dass der Ertrag auch durch den Einsatz modernster Hilfsmittel nicht mehr zu steigern wäre.

Nach der vier bis fünf Wochen dauernden Aufzucht der Setzlinge in Keimbeeten werden die Jungpflanzen in Handarbeit in die gepflügten und gefluteten Felder oder Terrassen versetzt. Auf den meisten indonesischen Inseln sind Frauen dafür zuständig, nur auf Bali ist dies ein ›Privileg‹ der Männer. Für jede Wachstumsphase kennen die Balinesen eine Bezeichnung. In der letzten und wichtigsten, wenn die Ähren goldbraun und schwer sind, sagt man, die Reispflanzen seien schwanger. Nach der Reifezeit, die je nach Reissorte drei bis sieben Monate dauern kann, wird das Feld trockengelegt. Man erntet nur die Rispen, die Körner tragen, und nicht wie bei anderen Getreidearten den ganzen Halm. Meist noch auf den Feldern dreschen Frauen die Reisgarben per Hand. Auch das Enthülsen der Reiskörner durch Stampfen mit einem Stößel ist Frauenarbeit.

Traditionell wird auch heute noch der Reis Halm für Halm mit dem Erntemesser, *ani-ani*, geschnitten. Die kleine, sichelförmige Klinge verschwindet in der hohlen Hand. So ›sieht‹ der Reis, den die Balinesen als göttliches Gewächs betrachten, das Messer nicht und wird nicht erschreckt.

Manche alte Traditionen geraten durch die Einführung neuer Agrartechniken und moderner Erntemethoden zusehends in Vergessenheit. Seit den 70er Jahren pflanzen viele balinesische Bauern nicht mehr nur ihren *beras bali* genannten Reis, sondern auch Hybridsorten, die in den Labors des International Rice Research Institute in Los Baños nahe der philippinischen Hauptstadt Manila gentechnisch entwickelt wurden. Durch die Einführung von Hochertragssorten konnten die jährlichen Erntemengen auf über 5 t pro Hektar gesteigert werden.

Reis

Doch der Anbau von Hybridsorten erfordert den Einsatz von kostspieligen Düngern, von Phosphat, Stickstoff und Kalium, die den Boden vor Auslaugung bewahren sollen, sowie von Insektiziden und Herbiziden, um Ungeziefer und Krankheitsbefall fern zu halten. Im Geschmack reichen die neuen Langkornreis-Sorten nicht an den Rundkornreis *beras bali* heran, und auch im Nährwert bleiben sie dahinter zurück. Immer mehr Balinesen misstrauen zudem den Chemikalien, da durch den Einsatz von Schädlingsbekämpfungsmitteln die Fische in den *sawahs* eingingen – und die sind eine wichtige Nahrung für die Landbevölkerung. Doch den Balinesen ist klar, dass ohne neue Reissorten die Deckung des Bedarfs nicht möglich wäre. Bei religiösen Zeremonien und Opferdarreichungen kommt für Balinesen jedoch ausschließlich der *beras bali* in Frage.

Gerade beim Reisanbau wird die enge Verknüpfung von Religion und Alltag deutlich: Es gibt Riten, Zeremonien und Opferfeste – alle mit dem Ziel, die Götter um eine reiche Ernte zu bitten und die Geister und Dämonen zu besänftigen. Für diesen Zweck stehen auf den Terrassenfeldern kleine Opferschreine mit Reisstrohdächern, an denen allmorgendlich Frauen Gaben darbringen. An jedem wichtigen Wasserverteiler gibt es kleine Steinaltäre, an denen die Bauern regelmäßig beten, und über dem höchst gelegenen Feld erhebt sich ein Tempel, in dem die Reisbau-Vereinigung *(subak)* mindestens einmal im Landwirtschaftsjahr zusammenkommt. Balinesen und Javaner laden Dewi Sri, die Spenderin des Reises, symbolisch zu jeder ihrer Mahlzeiten ein – als Zeichen der Dankbarkeit lassen sie für die Göttin nach dem Essen ein wenig Reis auf dem Teller zurück.

ihren Beutezügen. So beschloss der Kühnste unter ihnen, das Licht mit seinem Urin auszulöschen. Er stieg auf den Baum und pinkelte über den Mond, woraufhin dieser zerbarst, den Frevler erschlug und in Form der Bronzetrommel von Pejeng zu Boden stürzte.

Besuchern mag dies als Legende erscheinen, doch viele Balinesen glauben an diese Geschichte. Das beweist auch die Tatsache, dass der Bronzegong, seitdem er im Pura Penataran Sasih hängt, praktisch nie

wieder berührt wurde. Auch heute noch spricht man ihm magische Kräfte zu, weshalb ihm viele Einheimische Opfergaben darbringen.

Eine 15 km lange Wanderung, zu der man bei den ersten Sonnenstrahlen aufbrechen sollte, führt durch die Reisfeldlandschaft von Ubud Richtung Norden über das Dorf Keliki nach Taro.

An der Brücke in Campuan schlängelt sich bei der Zufahrt zum Luxushotel Ibah ein schmaler Fußweg hinunter in die Schlucht des

Wanderung durch die Reisfeldlandschaft

Yeh Uos, den man auf einer Steinbrücke überquert. Beim Heiligtum Pura Gunung Lebah hält man sich rechts und steigt hinauf auf einen hoch über den Tälern der beiden Flüsse Yeh Uos und Yeh Campuan verlaufenden Bergkamm. Auf dem gepflasterten Weg lässt es sich einfach wandern, aber es gibt kaum Schatten. Deshalb sollte man entweder früh aufbrechen oder einen bewölkten Tag abwarten. Vor allem frühmorgens bietet sich ein herrlicher Blick auf den Gunung Agung im Osten und den Gunung Batukau im Westen sowie auf den zwischen den beiden Vulkanen gelegenen Gunung Batur.

Der Weg führt über Bangkiang Sidem zum größeren Dorf Sebali mit traditionellen Familiengehöften (5 km, 1,5 Std. ab Campuan). An kleinen *warungs* entlang der Route erhält man kühle Getränke und Imbisse. In Bambusateliers und -galerien am Rande von Reisfeldern kann man Malern über die Schulter schauen und Gemälde – preiswerter als in Ubud – direkt bei den Künstlern kaufen.

Bei Sebali kann man entweder den Uos-Fluss erneut überqueren und auf einem Feldweg über die Dörfer Batuyung und Sakti zurück nach Campuan und Ubud wandern, oder aber man spaziert auf einer kaum befahrenen, schmalen Teerstraße weiter bis Keliki (3 km/1 Std.). Von dort verkehren sporadisch Bemos nach Tegalalang, man kann die gerade 2 km lange Strecke aber auch bequem laufen und erst in Tegalalang ein Bemo zurück nach Ubud nehmen.

Wer ab Keliki einem zum Teil asphaltierten Weg Richtung Norden folgt, gelangt über das Dorf Kelusa nach weiteren 8 km nach Taro. Dieses größere, von Kaffeeplantagen umgebene Dorf besitzt einen imposanten Tempel, den Pura Gunung Raung, mit ausgewogenen Proportionen und feinem Skulpturenschmuck. Taro ist auf Bali der einzige Ort, in dem die als heilig geltenden weißen Kühe *(lembu)* gezüchtet werden. Die Albinorinder sind für bestimmte religiöse Rituale von Bedeutung. Entweder in Taro oder in Pujungklod 2 km südöstlich findet man bis zum späteren Nachmittag ein Bemo für die Rückfahrt nach Ubud.

Von Pejeng durch die Reislandschaft

Von Pejeng führt eine landschaftlich reizvolle, 5 km lange Wanderung über die Dörfer Pejeng Kawan und Tatiapi durch Reisfelder und die tiefe Schlucht des Petanu-Flusses zurück nach Ubud. Auf der Landstraße, die sich von Pejeng nach Norden windet, gelangt man zu den eindrucksvollsten Monumenten der balinesischen Frühgeschichte, den aus dem 11. Jh. stammenden Königsgräbern von Gunung Kawi (Berg der Poesie) bei Tampaksiring.

Die neun megalithischen Felsentempel ähneln mit ihren pyramidalen Dachaufbauten den Totenheilig-

Gunung Kawi

Die Königsgräber von Gunung Kawi stammen aus dem 11. Jh.

tümern *(candi)* der Singhasari- und Majapahit-Dynastien und verweisen damit auf ost-javanische und noch ältere indische Einflüsse. Doch im Gegensatz zu den Vorbildern wurden die Grabmale nicht als frei stehende Bauwerke errichtet, sondern aus dem Tuffstein zweier sich gegenüberliegender Felswände gemeißelt. Die Monumente, die in spitzbogigen Nischen stehen, entpuppen sich als Fassaden ohne Innenkammern. Auch ist die Bezeichnung ›Königsgräber‹ unzutreffend, denn man fand in den ovalen Ausbuchtungen keine Urnen. Offensichtlich dienten sie nicht als Mausoleen, sondern als Gedenkstätten für vergöttlichte Herrscher. Stark verwitterte Inschriften weisen auf König Udayana und seine Familie hin, der im 10. Jh. über Bali herrschte.

Gunung Kawi

Ein Stufenpfad führt hinunter in die tief eingeschnittene Schlucht des Pakerisan-Flusses. Biegt man nach einem Felsentor links ab, gelangt man zu einem Ensemble von vier Felsenmonumenten. Über eine Brücke kommt man zur Hauptgruppe mit fünf steinernen Schreinen. Rechts davon befindet sich ein labyrinthartiges, sehr altes Heiligtum, das nur barfuß betreten werden darf – vermutlich die Überreste einer Mönchsklause aus dem 9. Jh., die eines der frühesten Zeugnisse hinduistisch-buddhistischen Einflusses auf Bali wäre. Ein zehntes Candi-artiges Bauwerk liegt 1 km entfernt am Südende der Schlucht. Die Legende führt die Entstehung der erst 1920 entdeckten Gunung Kawi-Monumente auf den Riesen Kebo Iwo zurück. Mit seinen gigantischen Fingernägeln soll er die Königsgräber in einer einzigen Nacht aus dem Fels gekratzt haben. Ein viertelstündiger Spaziergang führt von der Fünfergruppe über Reisterrassen zu einem kleinen Wasserfall.

Der Götterkönig Indra soll der Überlieferung zufolge das Quellheiligtum Pura Tirta Empul nördlich von Tampaksiring selbst geschaffen haben. Dieses bedeutende Wallfahrtsziel aller Anhänger des hindubalinesischen Glaubens. Das sprudelnde Wasser, dem magische Heilwirkung nachgesagt wird, speist auch Balis heiligen Fluss Pakerisan. Zentrum der sakralen Stätte ist ein ummauerter Quellsee, dessen Wasser sich in zwei große Badebecken ergießt. Im rückwärtigen Teil des Tempels trägt die Schildkröte Bedawang Indras Götterthron.

Während des Odalan-Tempelfestes von Pura Tirta Empul bringen die Einwohner des Dorfes Manukaya in feierlicher Prozession einen heiligen Stein zur rituellen Reinigung in das Quellheiligtum. Vor wenigen Jahren erst gelang es, eine alt-balinesische Inschrift auf der Reliquie zu entziffern, die 962 als Gründungsjahr des Quelltempels angibt. Oberhalb der Tempelanlage ließ sich Sukarno, erster Staatschef und Gründervater Indonesiens, 1954 einen Sommerpalast erbauen.

Von Manukaya führt eine wenig befahrene Straße vorbei an Reisterrassen nach Sebatu. Nach einem Drittel des Weges überquert man den Petanu. Für Balinesen galt der Fluss lange Zeit als verflucht. Der Glaube ging auf eine Überlieferung aus den Anfängen des Bali-Hinduismus zurück: Einst fand auf Bali ein Kampf zwischen Göttern und Dämonen statt, in dessen Verlauf der Dämonenkönig Maya Danawa das Wasser des Petanu vergiftete. Die Götter tranken aus dem Fluss und mussten sterben. Nur einer überlebte – Indra, der Götterkönig.

Im heutigen Quellheiligtum Pura Tirta Empul ließ er heiliges Wasser aus der Erde sprudeln, mit dem er die Götter wieder zum Leben erweckte und ihnen Unsterblichkeit schenkte. Der Dämonenherrscher konnte getötet werden, sein Blut aber vermischte sich mit dem Wasser des Petanu und vergiftete es erneut. Erst nach Ablauf einer tausendjährigen Bannfrist vor einigen Jahrzehnten wagte man es, das Petanu-Wasser wieder zur Bewässerung der Reisfelder zu verwenden.

In den Badebecken des Quellheiligtums Pura Gunung Kawi – nicht zu verwechseln mit den Königsgräbern von Gunung Kawi bei Tampaksiring – unterhalb des Dorfes Sebatu, reinigen sich gläubige Balinesen – Frauen und Männer getrennt – körperlich und spirituell.

Vom Holzschnitzerdorf Pujung verläuft eine schmale Straße südwärts Richtung Ubud hoch über einem Flusstal, an dessen Hängen sich Reisterrassen übereinander staffeln. An einem Aussichtspunkt südlich des Ortes stauen sich an schönen Tagen die Ausflugsbusse. Reisbauern, die *pikulan* genannte wippende Tragestange mit zwei Körben über die Schulter gelegt, posieren dann für Dutzende von Fotografen.

In Tegalalang ist ein florierendes Handwerk für den Touristen- und Exportmarkt entstanden. Hier ›sprießen‹ aus lokalem Weichholz geschnitzte Bananenstauden, Papayabäume und Kokospalmen auf den Gehsteigen. Außerdem fabriziert man bunte Holztierchen.

Am Ende dieser Tour steht ein besonderes Schauspiel – die allabendliche Heimkehr weißer Reiher (Kokokan) zu ihren Nistplätzen 1 km westlich von Petulu (2,5 km nördlich von Ubud; nicht zu verwechseln mit Bedulu!). Es ist ratsam, die von den Balinesen als heilig verehrten Vögel von einem eigens dafür errichteten Unterstand aus zu beobachten. Dessen Palmwedeldach schützt nicht nur vor Regen.

Das Quellheiligtum Pura Gunung Kawi

Von Ubud nach Bangli

Im gebirgigen Inselinnern von Bali verlaufen die Straßen meist von Nord nach Süd. In Ost-West-Richtung gibt es wegen der tief eingeschnittenen Flusstäler, nur wenige Querverbindungen. Will man von Ubud mit öffentlichen Verkehrsmitteln nach Osten oder Nordosten reisen, muss mann zunächst zum südlich an der Hauptstraße Denpasar-Klungkung gelegenen Verkehrsknotenpunkt Sakah zurückfahren.

Im Städtchen Blahbatuh, einige Kilometer östlich von Sakah, lohnt sich ein Besuch des **Pura Puseh Blahbatuh.** Der von den Einheimischen auch Pura Gaduh genannte Tempel, eine Nachbildung der bei einem Erdbeben 1917 zerstörten ursprünglichen Anlage, ist eine Stätte der Verehrung für den legendären Riesen Kebo Iwo. Der historische Kebo Iwo kämpfte als Minister von Raja Ratna Banten, dem letzten unabhängigen Herrscher der Pejeng-Bedulu-Dynastie, Mitte des 14. Jh. gegen den Majapahit-Premier Gajah Mada, konnte aber die Eroberung Balis durch das javanische Invasionsheer im Jahre 1343 nicht verhindern. Im selben Jahr wurder er auf Anordnung von Gajah Mada ermordet. Sein heroischer Kampf gegen die Eindringlinge von der Nachbarinsel hat Kebo Iwo einen festen Platz als Sagengestalt in der Inselmythologie gesichert. In den volkstümlichen Überlieferungen Balis lebt er weiter als Riese, der über Nacht ganze Heiligtümer und Höhlen mit seinen Fingernägeln aus Felswänden kratzte. Betrachtet man das meterhohe, steinerne Riesenhaupt von Kebo Iwo, das in einem turmartigen Pavillon des Pura Puseh aufbewahrt wird, könnte man der Legende Glauben schenken.

Aus den Innenhöfen vieler Anwesen in Blahbatuh ertönt metallisches Gehämmer – der Ort gilt als ein Zentrum der Herstellung von Gamelan-Instrumenten. In Handarbeit fertigt man in einem traditionellen Verfahren Gongs, Metallofone und andere Schlaginstrumente.

Wie Kebo Iwo hat auch die javanische Königin Mahendradatta, die Gattin des balinesischen Fürsten Udayana und Mutter des balinesisch-javanischen Königs Airlangga, einen Stammplatz in der Mythologie der Insel. Allerdings spielt sie eine unrühmliche Rolle, denn sie gilt als historisches Vorbild für die Oberhexe Rangda, die als Inkarnation des Bösen vom Barong, dem drachenähnlichen Beschützer der Menschen, bekämpft werden muss, sobald sie eine Dorfgemeinschaft zu gefährden droht.

Auch hinter dem Bildnis der achtarmigen, auf einem sterbenden Dämon tanzenden Todesgöttin Durga im Tempel **Pura Durga Kutri** 5 km nördlich von Blahbatuh, vermutet man als historisches Vorbild Mahendradatta. Da sich die Herrscherin nach dem Tode ihres Gatten einem tantrischen Shiva-Kult zuwandte, hat man sie hier als Todesgöttin Dewi Durga, die Gattin Shivas,

Gianyar

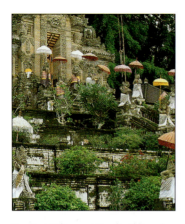

Der Pura Kehen von Bangli zählt zu den neun Reichstempeln von Bali

dargestellt. Die vermutlich aus dem 11. Jh. stammende, stark verwitterte Durga-Skulptur steht in einem kleinen Pavillon oberhalb des auch Pura Bukit Dharma genannten Tempels, der als das bedeutendste Durga-Heiligtum von Bali gilt.

Die Provinzstadt **Gianyar** ist zwar ein geschäftiger Verkehrsknotenpunkt und lebhaftes Handelszentrum, aber für Touristen eher uninteressant. Es sei denn, man beabsichtigt, Textilien einzukaufen. Gianyar ist das Zentrum der balinesischen Webindustrie. Obwohl mit der Zeit maschinell gesponnene Fäden und chemische Farbstoffe überhand nehmen, werden hier immer noch handgewebte und handgefärbte Textilien hergestellt. Ein Erzeugnis der hiesigen Webereien ist *endek,* ein im Ikat-Verfahren (vgl. S. 186f.) hergestellter, gemusterter Stoff. Man kann sich in den Läden an der Hauptstraße auch mit Batikprodukten eindecken, denn um die Bedürfnisse der ausländischen Touristen zu befriedigen, wurden in Gianyar vor einigen Jahren Batikmanufakturen gegründet.

Einziges historisches Relikt aus der wechselvollen Vergangenheit der Stadt ist der Puri Gianyar, der Fürstenpalast. Seit der Unabhängigkeit Indonesiens haben die einstigen Rajas und ihre Nachfahren keine politische Macht mehr, doch als Förderer und Bewahrer der balinesischen Kunst und Kultur spielen sie im öffentlichen Leben der Insel nach wie vor eine bedeutende Rolle.

Viele ihrer Paläste erstrahlen heute in neuem Glanz und dienen den Nachkommen als stilvolle Residenz. So auch der Fürstenpalast von Gianyar. Zwar ist eine Besichtigung nicht möglich, doch kann man durch das Palasttor einen Blick in das weitläufige Areal werfen und dabei einen guten Eindruck vom früheren Prunk balinesischer Adelskultur erhalten. Im Gegensatz zu anderen Fürstenpalästen entging der Puri Gianyar bei der holländischen Eroberung Süd-Balis zu Beginn des 20. Jh. der Zerstörung, da die Gianyar-Dynastie mit der Kolonialmacht kooperierte.

Nahe dem Dorf **Sidan,** 3 km nordöstlich von Gianyar an der nach Bangli führenden Hauptstraße, steht der Pura Dalem Sidan, einer der eindrucksvollsten Unterweltstempel von Bali. Ein beinahe lückenloser Mantel aus Steinskulptu-

Bangli

ren und figurenreichen Reliefs überzieht das Heiligtum. Der Abwehr von Dämonen dienen die Rangda-Hexen, die das gespaltene Candi Bentar sowie das in Flammenform errichtete gedeckte Tempeltor bewachen.

Die Außenmauern des Kulkul-Trommelturms sind mit Reliefs und dreidimensionalen Steinbildnissen überzogen, die auf drastische Weise die Bestrafung von Missetätern in der jenseitigen Welt darstellen.

Die Kleinstadt **Bangli**, früher der Mittelpunkt eines aus der alten Gelgel-Dynastie hervorgegangenen Königreiches, liegt etwa 500 m hoch in den Ausläufern des zentralen Gebirgsmassivs. Hier wird die Luft merklich kühler, ein Labsal nach der schwülen Hitze des Küstentieflands. Die Bewohner von Bangli, die angeblich die farbenprächtigsten Tempelfeste auf Bali feiern, sind stolz darauf, mit dem Pura Kehen einen der neun Staatstempel in der Gemarkung ihres Ortes zu besitzen.

Die weitläufige Tempelanlage erstreckt sich 2 km nördlich des Zentrums in mehreren Terrassen über die Flanke des Bergrückens Bukit Bangli. Fantasievolle Steinfiguren säumen den Treppenaufgang, der zum reich skulptierten Haupttor des vermutlich bereits im 11. Jh. gegründeten Stufenheiligtums führt. Über dem Portal verwehrt ein Kala Boma-Kopf, eine stilisierte Dämonenfratze, Übel wollenden Unterweltswesen den Zutritt.

Ein Banyan-Baum, zwischen dessen Ästen und Luftwurzeln *Kulkul*-Trommeln hängen, dominiert den äußeren Tempelvorhof. Ein mit steinernem Zierrat geradezu überladenes Tor führt zum zweiten Hof, wo einst die Krönungszeremonien für die Bangli-Herrscher stattfanden. Den optischen und spirituellen Höhepunkt der Tempelanlage bildet ein elfstufiger Meru im Allerheiligsten auf der obersten Terrasse. Hier wird der Hindu-Gott Shiva verehrt.

Wie in allen balinesischen Tempeln haben auch im Pura Kehen neben der Tempelgottheit noch andere Götter ›Hausrecht‹. So ist der prachtvoll ornamentierte Padmasana-Lotosthron im innersten Tempelbezirk der hinduistischen Dreieinigkeit Brahma-Vishnu-Shiva geweiht. Die Steinskulpturen zeigen den von Durga und Ganesha flankierten Shiva sowie Vishnu, Arjuna, Garuda und, als eine mögliche Inkarnation Brahmas, eine Dämonenfigur.

Auf dem Gipfel des Bukit Bangli, den man nach einem halbstündigen Aufstieg erreicht, stehen drei kleine, moosbewachsene Tempel. Grandios ist der Panoramablick, der sich an klaren Tagen von dort oben bietet.

🛏 **Sua Bali,** Desa Kemenuh, Gianyar, ✆ 03 61-94 10 50, Fax 94 10 35, Auskunft und Buchung in Deutschland: Dörte Schulze, ✆ u. Fax 0 30-3 91 69 45, kleines, aber feines Bungalowhotel für Individualreisende mit Interesse an balinesischer Kultur, angeboten werden Sprach- und Kochkurse sowie Tempel- und Marktbesuche in Begleitung der deutschsprachigen Besitzerin, RRR; **Artha Sastra Inn,** Jl. Merdeka 5, ✆ 03 66-9 11 79, einfaches, aber stilvolles kleines Hotel im ehemaligen Fürstenpalast, R

Vulkane, Strände, Tempel

Der Batur-See und Umgebung

Der Bratan-See und Umgebung

Die Nordküste von Bali

Der Bratan-See

Vulkane, Strände, Tempel

In die Bergwelt im Norden von Bali, zu den zerklüfteten Lavafeldern am Gunung Batur, zum Batur-See und zum Bali-Aga-Dorf Trunyan. Besuch des Seetempels Pura Ulun Danu und des Botanischen Gartens beim Bratan-See. Besichtigung der Tempelanlagen Pura Beji, Pura Dalem Jagaraga und Pura Maduwe Karang. Beschauliche Urlaubstage am Lovina Beach.

Der Batur-See und Umgebung

Von Zentral-Bali führen mehrere kurvenreiche, oft schlaglochübersäte Straßen, die in den 20er und 30er Jahren von den Holländern angelegt wurden, in die Bergregion. Auf dem Weg dorthin ändert sich die Vegetation deutlich. Rasch lässt man die fruchtbare Reisfeldlandschaft hinter sich und erreicht das zunehmend karger werdende Hochland.

Mit jedem Höhenmeter wird es merklich kälter, nicht selten scheinen die schmalen Straßen in dichten Nebelschwaden zu enden. An den Berghängen werden Obst und Gemüse, Kaffee, Tabak und Gewürznelken geerntet, denn dort ist das Klima für den Reisanbau ungeeignet. Den klimatischen Wechsel zeigt auch die Bauweise der Häuser an. An die Stelle der leichten, luftigen Bambushäuser des Tieflands treten jetzt solide Steinbauten mit Ziegel-dächern, die Schutz vor Wind und Wetter bieten.

Im Gegensatz zum lieblichen Erscheinungsbild des Inselsüdens steht die Mondlandschaft um den Vulkan **Gunung Batur.** Am Südwestrand des Vulkankraters liegt in 1450 m Höhe Penelokan, was schöner Blick heißt. Und der Name des Ortes hält, was er verspricht. Vor dem staunenden Betrachter tut sich der gewaltige Batur-Krater auf, mit einer Ausdehnung von rund 10 × 14 km eine der größten Calderen der Welt. Der Riesenkrater, den schroff abfallende Felswände umrahmen, entstand vor Jahrmillionen durch einen kesselförmigen Einsturz über entleerten Magmakammern. Den tiefsten Absenkungsbereich, ein Drittel der Caldera, füllt der halbmondförmige, bis zu 90 m tiefe Batur-See. Als höchster Punkt des Kraterrings ragt mit 2153 m am Südostrand der ruhende Vulkan **Gunung Abang** auf.

Im Zentrum des Einbruchkessels entstand der 1717 m hohe, noch tä-

Der Batur-See und Umgebung

Blick von Penelokan auf den Batur-See

tige Vulkan Gunung Batur. Heiße Quellen und qualmende Fumarolen sind ein Indiz für die vulkanischen Kräfte, die knapp unter der Erdoberfläche schlummern. Weite, schwarz zerklüftete Lavafelder, die sich an den Flanken ausbreiten, zeugen von den Eruptionen des unberechenbaren Batur-Vulkans. Bei Ausbrüchen 1917 und 1926 wurde das damals an der Westseite des Batur-Sees gelegene Dorf Batur unter Lavaströmen begraben. Die Überlebenden mussten ihre Siedlung an der Vulkanflanke aufgeben und ein neues Dorf in sicherer Entfernung am oberen Caldera-Rand anlegen. Von den Balinesen wird der Vulkan als zweitheiligster Berg der Insel verehrt.

Dem Mythos zufolge hat der Hindu-Gott Shiva den kosmischen Berg Mahameru einst in zwei Teile gespalten und diese als Gunung Batur und Gunung Agung nach Bali verpflanzt.

Ein besonderes Naturerlebnis verspricht die Wanderung auf den Gipfel des Batur-Vulkans. In den frühen Morgenstunden wiederholt sich während der Trockenzeit fast täglich das gleiche Ritual: Gruppen von Wanderern brechen im Ort Toya Bungkah am Westrand des Batur-Sees in stockfinsterer Nacht zum Gipfelsturm auf. Über erstarrte Lavafelder führt der nicht allzu schwierige Aufstieg in zwei bis drei Stunden zum Kraterrand.

Nichts für ängstliche Gemüter ist der sehr schmale, um den Krater herumführende Weg. An einigen Stellen überquert er einen steilen Grat

Der Batur-See und Umgebung

mit tiefen Abgründen zu beiden Seiten. Wenn sich die ersten Sonnenstrahlen durch die Nebelschwaden tasten, werden die Bergwanderer für die Mühen des Aufstiegs belohnt: Der Sonnenaufgang auf dem Batur-Vulkan ist eines der eindrucksvollsten Erlebnisse eines Bali-Urlaubs. Nach der Wanderung ist ein Bad in den heißen Quellen von Toya Bungkah, die im Uferbereich des Batur-Sees sprudeln, eine Wohltat.

In **Toya Bungkah,** das aus einer Hand voll einfacher Pensionen besteht, oder in Kedisan am Südufer des Batur-Sees kann man Motorboo-

Der Norden von Bali

Der Batur-See und Umgebung

te für Ausflüge nach **Trunyan** chartern, das auf einem schmalen Landstreifen zwischen dem See und der steil aufragenden Kraterwand liegt. Einzige Alternative zur Bootstour ist der recht beschwerliche Fußmarsch am Seeufer entlang. In dem Dorf, dessen Bewohner sich Bali Aga (Altbalinesen) nennen, haben sich Traditionen aus vorhinduistischer Zeit unverfälschter erhalten als anderswo auf Bali. Die Dörfler galten lange Zeit als fremdenfeindlich, haben aber mittlerweile die wirtschaftlichen Vorteile des Tourismus erkannt und gegen bare Münze einen Teil ihres Dorfes Besuchern geöffnet. Trotz des einzigartigen kulturellen Erbes, das in Trunyan bewahrt wird, gibt es dort nicht viel zu sehen.

155

Der Batur-See und Umgebung

Blick von Penulisan auf die drei Vulkane Gunung Batur, Abang und Agung

Als einzige sichtbare Attraktion des Dorfes erhebt sich im Schatten eines Banyan-Baumes der Pura Puser Jagat (Tempel des Weltnabels). Die schmucklose Kultstätte beherbergt die fast 4 m hohe Statue des Dewa Ratu Gede Pancering Jagat, den die Bewohner von Trunyan als höchste Gottheit verehren. Die Riesenstatue, deren Ursprung möglicherweise auf die megalithische Epoche Balis zurückgeht, wird im Innern eines siebenstöckigen Meru verwahrt und nur einmal im Jahr, während eines Festes zur Zeit des Vollmonds im September/Oktober, hervorgeholt.

Am deutlichsten unterscheiden sich die Bali Aga von Trunyan von der übrigen Inselbevölkerung durch ihren Bestattungskult. Sie haben sich nicht die ›neumodische‹ hinduistische Sitte der Leichenverbrennung zu eigen gemacht, sondern überlassen nach altem Brauch die Toten, in weiße Tücher gehüllt, auf einem Platz außerhalb des Dorfes der natürlichen Verwesung, da sie glauben, wilde Tiere würden die Verstorbenen in die jenseitige Welt transportieren. Nur wenige hundert Meter von Trunyan entfernt am Fuße einer Steilklippe bietet sich auf der Totenstätte, die nur über Wasser erreichbar ist, ein bizarres Bild aus bemoosten Schädeln und ausgebleichten Knochen. Wundersamerweise riecht es hier nie nach Verwesung. Dafür sorgt ein heiliger Baum, der die Luft reinigt – so die Erklärung der Trunyaner.

Nach einem Besuch dieses weltentrückten Ortes erscheinen die

Der Batur-See und Umgebung

Szenen, die sich mittags auf der Straße zwischen **Penelokan** und **Kintamani** bieten, merkwürdig vertraut. Dort stauen sich täglich zwischen 11 und 13 Uhr zahllose Ausflugsbusse, die hungrige Touristen zu den tempelgroßen Restaurants am oberen Rand der Riesencaldera bringen.

Das mittlerweile mit dem Nachbarort Kintamani zusammengewachsene Dorf **Batur** besitzt eines der wichtigsten Heiligtümer von Bali – den bedrohlich nahe am Kraterrand gelegenen Pura Ulun Danu Batur. Die weitläufige Tempelanlage aus schwarzem Lavagestein wurde um einen beim Vulkanausbruch von 1926 geretteten Schrein wieder aufgebaut. Der Komplex, der neun einzelne Tempel umfasst, erscheint unvollendet. Vielleicht liegt dies an der schlichten Gestaltung der schmucklosen Tempel. Die fehlende ornamentale Pracht aber ist ein typisches Kennzeichen für Kultstätten der Bergregion.

Im Tempel verehren vor allem Gläubige aus dem Süden von Bali Dewi Danu, die Göttin der Seen und Flüsse. Das ist verständlich, denn schließlich speisen unzählige Quellen die für die Bewässerung der Reisfelder lebenswichtigen Flüsse. Wenn Nebel die beinahe 100 grasgedeckten Schreine und Merus umhüllt, strahlt der Pura Ulun Danu Batur eine geradezu mystische Stimmung aus.

Das regenreiche Klima und die sprichwörtliche Fruchtbarkeit der vulkanischen Böden haben die Umgebung des lang gezogenen Straßendorfes Kintamani zu einem großen Obst- und Gemüsegarten gemacht. Der etwas verschlafene Ort erwacht jeden dritten Tag aus seiner Lethargie, wenn hier ein lebhafter Markt abgehalten wird.

Bei **Penulisan** erreicht die Straße zur Nordküste mit 1640 m ihren höchsten Punkt. In einer Haarnadelkurve, kurz vor dem Scheitelpunkt der Passstraße, beginnt ein langer, ausgetretener Treppenpfad. Gut 300 Stufen sind bis zum Gipfel des Gunung Penulisan zu bewältigen, auf dem ein altes, häufig von Nebelschwaden umhülltes Bergheiligtum steht. Hier ist man auf Bali den Göttern am nächsten, denn der von Touristen kaum besuchte Pura Tegeh Koripan, einst die zentrale Kultstätte des Reichs von Pejeng, ist mit 1745 m der höchstgelegene Tempel der Insel.

Die schmucklosen Schreine und Pavillons im inneren Tempelbereich beherbergen Steinskulpturen mit individuellen Gesichtszügen, vermutlich Bildnisse vergöttlichter Herrscher der Pejeng-Dynastie, sowie Lingam- und Yoni-Darstellungen, die Gott Shiva in Vereinigung mit seiner Gattin Parvati symbolisieren. Am frühen Morgen kann man vom Pura Tegeh Koripan den Gunung Rinjani auf Lombok sehen, doch meist ziehen schon bald Wolken auf.

Von Penulisan windet sich eine kurvenreiche, aber gut ausgebaute Straße steil hinab zur Nordküste. Ein schmaler Fahrweg, der nur auf wenigen Landkarten eingezeichnet ist, verbindet das westlich von Penuli-

157

Der Bratan-See und Umgebung

san gelegene Dorf **Dausa** mit **Bondalem** an der Nordküste. Auf einer Strecke von nur 12 km wird dabei ein Höhenunterschied von über 900 m überwunden.

 Vorwahl: ✆ 0366

 In Penelokan
Puncak Sari (Lakeview Hotel), ✆ u. Fax 51464, schlichte Zimmer und Bungalows, überwältigender Panoramablick, mit Restaurant, RR

... in Toya Bungkah
Hotel Puri Bening Hayato, ✆ 51234, Fax 51248, nüchternes Touristenhotel mit komfortablen Zimmern, RR–RRR; **Amertas Accomodation,** ✆ 51206, hübsche Bungalows am See nahe der Thermalquellen, mit Restaurant, R; **Arlina's Bungalows,** ✆ 51165, einfache, aber gemütliche Bungalows am See, mit Restaurant, R; **Nyoman Mawa Homestay,** ✆ 51166, familiär, mit Restaurant, R; **Nyoman Pangus Bungalows,** ✆ 51167, schlicht, mit Restaurant, R

... in Kedisan
Hotel Segara, ✆ 51136, Fax 51212, in Seenähe, mit Restaurant, RR; **Hotel Baruna,** ✆ 51221, ruhig, am See, freundlicher Service, mit Restaurant, R–RR; **Pondok Wisata Semadi,** familiäre Pension am See, mit Restaurant, R

Zwischen Penelokan und Kintamani: Gunawan, Jl. Raya Penelokan, chinesisch-indonesisches Buffet-Lunch und -Dinner vor dem Panorama des Batur-Kraters, R–RR; **Rumah Makan Puncak Sari,** Jl. Raya Penelokan, einfaches Lokal mit indonesischen Standardgerichten, aber ein unübertroffener Ausblick von der Terrasse, R

Der Bratan-See und Umgebung

Nur 25 km Luftlinie westlich vom Batur-See liegt ein weiterer viel besuchter Bergsee – der Danau Bratan. Wer dorthin will, muss allerdings einen weiten Umweg über Mengwi im Süden oder Singaraja im Norden in Kauf nehmen, denn Ost-West-Verbindungen sind auf Bali rar.

Im Gegensatz zur kargen Vulkanlandschaft um den Gunung Batur präsentiert sich die Umgebung des Bratan-Sees in üppigem Grün. Der malerische, 1200 m hoch gelegene Bratan-See füllt mit seinen beiden Nachbarseen Danau Buyan und Danau Tamblingan Teile eines riesigen erloschenen Vulkankraters. Die drei Kraterseen und das feuchte Bergland sind häufig von Nebelschwaden oder Regenwolken umhüllt und strahlen dann eine Geheimnis umwitterte Atmosphäre aus, wie geschaffen für Götter, Geister und Dämonen.

Der Bratan-See sichert die Bewässerung eines Großteils der Reisfelder im Süden von Bali. Sein Wasser, dem man magische Kräfte nachsagt, soll die Felder mit einer erstaunlichen Fruchtbarkeit segnen. So ist es nicht verwunderlich, dass der teils auf einer Landzunge, teils auf zwei kleinen Inseln im Danau Bratan gelegene Pura Ulun Danu ein Pilgerziel für Reisbauern aus Süd-Bali ist. Sie kommen, um Dewi Danu, der Göttin der Seen und Flüsse, Opfer darzubringen und sie zu bitten, ihre Felder weiterhin mit dem Lebens

Pura Ulun Danu

Der Pura Ulun Danu im Bratan-See

spendenden Nass zu versorgen. In dem Seetempel nehmen die Pilger von Priestern geweihtes Wasser in Empfang, denn jedes Reisfeld muss vor dem Pflanzen mit einigen Tropfen des heiligen Nasses aus dem Bratan-See gesegnet werden.

Beim Pura Ulun Danu wird ein Postkartenmotiv zur Realität. Hier ragt als auffälligster Teil der Tempelanlage ein elfstufiger, Shiva und seiner Gemahlin Parvati geweihter Meru aus dem Wasser. Unscheinbarer, aber bedeutender ist der dreistufige Meru, der sich auf dem zweiten Eiland erhebt. Dort verehren Balinesen seit Menschengedenken Dewi Danu. Vor allem im sanften Morgenlicht wird das Ensemble zu einem der optischen Höhepunkte einer Bali-Reise. Der Reiz liegt in der Schlichtheit des Heiligtums und der vollkommenen Verschmelzung mit der umliegenden Landschaft.

Um den Seetempel erstreckt sich ein Park mit Rasen, Blumenrabatten und tropischen Pflanzen. Im Tempelvorhof deutet ein Stupa mit fünf Buddha-Statuen in Meditationshaltung auf die Übernahme buddhistischer Glaubensgrundlagen in den Hinduismus balinesischer Prägung. Im Pantheon der Balinesen ist auch Platz für Buddha – er gilt als eine Inkarnation von Vishnu.

Bedugul am südlichen Ende des Danau Bratan ist ein kleiner, vor allem bei einheimischen Besuchern beliebter Erholungsort, der nur aus Hotels und Restaurants besteht und vielfältige Wassersportmöglichkeiten bietet. Dank der Höhenlage ist es hier angenehm kühl, wenn auch regenreich. Nicht von ungefähr trägt der Ort den Beinamen Kota Hujan – Regenstadt. Man muss hier täglich, auch während der Trockenperiode, vor allem in den Nachmittagsstunden mit kräftigen Schauern rechnen.

An der Hauptstraße nördlich von Bedugul erstreckt sich der Marktflecken **Bukit Mungsu.** Hier wird täglich von den frühen Morgenstunden an ein bei Einheimischen und Touristen gleichermaßen beliebter Markt abgehalten. Für wenig Geld kann man Erdbeeren, Babybananen, Mangos und Ananas erstehen sowie unbekannte exotische Früchte wie Blimbing und Delima, Kecapi und Kedongdong, Rambutan und Semangka, Salak und Sirsak probieren. Zum Angebot gehören zudem Gewürze und Blumen, vor allem Orchideen.

Naturliebhabern ist der Botanische Garten (Kebun Raya) bei **Candi Kuning** einen Abstecher wert. In dem 1959 angelegten, 130 ha umfassenden Areal mit über 600 Baumarten, das sich in 1200 bis 1450 m Höhe ausbreitet, lädt ein ausgedehntes Wegenetz zu Spaziergängen ein. Zu den Highlights gehören ein Orchideenhaus, ein Heilkräutergarten und eine Bambuskollektion (tägl. 8–18 Uhr).

Fährt man vom Bratan-See Richtung Norden, fällt nach wenigen Kilometern ein monumentales gespaltenes Tor auf. Es ist der Eingang zum Bali Handara Golf Course, einem Treffpunkt der Golferwelt, angelegt von international bekannten Golfplatz-Designern. 135 ha Fläche, 6,4 km Gesamtlänge, 18 Löcher und ein perfektes Entwässerungssystem, welches das Grün unmittelbar nach einem der häufigen und heftigen Wolkenbrüche wieder bespielbar macht – so sieht Golfers Traum der Superlative aus.

Ebenfalls von dichten Bergwäldern umrahmt wie der Danau Bratan sind die beiden Nachbarseen Buyan und Tamblingan. Etwa 8 km nördlich von Bedugul zweigt nahe Wanagiri nach einer markanten Haarnadelkurve westwärts eine Nebenstraße in Richtung Munduk ab. Auf einem Grat hoch über den beiden Bergseen bietet sich ein fantastisches Panorama.

In den Regenwäldern der Region organisieren Spezialveranstalter teils anspruchsvolle Trekkingtouren. Ohne Führung kann man an der Südseite der beiden Seen entlang wandern. Mit einem der sporadisch verkehrenden Bemos erreicht man

Der Bratan-See und Umgebung

das Dorf Asah Munduk. Von dort führt eine Stichstraße zum Südufer des Tamblingan-Sees und der Tempelanlage **Pura Gubug Tamblingan.** Ein schmaler Pfad schlängelt sich um das südöstliche Ufer herum zum kleinen Fischerdorf **Tamblingan** und dann durch hügeliges Terrain mit dichtem Baumbestand zum Südufer des Danau Buyan. Immer am Ufer entlang wandernd, trifft man nach etwa vier Stunden nördlich des Bali Handara Golf Course auf die Straße von Singaraja nach Bedugul.

Die von Wanagiri kommende asphaltierte Straße schraubt sich von 1300 m kurvenreich hinab nach **Munduk** auf 700 m Höhe. Die Lage in den Ausläufern des zentralen Gebirgsmassivs sowie das milde Klima hat einst schon in Singaraja arbeitende Holländer bewogen, hier Ferienhäuser zu errichten, um sich von der schwülen Hitze des Tieflands zu erholen. Um Munduk wurden Vanille- und Nelkenplantagen sowie Kaffeepflanzungen angelegt. Die Gewürznelken finden nicht etwa in der Küche Verwendung, sie dienen als Aromastoffe für die indonesischen Kretek-Zigaretten. Wanderungen unterschiedlichen Schwierigkeitsgrads in der Umgebung von Munduk organisiert man im kleinen Bungalowhotel Puri Lumbung Cottages.

Bei **Mayong** trifft die Nebenstrecke auf die westlichste der in Nord-Süd-Richtung verlaufenden Bergstraßen. Rechts geht es nach Seririt an der Nordküste, links über das Städtchen Pupuan, in dessen Umgebung sich Reisterrassen an steilen Berghängen übereinander reihen, zur Südküste.

 Vorwahl: ✆ 03 68

In Bedugul
Bedugul Hotel, ✆ 2 13 66, Fax 2 11 98, gemütliche Bungalows, Restaurant, RR

... in Candi Kuning
Enjung Beji Resort, ✆ 2 14 90, Fax 2 10 22, Komfortbungalows in bester Lage am See, mit Restaurant, RR–RRR; **Ashram Bungalows,** ✆ 2 14 50, Fax 2 11 01, einfache Bungalows am See, R; **Lila Graha Bungalows,** ✆ 2 14 46, Kolonialvilla mit Gästehäusern oberhalb des Bratan-Sees, R

... in Desa Pancasari
Bali Handara Kosaido Country Club, ✆ 03 62-2 21 82, Fax 03 62-2 20 48, Fünf-Sterne-Resort-Hotel mit edlen Restaurants und einem 18-Loch-Golfplatz, RRRRR; **Bali Lake Buyan Cottages,** ✆ 03 62-2 13 51, Fax 03 62-2 13 88, komfortabel ausgestattete, villenähnliche Bungalows, RRR–RRRR

... in Munduk
Puri Lumbung Cottages, ✆ u. Fax 03 62-9 28 10, doppelstöckige Bungalows im inseltypischen Stil, sehr gutes Restaurant, auf Wunsch Vermittlung von Privatunterkünften bei Einheimischen, RR–RRR

In Candi Kuning: Perama Ulun Danu, ✆ 2 11 91, Ausflugslokal mit indonesischen Standardgerichten nahe Pura Ulun Danu, R; **Rumah Makan Taliwang Bersaudara,** ✆ 2 12 19, Restaurant an der Hauptstraße mit Spezialitäten der Insel Lombok, R

Die Nordküste von Bali

Der äußerste Norden von Bali unterscheidet sich in mancherlei Hinsicht vom Rest der Insel. Während sich das fruchtbare Land im Süden sanft von den Bergen zum Meer hin senkt, fällt es im Norden steil zur Küste hin ab und bietet in einem schmalen Schwemmlandsaum nur wenig landwirtschaftliche Nutzfläche. Da die nördliche Küstenregion im Regenschatten der zentralen Vulkankette liegt, empfängt sie auch – im Vergleich zum Süden – wesentlich geringere Niederschläge, so dass hier die Reisernten weniger üppig ausfallen. Dagegen erlaubt das trockene Klima in den höheren Lagen den Anbau von Balis wichtigsten Exportgütern, zu denen Kaffee, Gewürznelken und Tabak zählen. An der Küste überziehen Mais-, Maniok-, Erdnuss-, Kohl- und Zwiebelfelder das Land wie einen Flickenteppich. Hier und da werden in Weingärten rote Trauben geerntet, aus denen man einen süffigen Rosé keltert. Eine Einnahmequelle der Bauern ist zudem die Viehzucht.

Der Wall der in West-Ost-Richtung verlaufenden Bergkette, der lange Zeit kaum Kontakte zwischen den beiden Inselteilen zuließ, hat auch zu einer kulturell unterschiedlichen Entwicklung geführt. Der Norden wurde wesentlich stärker durch europäischen Einfluss geprägt, da die Niederländer hier bereits 1846, rund 60 Jahre früher als im Süden, die Herrschaft übernahmen und Mitglieder der Fürstenfamilien mit wichtigen Verwaltungsaufgaben betrauten. Das Kastensystem spielt hier keine so entscheidende Rolle wie in der süd-balinesischen Gesellschaft, auch basiert die soziale Ordnung stärker auf der Einzelfamilie als auf der Dorfgemeinschaft.

Unterschiede haben sich auch in der Tempelarchitektur und -plastik herausgebildet. Selten findet man in den meist symmetrisch angelegten nord-balinesischen Tempeln die für den Süden so typischen vielstufigen, schlanken Meru. Dagegen sind nord-balinesische Tempelmauern und -tore noch reicher mit Schmuckornamenten überzogen. Steinernes Blüten- und Blätterwerk, Arabesken und Spiralen wuchern an den Heiligtümern des Nordens in geradezu barocker Fülle. Häufig finden sich dabei erotische Motive, die in anderen Gebieten Balis kaum zu sehen sind.

Singaraja (Löwenkönig), mit etwa 30 000 Einwohnern die größte Stadt von Nord-Bali, war einst das Einfallstor für Ausländer. Zunächst kamen chinesische und arabische Händler sowie Bugis aus Sulawesi, um Waffen und Münzen, Gewürze und Opium gegen Reis und Sklaven einzutauschen. Auch portugiesische Schiffe machten auf dem Weg zu den Gewürzinseln im Osten Indonesiens hier Zwischenstation.

Seit dem späten 19. Jh. war die Stadt die wichtigste Machtbasis der Holländer im Bereich der Kleinen Sunda-Inseln. Das Fürstenhaus von Buleleng, so der historische Name

Singaraja

Reisfelder bei Singaraja

des nördlichen Distrikts, kooperierte mit den Kolonialherren, wodurch die Rajas an Macht und Wohlstand gewannen. Singaraja war bis 1945 Hauptstadt von Bali und bis 1953 Verwaltungszentrum der alten Provinz Nusa Tenggara, die von Bali bis Timor reichte. Die Bedeutung von Singaraja schwand, als Denpasar Hauptstadt von Bali wurde. Aber immer noch laufen hier sämtliche Fäden der nord-balinesischen Wirtschaft zusammen. Infolge der kosmopolitischen Vergangenheit der Stadt gehören die Einwohner verschiedenen ethnischen und religiösen Gruppen an. Besonderen Einfluss besitzt die große chinesische Kolonie.

Die meisten Touristen machen einen weiten Bogen um Singaraja mit einem verwirrenden Einbahnstraßensystem, in dem sich selbst Einheimische kaum zurecht finden. Allzu viel hat die nord-balinesische Metropole Besuchern auch nicht zu bieten, denn zahlreiche schöne Bauwerke aus früheren Zeiten fielen nach der Unabhängigkeit Indonesiens im antikolonialen Eifer der Spitzhacke zum Opfer. Es lohnt sich aber ein Besuch der historischen Bibliothek Gedung Kirtya in der Jl. Veteran. Sie birgt eine Sammlung von etwa 3000 Lontar-Manuskripten, darunter die ältesten schriftlichen Überlieferungen Balis, und zahlreiche Metallplatten *(prasasti)* aus dem 14. Jh., auf denen in alt-balinesischer Sprache königliche Dekrete festgehalten sind (Mo–Do 7.30–14, Fr 7.30–11, Sa 7.30–12 Uhr). Der

Lovina Beach

Die Bucht von Celukanbawang

Wohlstand der chinesischen Bevölkerungsminorität zeigt sich im taoistischen Ling Gwan Kiong-Tempel am östlichen Ortsrand. Am Strand gegenüber schwingt ein martialischer Fahnenträger aus Beton sein Banner.

Ein Ausflug führt zum 10 km südlich gelegenen Dorf **Gitgit** an der Straße nach Bedugul. Andenkenhändler und Verkaufsbuden weisen den Weg zum Air Terjun Gitgit, einem 40 m hohen Wasserfall, der westlich des Ortes tosend in eine Dschungelschlucht stürzt. So erfrischend ein Bad in dem Felsenpool sein mag. Liebespaare sollten tunlichst davon Abstand nehmen, denn ihnen – so glauben die Einheimischen – würde das Ende ihrer Liaison drohen.

Ziel Nummer eins für die meisten Besucher von Nord-Bali ist **Lovina Beach**, ein Küstenstreifen etwa 5 km westlich von Singaraja. Lovina ist kein Ort, unter dieser Bezeichnung fasst man ein halbes Dutzend Dörfer mit Hotels, Restaurants und Tauchschulen zusammen. Einst war Lovina Beach ein Refugium für Traveller und andere Langzeitgäste, die in einfachen Bambushütten für wenige Rupiah eine Unterkunft fanden. Im Vergleich zu den mondänen Stränden Sanur und Nusa Dua galt Lovina als ungepflegt. Heute hat der Badeort sein Schmuddelimage abgelegt.

Lovina Beach ist nach den Ferienorten im Süden und Candi Dasa im Osten das touristisch am besten entwickelte Badezentrum von Bali, obwohl der lange graue Lavastrand mit den – für Surfer ungeeigneten – sanften Wellen nicht unter die Kategorie ›Traumstrand‹ fällt. Auch gibt es am Lovina Beach wenig extravagante Restaurants und noch weniger rauschendes Nightlife.

Lovina Beach

Die Natur, Ruhe, Ausblicke übers blaue Meer, Bootsfahrten mit der Möglichkeit, Delfine zu beobachten, Schnorcheln und Tauchen beim Korallenriff sowie Ausflüge ins hügelige Hinterland kompensieren dieses ›Manko‹, das so mancher gerade als Gewinn betrachtet. Ferien sind hier noch preiswert – für Reisende mit Kindern ein ideales Ziel. Der Name Lovina soll übrigens aus der Zeit stammen, als hier Hippies – berauscht von halluzinogenen *magic mushrooms* – die feurigen Sonnenuntergänge und lauen Tropennächte genossen: ›Love-in-all‹ war die Bezeichnung für das Shangrila der Blumenkinder. Im Laufe der Zeit schliff es sich zu Lovina ab.

Abwechslung zum Strandleben bieten Ausflüge in die Umgebung. Beim Dorf Labuhan Aji, 4 km südwestlich, rauscht der kleine **Sing-Sing-Wasserfall** in einen Felsenpool. **Brahma Vihara-Arama,** eines der wenigen buddhistischen Klöster Indonesiens, thront hoch über dem Küstenstreifen. Wegen der Lage am Hügel bietet sich von dort ein herrliches Panorama. Die Mönche lassen sich bei ihren Meditationsübungen auch von Touristen, die hin und wieder vorbeischauen, nicht stören.

Die Klosteranlage 15 km südwestlich beim Städtchen Banjar besitzt als zentrales Heiligtum einen schönen Tempel, in dem die Ordinationsfeierlichkeiten und andere religiösen Zeremonien stattfinden, einen Stupa mit den alles sehenden Augen Buddhas und mehrere Vihara, öffentliche Gebetshallen, mit Buddha-Statuen. Eine architektonische Konzession an den Bali-Hinduismus ist das gespaltene Eingangsportal. In der Nähe des Klosters sprudeln die Thermalquellen Air Panas Komala Tirta. Fast 40° Celsius warm ergießt sich das schwefelhaltige Wasser aus steinernen Naga-Schlangen in drei bemooste Badepools (tägl. 8–18 Uhr).

Zwischen **Seririt,** nach Singaraja das bedeutendste wirtschaftliche Zentrum der Region, und Gilimanuk, dem Fährhafen nach Java, verwandeln von den Holländern gepflanzte Tamarinden die viel befahrene Straße in eine schattige Allee. Leider wird kaum etwas zum Schutz der Bäume getan – immer mehr der Riesen fallen der Straßenerweiterung zum Opfer oder werden zu Brennholz verarbeitet. Etwa 45 km

westlich des Lovina Beach steht der schmucklose, von einer aggressiven Affenhorde bewachte Nationaltempel Pura Pulaki, in dessen Nähe einst der javanische Hindu-Priester Sanghyang Nirartha erstmals seinen Fuß auf balinesischen Boden gesetzt haben soll. Auf dem Weg dorthin lohnt sich ein Stopp in Celukanbawang, dem wichtigsten Hafen von Nord-Bali, wo die *pinisi* genannten dickbauchigen Lastensegler sulawesischer Bugis vor Anker liegen.

In **Sangsit** 8 km nordöstlich von Singaraja steht mit dem Pura Beji ein für die nord-balinesische Tempelarchitektur repräsentatives Heiligtum. Im ummauerten inneren Tempelbezirk erheben sich anders als in süd-balinesischen Tempeln keine Schreine, Altäre und Meru, dort verehrt man auf einer zentralen Steinterrasse in einem Pavillon die Reis- und Fruchtbarkeitsgöttin Dewi Sri. Am Pura Beji fällt der Reichtum ornamentaler Verzierungen und des grandiosen Skulpturenschmucks auf. ›Buleleng-Barock‹ nennt man die überschwengliche Bauplastik nordbalinesischer Tempel. Am Pura Dalem Sangsit einige hundert Meter nordöstlich des Pura Beji bestaunen Besucher frivole bis derb-erotische Reliefs an der Außenmauer des gedeckten Tores.

Auch der Pura Dalem Jagaraga in Sawan 8 km südöstlich von Sangsit gibt mit seiner ornamentalen Pracht Anschauungsunterricht in Sachen Steinmetzkunst. Der Unterweltstempel wird von einem wild wuchernden ›Ornamentdschungel‹ aus Reli-

Kubutambahan

Der Pura Maduwe Karang
in Kubutambahan

efs und Steinfiguren mit bedrohlichem Aussehen überzogen. Von westlichen Motiven haben sich die Bildhauer bei der Gestaltung der Reliefs an der Innen- und Außenseite der Umfassungsmauer inspirieren lassen. Dort sieht man u. a. von Seeungeheuern attackierte Ozeandampfer, ins Meer stürzende ›Flugzeuge‹ mit Menschenköpfen und Fischschwänzen sowie einen Ford Model T, dessen Insassen, langnasige Holländer, von Straßenräubern überfallen werden.

Ein weiteres Beispiel für den ›Buleleng-Barock‹ ist der Pura Maduwe Karang in **Kubutambahan** 12 km nordöstlich von Singaraja. Die Tempelanlage ist dem ›Herrn der Felder‹ geweiht, dem männlichen Pendant zur Reisgöttin Dewi Sri, der über die Fruchtbarkeit der umliegenden Kaffee- und Maispflanzungen wacht. Um ihn gütig zu stimmen, haben die Gläubigen das Heiligtum mit aufwendigen Steinmetzarbeiten ausgestattet.

Genau 34 prächtige Skulpturen, neben Rangda-Hexen und Dämonen auch Heroen aus dem »Ramayana«-Epos, flankieren die Treppenflucht, die zum Tempeltor führt. Lebhaft sind die Reliefs an den Tem-

Die Nordküste von Bali

pelmauern. Auf Englisch oder Deutsch radebrechende Kinder, die sich ein kleines Trinkgeld erhoffen, bringen Besucher zum bekanntesten Tempelrelief am Sockel der zentralen Terrasse im Allerheiligsten. Es zeigt einen Radfahrer auf einem Gefährt aus Rankenrädern und Blütenspeichen. Vermutlich stand der niederländische Völkerkundler und Künstler W. O. J. Nieuwenkamp dafür Modell, der im Jahre 1904 per Fahrrad die Insel erkundete.

Von Kubutambahan windet sich die schmale Küstenstraße, kurvenreich und oft am Meer verlaufend, gen Osten. In **Air Sanih** sprudeln nahe am Strand warme Quellen, die einen bei einheimischen Ausflüglern beliebten Badepool speisen. Dem Volksglauben zufolge handelt es sich bei dem Quellbecken um einen Jungbrunnen für Verliebte. Knapp 10 km weiter östlich liegt an der Hauptstraße das kleine Meeresheiligtum Pura Ponjok Batu.

Bei **Pacung** zweigt eine steil ansteigende, 3 km lange Stichstraße südwärts nach **Sembiran** ab. Die Einwohner des malerischen Bergorts, der über fast zwei Dutzend Tempel mit geheimnisvollen Megalithskulpturen verfügt, bezeichneten sich selbst bis Mitte unseres Jahrhunderts als Bali Aga, als Alt-Balinesen. Heute aber haben sich die Dörfer weitgehend an die hindu-balinesische Kultur angepasst.

Noch vor wenigen Jahrzehnten diente die öffentliche Badeanstalt von **Tejakula** einem ganz anderen Zweck – hier wurden einst die königlichen Rösser der Buleleng-Fürsten von Staub und Schlamm befreit. Auf die frühere Bestimmung weist der heute noch gebräuchliche Name hin – Mandi Kuta (Pferdebad).

Von Tejakula führt die wenig befahrene Küstenstraße durch eine Landschaft mit grauen Sandstränden und schwarzen Lavafeldern, um die Nordflanken der Vulkane Batur und Agung herum bis nach Amlapura (vgl. S. 189). Die Route durchschneidet dabei die ärmste, trockenste und am dünnsten besiedelte Region von Bali. Viele Dörfer sind kaum mehr als 35 Jahre alt, gegründet von Bauern aus Ost-Bali, deren Land durch den Ausbruch des Gunung Agung 1963 verwüstet wurde.

 Vorwahl: ✆ 03 62

In Singaraja
Hotel Gelar Sari, Jl. A. Yani 87, ✆ 2 14 95, nicht mehr ganz taufrisches, aber traditonelles Kolonialhotel in der ehemaligen Gouverneursresidenz, R

... am Lovina Beach
The Damai, Jl. Damai, Kayuputih, ✆ 4 10 08, Auskunft und Buchung in Europa: ✆ 00 45-33-14 80 34, kleines, sehr feines Bungalowhotel in den Hügeln hoch über dem Lovina Beach, mit Gourmet-Restaurant und Pool, RRRRR; **Sol Lovina,** Kalibukbuk, ✆ 4 17 75, Fax 4 16 59, komfortables Strandhotel mit Restaurant und Pool, RRR–RRRR; **Bali Lovina Beach Cottages,** Kalibukbuk, ✆ 4 12 85, Fax 4 14 78, komfortable Bungalowanlage im balinesischen Stil, mit Restaurant und Pool, RRR; **Aditya Bungalows,** Kaliasem, ✆ 4 10 59, Fax 4 13 42, inseltypisches Strandhotel mit klimatisierten Bunga-

Die Nordküste von Bali

lows, Restaurant und Pool, RR–RRR; **Baruna Beach Cottages,** Pemaron, ✆ 4 17 45, Fax 4 12 52, inseltypisches Strandhotel mit gemütlichen Zimmern und Bungalows sowie Restaurant und Pool, RR–RRR; **Hotel Celuk Agung,** Anturan, ✆ 4 10 39, Fax 4 13 79, weitläufiges, von Reisfeldern umgebenes Hotel mit Zimmern und freistehenden Bungalows, mit Pool und Restaurant, 5 Min. zum Strand, RR–RRR; **Banyualit Beach Inn,** Kalibukbuk, ✆ 4 17 89, Fax 4 15 63, gut geführtes Strandhotel mit teils klimatisierten Zimmern und Bungalows, mit gutem Restaurant und schönem Pool in einem Garten, RR; **Lovina Beach Hotel** (früher: Permata Cottages), Kalibukbuk, ✆ 4 10 05, Fax 4 14 73, Zimmer unterschiedlicher Qualität mit Ventilator oder Klima-Anlage, mit Restaurant und Pool sowie Zugang zum Strand, R–RR; **Nirwana Seaside Cottages,** Kalibukbuk, ✆ 4 12 88, Fax 4 10 90, ein- und zweistöckige, einfache gemütliche Bungalows im inseltypischen Stil mit Ventilator oder Klima-Anlage, mit Restaurant und Pool, am Strand, R–RR; **Suma Guest House,** Kalibukbuk, ✆ 4 15 66, freundliche, strandnahe Familienpension für bescheidene Ansprüche, R

... in Sambirenteng (45 km östl. von Singaraja)
Alam Anda, Buchung: Legian Office, ✆ 03 61-75 22 96, Fax 03 61-93 06 99, bali@alamanda.de, www.alamanda.de, ausschließlich aus Naturmaterialien errichtete Bungalowanlage an einem steinigen Strand, stilvolle, mit Bambusmöbeln ausgestattete Zimmer mit Veranda, mit Restaurant, Salzwasser-Pool und Tauchbasis, RRR

... am Lovina Beach
Flower Garden Café, Kalibukbuk, ✆ 4 12 38, Gartenrestaurant mit Seafood und internationalen Gerichten, tägl. ab 20 Uhr Aufführung balinesischer Tänze,

R–RR; **Lian,** Kalibukbuk, ✆ 4 14 80, chinesische Gerichte und vorzügliches Seafood, R–RR; **Biyu Nasak,** Kaliasem, ✆ 4 11 76, vegetarische Gerichte und Seafood, R; **Malibu,** Kalibukbuk, ✆ 4 16 71, gutes Standard-Traveller-Food, R; **Warung Made,** Kalibukbuk, ✆ 4 12 38, man sitzt in balinesischem Ambiente und isst chinesisch, indonesisch oder europäisch, Sa ab 19 Uhr spielt ein Bambus-Gamelan, R; **Warung Seabreeze,** Kalibukbuk, ✆ 4 11 38, Strandlokal mit indonesischen und europäischen Gerichten, abends gelegentlich Tanz- und Gamelan-Vorführungen, R

In Singaraja
Berdikari, Jl. Dewi Sardika 42, ✆ 2 22 17, Weberei und Verkaufsraum für Ikat-Handwebstoffe aus Seide; **Tresna,** Jl. Gajah Mada 95, ✆ 2 18 16, kunstgewerbliche Souvenirs, vor allem handgewebte Textilien und Holzschnitzereien

Busse nach Singaraja von Denpasar/Terminal Ubung. In Singaraja gibt es zwei Bus- und Bemo-Terminals – Terminal Banyuasri (an der Ausfallstraße nach Westen): Bemos zum Lovina Beach sowie Busse nach Gilimanuk und Denpasar (über Bedugul); Terminal Penarukan (an der Ausfallstraße nach Osten): Bemos und Busse nach Sangsit, Sawan, Kubutambahan, Kintamani, Bangli, Klungkung, Amlapura und Denpasar (über Kintamani).

Verschiedene Agenturen, z.B. Perama Tourist Service (✆ 4 11 61), bieten einen *shuttle bus,* der zwischen Lovina Beach und Kuta/Legian, Lovina Beach und Ubud sowie Lovina Beach und dem Flughafen Ngurah Rai pendelt.

Städte und Stätten mit Vergangenheit

Klungkung und Umgebung

Zwischen Klungkung und Candi Dasa

Das Bali-Aga-Dorf Tenganan

Die Ostspitze von Bali

Nusa Penida und Nusa Lembongan

Pura Besakih – der bedeutendste Tempel auf Bali

Städte und Stätten mit Vergangenheit

Von Klungkung zum Pura Besakih, Besteigung des Gunung Agung. Nach Amlapura, der alten Fürstenstadt. Besuch der Fledermaushöhle Goa Lawah und des Bali-Aga-Dorfes Tenganan. Relaxen in den Badeorten Padang Bai und Candi Dasa, Abtauchen in die bunte Unterwasserwelt bei Amed und Tulamben. Abstecher zu den wenig besuchten Inseln Penida und Lembongan.

Klungkung und Umgebung

Himmel und Hölle kommen sich in Klungkung sehr nahe, zumindest in der offenen, im 18. Jh. erbauten Gerichtshalle Kerta Gosa, in der einst der oberste Gerichtshof von Bali tagte. Im alten Justizpavillon wurde von Brahmanen nach balinesischer Tradition Recht gesprochen. Deckenmalereien führten den Angeklagten drastisch vor Augen, was sie nach dem Richterspruch zu erwarten hatten.

Im Stil der klassischen Wayang-Malerei, welche die Figuren flächig und ohne Perspektive darstellt, zeigen die Fresken der unteren Bildreihen im Dachstuhl Szenen aus dem Hindu-Epos »Bhima Swarga«, dem asiatischen Gegenstück zu Dantes »Inferno«: Dieben werden die Hände abgehackt, Mörder in siedendem Öl gesotten, Lügnern die Zungen herausgerissen, Ehebrechern mit Fackeln die Genitalien verstümmelt,

korrupte Beamte in glühende Lava getaucht. Wie gut es dagegen rechtschaffenen Menschen im Himmel geht, zeigen die oberen Bilderzeilen an der Decke, die prachtvoll geschnitzte Holzpfeiler tragen. Das hohe Gericht von Klungkung war so gefürchtet, dass die Dorfgemeinschaften alles daran setzten, Streitigkeiten intern zu regeln, eine Gepflogenheit, die noch heute in den *banjars* gang und gäbe ist.

Kerta Gosa ist eines der letzten Zeugnisse aus jener Zeit, als in Klungkung die mächtigste Raja-Dynastie von Bali residierte. Ihr Herrschaftsbereich erstreckte sich über die Grenzen der Insel hinweg über Lombok und Sumbawa bis Süd-Sulawesi. Ende des 15. Jh. nach dem Zusammenbruch des ost-javanischen Großreichs von Majapahit und der Flucht der hindu-javanischen Adeligen nach Bali entwickelte sich das 4 km südlich von Klungkung gelegene Gelgel zum Mittelpunkt eines neuen, mächtigen

Klungkung und Umgebung

Der Bale Kembang in Klungkung

Königreiches, bevor der Sitz der Dynastie 1710 nach Klungkung verlegt wurde. Wie die Gerichtshalle vermittelt der im gepflegten Park Taman Gili gelegene Bale Kembang eine Ahnung von der Prachtentfaltung am Königshof von Klungkung. Auch der inmitten eines künstlichen, von einem bunten Teppich aus Lotosblüten und -blättern bedeckten Teiches gelegene ›schwimmende Pavillon‹ besitzt einzigartige Fresken.

Der Hof der Klungkung-Herrscher, die den Titel Dewa Agung (erhabener Gott) trugen und einen kulturell-religiösen wie auch politischen Führungsanspruch hatten, wurde zu einem Hort von Kunst und Kultur. Hier erreichten Musik und Tanz sowie die heute noch gepflegte Wayang-Malerei eine Blüte, hier entwickelte sich das höfische Zeremoniell. Mit ihrem Feldzug gegen die rebellischen süd-balinesischen Fürstentümer leiteten die Niederländer Anfang des 20. Jh. auch das Ende der mächtigen Dynastie ein.

Eine Rolle als Marionetten der holländischen Kolonialherren lehnten die stolzen Klungkung-Rajas ab. So wiederholte sich zwei Jahre nach dem blutigen Ritual des Puputan von Badung 1908 der grausame Massenselbstmord vor den Toren des Puri Semarapura, des fürstlichen Palastes von Klungkung, der von den Niederländern bei ihrer Strafexpedition in Schutt und Asche gelegt wurde. Den Königshof, der einst direkt hinter der Kerta Gosa stand, hat man nicht wieder aufgebaut. Dort

173

Der Osten von Bali

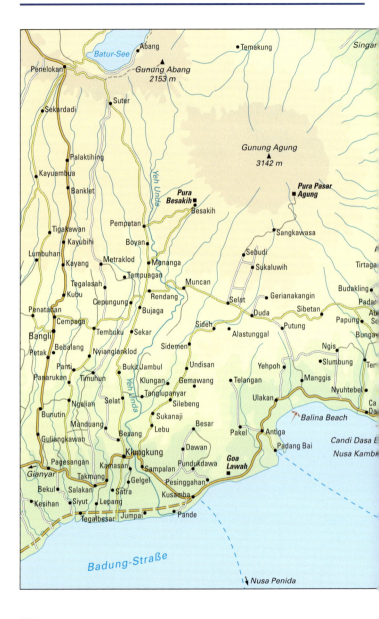

Klungkung und Umgebung

erinnert heute inmitten des lebhaften Verkehrs ein Denkmal an die rituelle Selbstvernichtung.

Bis auf die historischen Holzpavillons im Taman Gili (Park mit Inselchen; tägl. 9–17 Uhr) hat Klungkung wenig zu bieten. Einen Besuch lohnt aber der weitläufige Markt in der Nähe des Taman Gili. Etwa 4 km südlich von Klungkung, das heute offiziell den unter Einwohnern noch lange nicht geläufigen Namen Semarapura trägt, liegt **Gelgel,** das einstige Machtzentrum der Majapahit-Emigranten, in dem nichts mehr auf die große Vergangenheit hindeutet. Im Malerdorf **Kamasan** zwischen Klungkung und Gelgel pflegt man die alte höfische Kunst der Wayang-Malerei. Überdies leben hier zahlreiche Gold- und Silberschmiede, die nach Motiven aus dem 19. Jh. Schmuck anfertigen, den Frauen bei Tempelzeremonien tragen.

Von Klungkung führt eine kurvenreiche Bergstraße nordwärts durch Reisfelder und -terrassen zum etwa 20 km entfernten, 950 m über dem Meeresspiegel an der Flanke des Gunung Agung gelegenen **Pura Besakih,** dem Tempel aller Tempel. Die weitläufige Tempelstadt am Fuße von Balis höchstem und heiligstem Vulkan, der als Sitz der Götter und symbolischer Mittelpunkt des Universums angesehen wird, ist das Haupheiligtum der Insel und ›Mut-

---

Der Osten von Bali

175

Die Besteigung des Gunung Agung

Nur wo du zu Fuß warst, da bist du auch wirklich gewesen, lautet ein Sprichwort. Mit 3142 m ist der von den Balinesen zum Sitz der Götter erkorene Vulkan Gunung Agung, der zur Zeit nur auf kleiner Flamme köchelt, der höchste Inselgipfel. Der recht steile Aufstieg, der abschnittsweise über loses Lavagestein führt, erfordert zwar eine gute Kondition, kann aber auch ohne größere bergsteigerische Erfahrung durchgeführt werden.

Da sich der unmarkierte Pfad im dichten Bergdschungel sowie in der von Lavaströmen zerfurchten Gipfelregion häufig verzweigt, empfiehlt es sich, einen *guide* anzuheuern. Gipfelstürmer, die den Panoramablick vom Gunung Agung genießen wollen, brechen spätestens gegen zwei Uhr morgens auf, denn im Laufe des Vormittags hüllt sich das Agung-Massiv in ein dichtes Wolkenkleid. Zur Ausrüstung gehört unbedingt eine gute Taschenlampe. Nicht vergessen darf man ausreichend Trinkwasser, denn unterwegs gibt es keine Quellen oder Bäche. Die besten, weil trockensten Klettermonate sind Mai bis September.

Zwei Trekking-Routen führen auf den Gunung Agung. Der leichtere, kürzere südliche Aufstieg beginnt am Pura Pasar Agung. Den 1500 m über dem Meeresspiegel gelegenen Tempel kann man vom Dorf Selat auf einer etwa 10 km langen, sehr holprigen, aber von robusten Autos befahrbaren Straße erreichen. Den Weg vom Tempel zum Kraterrand des Agung-Vulkans bewältigt man bequem in fünf Stunden, zurück geht's in drei bis vier Stunden. Das große Manko der Südroute besteht darin, dass man die höchste Spitze des Agung-Kraters nicht erreicht. Geländekundi-

tertempel‹ sämtlicher Tempel auf Bali. So unterhält jedes der alten Fürstengeschlechter in Besakih einen eigenen Bezirk, jede bedeutende Sippe und jede Zunft sowie alle Dorfgemeinschaften haben hier Schreine und Altäre errichtet, über die ihre Tempel mit dem zentralen Heiligtum verbunden sind – Pura Besakih gilt als Symbol der Einheit der Hindu-Dharma-Religion.

Die Ursprünge des Pura Besakih lassen sich bis in die prä-hinduisti-sche Epoche verfolgen. Bereits in grauer Vorzeit befand sich hier eine Kultstätte, in der man die Gottheiten des Agung-Vulkans verehrte – in einer von Vulkanausbrüchen und Erdbeben heimgesuchten Region verständlich. Der Überlieferung zufolge gründete im 8. Jh. der legendäre Priester Sanghyang Markandeya aus Java hier ein Terrassenheiligtum, in dem man hinduistisch-shivaistische Tempelrituale abhielt. Seit Ende des 15. Jh. dient das Zentralheiligtum

Die Besteigung des Gunung Agung

ge Führer findet man in den Dörfern Selat und Sebudi, eventuell auch beim Pura Pasar Agung.

Obwohl länger (Aufstieg sieben bis acht Stunden, Abstieg fünf bis sechs Stunden), bevorzugen die meisten Bergwanderer die Route, die 950 m hoch an der Südwestflanke des Gunung Agung beim Pura Besakih beginnt. Ausgangspunkt ist der Pura Panataran Agung, der Haupttempel des Besakih-Komplexes. Nach einer halben Stunde erreicht man den Pura Gelap und nach weiteren 30 Minuten den Pura Pangubengan – beide malerisch gelegenen Heiligtümer gehören noch zum ausgedehnten Areal des ›Muttertempels‹. Bald danach geht der Weg fast in die Direttissima über und man kann als Westler nur noch staunen, wie behände die einheimischen Führer in Plastikschlappen auf dem glitschigen Lehmpfad gipfelwärts stürmen.

Jenseits der Baumgrenze in etwa 2500 m Höhe passiert man nach sechs Stunden Kori Agung, eine mächtige Felswand und das symbolische Portal zur heiligen Gipfelregion des balinesischen Olymp. Nach der Überquerung eines Geröllfelds muss man sich rechts halten, also ostwärts orientieren. Über einen Bergkamm, zu dessen beiden Seiten ausgedehnte Lavafelder steil abfallen, erreicht man nach zwei weiteren Kletterstunden den Gipfel.

Für die Strapazen des Aufstiegs entschädigt ein fantastischer Cinemascope-Blick über die Ostregion von Bali bis hinüber zum Gunung Rinjani, dem heiligen Berg der Insel Lombok. Oben eröffnet sich zudem ein überwältigender Blick in die mächtige, etwa 100 m steilwandig abfallende Caldera, in der sich Wolken- und Nebelfetzen mit Schwefeldämpfen vermischen, die aus Solfataren aufsteigen.

von Besakih als Ahnentempel der ehedem führenden balinesischen Dynastie, des Königshauses von Gelgel-Klungkung.

Über einen Zeitraum von mehreren Jahrhunderten wurde Pura Besakih umgebaut und erweitert. Heute breitet sich vor dem Massiv des balinesischen Olymp ein weitläufiges Areal aus, das sich in drei Hauptheiligtümer und 30 Nebentempel mit insgesamt rund 200 Bauwerken gliedert. Der beste Überblick über

die Anlage bietet sich von einem oberhalb im Nordosten gelegenen Aussichtspunkt. Der Zutritt zu den inneren Bezirken der Tempelheiligtümer ist – als Folge des Touristenstroms, der sich tagtäglich über Besakih ergießt – nur Balinesen gestattet.

Die vom Parkplatz ausgehende, 1 km lange Prozessionsallee endet beim heiligsten Tempel dem Pura Panataran Agung Besakih, in dem der eine allmächtige Gott, Sanghyang Widhi Wasa, in seiner wichtigsten Erscheinungsform als Shiva verehrt wird. Eine von Heroen des »Mahabharata« bewachte Treppenflucht führt zum Candi Bentar, dem gespaltenen Eingangstor des Shiva-Tempels, der aus rund 60 Einzelbauwerken besteht. Im Allerheiligsten beten Gläubige vor dem wichtigsten Schrein des Besakih-Komplexes – dem dreisitzigen Lotosthron, dem Ehrensitz für Sanghyang Widhi Wasa bei Tempelzeremonien.

Flankiert wird das Hauptheiligtum vom Brahma-Tempel Pura Kiduling Kreteg und dem Vishnu geweihten Pura Batu Madeg. Die Tempeltriade symbolisiert die hinduistische Dreieinigkeit. Während der zahlreichen Feste und Zeremonien werden die Schreine der Tempel mit Tüchern und Bannern in den Symbolfarben der drei Gottheiten geschmückt: weiß für Shiva, rot für Brahma und schwarz für Vishnu. Im Gegensatz zu anderen balinesischen Tempeln ist die Architektur des Pura Besakih zwar erstaunlich nüchtern, doch dafür entschädigt die herrliche Lage.

Pura Besakih ist Schauplatz der wichtigsten religiösen Zeremonien auf Bali. Alle zehn Jahre strömen zwei Monate lang Tag für Tag Pilger aus ganz Bali hierher, um im Rahmen der Landreinigungszeremonie Panca Wali Wrama Opfergaben darzubringen und von Priestern geweihtes Wasser in Empfang zu nehmen. Nur alle 100 Jahre findet hier das Eka-Dasa-Rudra-Fest statt, das größte balinesische Opferritual, wo-

bei das gesamte Universum rituell gereinigt wird. Bei den Vorbereitungen für die Jahrhundertfeier im März 1963 brach der Gunung Agung aus, der sich seit vielen Jahren nicht mehr geregt hatte. Wie durch ein Wunder blieb Pura Besakih zum größten Teil unversehrt, obwohl die Katastrophe auf Ost-Bali rund 2000 Todesopfer forderte. Die Eka-Dasa-Rudra-Zeremonie wurde, dieses Mal ohne Zwischenfälle, 1979 nachgeholt. Da sich oft schon im Laufe des Vormittags regenschwere Wolken vom Gipfel des Gunung Agung auf den Pura Besakih herabsenken, empfiehlt sich ein frühzeitiger Aufbruch.

Von Menanga, wo die Stichstraße zum Besakih-Tempel abzweigt, windet sich Richtung Norden eine wenig befahrene Nebenstrecke durch eine einsame, von der zerstörerischen Gewalt des Agung-Vulkans gekennzeichnete Berglandschaft hinauf zum Batur-See. Einige Kilometer südlich zweigt beim Dorf Rendang eine Route nach Bangli ab, die sich in dramatischem Auf und Ab durch schöne Flusstäler windet.

Eine andere schmale Landstraße führt von **Rendang** abseits der Touristenströme durch Terrassenfelder und schöne Täler an den südlichen Ausläufern des Gunung Agung entlang nach Subagan 2 km südwestlich von Amlapura. Bei **Muncan** schmiegen sich Reisterrassen an die Bergflanken. Zwischen Muncan und **Selat** überquert die Straße eine tief eingeschnittene Schlucht, durch die der Yeh Unda tost. Auf diesem und

Sidemen

Die Moschee von Sidemen

anderen Gebirgsflüssen in der Gegend lernt man Bali bei Wildwasserfahrten von einer ganz anderen Seite kennen. Von Selat schlängelt sich eine schlaglochübersäte Bergpiste etwa 10 km weit den Göttervulkan hinauf. Sie endet beim 1500 m hoch gelegenen Pura Pasar Agung, dem Ausgangspunkt für die südliche Aufstiegsroute zum Gunung Agung (vgl. S. 176f.). Die Tempelanlage hat man in den 80er Jahren neu errichtet, nachdem das ursprüngliche Heiligtum 1963 beim Ausbruch des Agung unter Lavamassen verschüttet worden war.

Östlich von Selat gabelt sich die Straße. Rechts gelangt man zum malerischen, in Reisterrassen eingebetteten Dorf **Iseh,** wo in den 30er Jahren der deutsche Künstler Walter Spies ein kleines Landhaus als Zweitdomizil besaß (vgl. S. 130ff.). Inspiriert von der Landschaft, schuf er hier einige seiner schönsten Bilder. Die Bambusvilla übernahm nach dem tragischen Tod von Walter Spies im Jahre 1942 der Schweizer Maler Theo Meier.

Von Iseh kann man Richtung Südwesten nach Klungkung zurückfahren. In **Sidemen** ertönt aus einer großen Moschee fünfmal am Tag der Ruf des Muezzin – hier leben hinduistische Balinesen und muslimische Zuwanderer aus Java. Rhythmisches Klappern weist am Dorfausgang den Weg zu einer der besten Ikat-Webereien von Bali. Pelangi (Regenbogen) heißt die Manufaktur, in der in einem komplizierten Handwebverfahren feinste Stoffe hergestellt werden.

179

Wieder zurück auf der Strecke Rendang – Amlapura, lohnt sich der nächste Stopp im Dorf **Putung,** wo sich an einem Steilhang ein kleines Bungalowhotel mit Restaurant befindet. Allein schon wegen der Aussicht über Reisterrassen zwischen wildbewachsenen, von tiefen Schluchten zerfurchten Bergen hinweg auf die Amuk-Bucht an der Südostküste sollte man hier eine Rast einlegen. Die Piste von Putung nach Manggis an der Hauptstraße Klungkung – Amlapura ist meist unbefahrbar, vor allem nach heftigen Regenfällen versinkt sie in schlammiger Wegelosigkeit. Man kann aber gemütlich in drei Stunden zur Küste hinunterlaufen und dabei das Panorama smaragdgrün leuchtender Reisterrassen genießen.

Um **Sibetan** erstreckt sich eine der wichtigsten Obstanbauregionen von Bali. Auf weitläufigen Plantagen, die mit Stacheldrahtzäunen gegen unerwünschte Besucher geschützt werden, erntet man Salak, kleine, apfelartig schmeckende Früchte, die man wegen ihrer schuppigen, lederartigen Haut auch Schlangenfrucht nennt. Verkauft wird das wertvolle Obst auf dem Markt des Nachbarorts Bebandem, der jeden dritten Tag stattfindet. Einige Kilometer weiter östlich zweigt eine bald auf Fahrzeugbreite schrumpfende Straße ab zum Dorf **Budakling,** in dem metallisches Gehämmer die Werkstätten von Silberschmieden ankündigt. Dort kann man die aus weichem Sterling-Silber gefertigen Schmuckstücke deutlich

günstiger einkaufen als in Celuk oder in den süd-balinesischen Ferienzentren. Über Subagan erreicht man Amlapura, die Hauptstadt des Regierungsbezirks Karangasem.

🛏 **In Putung**
Putung Hilltop Resort, ✆ u. Fax 03 66-2 30 39, einfaches Bungalowhotel in spektakulärer Lage, herrlicher Blick vom Terrassenrestaurant, RR

🚌 **Busse** nach Klungkung ab Denpasar/Terminal Batubulan. Busse und Bemos ab Klungkung Richtung Osten (Candi Dasa, Amlapura u. a.) von der Hauptstraße im östlichen Stadtgebiet. Busse und Bemos nach Denpasar/Terminal Batubulan vom Terminal südlich des Taman Gili. Bemos Richtung Norden vom Terminal nordöstlich des Taman Gili. Nur an Festtagen fahren von Klungkung Bemos zum Pura Besakih. Ansonsten erreicht man mit öffentlichen Verkehrsmitteln meist nur das Dorf Menanga, 6 km südwestlich des Tempels. Auf der Strecke Rendang – Amlapura nur sporadischer Bemo-Verkehr.

Zwischen Klungkung und Candi Dasa

Zwischen Klungkung und Candi Dasa erstrecken sich kilometerlange schwarze Lavastrände – Relikte des Agung-Ausbruchs von 1963. Beim Fischerdorf **Kusamba** sorgen *jukung* genannte Auslegerboote, die man bei ruhiger See auch für Fahrten nach Nusa Penida mieten kann, für bunte Farbtupfer. Am Strand sieht man Tröge aus halbierten Bambus-

Zwischen Klungkung und Candi Dasa

stämmen, in denen Einheimische Meerwasser an der Sonne verdunsten lassen, um Salz zu gewinnen.

Östlich von Kusamba wird der Meeresduft von Exkrementengestank überlagert – man nähert sich der Fledermaushöhle **Goa Lawah,** dem übel riechendsten Heiligtum von Bali, das dennoch zu den neun bedeutenden Reichstempeln gezählt wird. Am Eingang der Grotte im Kalksteinkliff hängen Tausende kreischender Fledermäuse, die Balinesen als heilig gelten, in dichten Trauben an der Felsendecke. Die Gläubigen kommen zum Höhlentempel, dessen Ursprünge in das frühe 11. Jh. zurückreichen, um zwei mythologischen Schlangen ihre Reverenz zu erweisen – Sanghyang Basuki, dem Herrn der Schlangen, und der Weltenschlange Antaboga. Vor den mit Fledermauskot übersäten Schreinen, die den Höhleneingang bewachen, beten und opfern ständig viele Menschen. Pythons, auf deren Speisezettel Fledermäuse obenauf stehen, hausen in den Felsspalten der Höhlen.

Goa Lawah bildet den Eingang zu einem vermutlich weit verzweigten Höhlensystem, das in der Vorstellung der Einheimischen im kleinen Pura Goa (Höhlentempel) innerhalb des gut 20 km entfernten Besakih-Komplexes am Fuße des Gunung Agung wieder zu Tage tritt. Somit würde Goa Lawah die Verbindung zwischen Berg und Meer beziehungsweise der Sphäre der Götter und der Heimstatt der Dämonen herstellen, den Gegenpolen des kos-

Der Strand von Padang Bai

Padang Bai

mischen Ordnungssystems der Balinesen.

Umrahmt von dicht bewachsenen Hügeln liegt 2 km südlich der Hauptstraße nach Amlapura das Hafenstädtchen **Padang Bai** an einer Bucht, die vielen als die schönste von Bali gilt – feinsandig der Strand, türkisblau das Meer. Eine Bucht wie in Kuta vor 20 Jahren, die ohne große Hotels und turbulentes Strandleben vor sich hin träumt. Es gibt nur eine Hand voll einfacher Pensionen und Strandlokale, die an die touristischen Pioniertage von Kuta erinnern. Hier floriert Balis letztes Low-Budget-Paradies, eine Domäne der Traveller mit wenig Geld, aber viel Zeit. Die Idylle wäre perfekt, gäbe es nicht am westlichen Ende der Bucht das moderne Terminal, von dem im Stundenrhythmus die Fähren zur

Candi Dasa

Die Lagune von Candi Dasa

Candi Dasa ist vermutlich der kurioseste Badeort der Welt, denn der dortige Strand hat einen entscheidenden Nachteil – es gibt ihn nicht mehr. Schuld daran ist der Abbau von Korallengestein am vorgelagerten Riff, das man zu minderwertigem Kalk verarbeitete. Ohne diese Schutzbarriere hielt sich das Meer schadlos am schönen weißen Strand und schwemmte ihn mit der Zeit fast vollständig in die malerische Amuk-Bucht.

Heute verschandeln Wellenbrecher aus Beton den Küstenabschnitt, verhindern aber zumindest, dass auch noch der spärliche Rest des Strandes Opfer der Fluten wird. Obwohl man in einigen Hotels künstliche Strände angelegt hat, ist Candi Dasa für einen reinen Badeurlaub nicht zu empfehlen. Mit komfortablen, aber dennoch preiswerten Unterkünften und guten Restaurants eignet sich Candi Dasa jedoch bestens als Stützpunkt für Streifzüge im Osten von Bali. Bessere Schwimm- und Bademöglichkeiten als der Candi Dasa Beach bieten die weiter westlich gelegenen Strände Sengkidu Beach, Mendira Beach und Balina Beach.

Nachbarinsel Lombok ablegen. Störend schieben sich auch die Öltanks des staatlichen Petrokonzerns Pertamina ins Blickfeld. Aber für eine Hand voll Rupiah kann man eines der bunten Auslegerboote mieten und zu einer der idyllischen Badebuchten östlich des Ortes oder zur ›Ziegeninsel‹ Nusa Kambing mit farbenprächtigen Korallengärten entfliehen.

 Vorwahl: ✆ 0363

In Padang Bai
Hotel Puri Rai, Jl. Silayukti 7, ✆ 41385, Fax 41386, bestes Haus vor

183

Zwischen Klungkung und Candi Dasa

Ort, am Strand, Zimmer mit Klima-Anlage oder Ventilator, RR; **Kerti Beach Inn,** Jl. Silayukti, ✆ 4 13 91, einfache, strandnahe Bungalows, R; **Made Home Stay,** Jl. Silayukti, ✆ 4 14 41, einfach, aber ordentlich und strandnah; R; **Penginapan Pantai Ayu,** Jl. Silayukti, ✆ 4 13 96, traditionsreiche Traveller-Bleibe, R

... in Candi Dasa
Amankila, ✆ 4 13 33, Fax 4 15 55, Buchung in Deutschland: Prima Hotels, ✆ 08 00-85 42 27 80, Luxushotel, das sich hoch über der Amuk-Bucht über mehrere Terrassen ausbreitet, mit villenartigen Bungalows, Gourmet-Restaurant und spektakulärem Pool, RRRRR; **The Serai,** Buitan, Manggis, ✆ 4 10 11, Fax 4 10 15, komfortables Strandhotel mit Restaurant und Pool, 5 km westl., RRRR–RRRRR; **Puri Bagus Beach Hotel,** ✆ 4 11 31, Fax 4 12 90, elegante Bungalowanlage im balinesischen Stil, mit Restaurant, Pool und aufgeschüttetem Strandabschnitt, RRRR; **The Watergarden,** ✆ 4 15 40, Fax 4 11 64, inseltypische Komfortbungalows in einem Garten, mit Salzwasser-Pool und Restaurant, abseits vom Strand, RRR–RRRR; **Anom Beach Inn Bungalows,** Sengkidu Beach, ✆ 4 19 02, Fax 4 19 98, familienfreundliches Bungalowhotel mit Restaurant, Pool und Garten, 2 km westl., RR–RRR; **Kubu Bali,** ✆ 4 15 32, Fax 4 15 31, komfortable Bungalows in wunderschöner Hanglage mit Blick über die Amuk-Bucht, mit Restaurant und Pool, RR–RRR; **Nirwana Cottages,** Sengkidu Beach, ✆ 4 11 36, Fax 4 15 43, gut geführtes Bungalowhotel an einem ruhigen Strandabschnitt, mit Garten, Pool und Restaurant, 1,5 km westl., RR–RRR; **Pondok Impian Dasa,** Mendira Beach, ✆ 4 18 97, Fax 03 61-96 33 5, Bungalowhotel am Strand, mit Restaurant und Pool, RR; **Kelapa Mas,** ✆ u. Fax 4 19 47, einfache, aber gepflegte Bungalowanlage am Strand, R–RR; **Sindhu Bra-**

ta **Homestay,** ✆ 4 18 25, Fax 4 19 54, familiäre Bungalowanlage in idyllischer Lage an der Lagune von Candi Dasa, R–RR

In Padang Bai
Pandan, Jl. Silayukti, gutes Seafood und internationale Gerichte vor dem Panorama der Amuk-Bucht, R; **Warung Mangga,** Jl. Silayukti, Bambuslokal am Strand mit Standard-Traveller-Food, R

... in Candi Dasa
Kubu Bali, ✆ 4 15 32, stilvolles Restaurant mit offener Küche, indonesische, chinesische und europäische Gerichte, R–RR; **Lotus Café,** ✆ 4 12 57, Strandrestaurant mit Seafood und indonesischen Gerichten, R–RR; **TJ's,** ✆ 4 15 40, Gartenrestaurant mit indonesischen und mexikanischen Gerichten, R–RR; **Warung Astawa,** ✆ 4 13 63, balinesische Gerichte und Seafood, tägl. ab 19.45 Uhr Legong-Aufführungen, am östlichen Ortsausgang, R

Busse und Bemos nach Padang Bai und Candi Dasa ab Denpasar/Terminal Batubulan. Zwischen Kuta/Legian und Padang Bai/Candi Dasa, Ubud und Padang Bai/Candi Casa sowie dem Flughafen Ngurah Rai und Padang Bai/Candi Dasa verkehrt ein *shuttle bus* der Agentur Perama Tourist Service, Auskunft: ✆ 4 14 19 (Padang Bai) und 4 11 14 (Candi Dasa).

Von Padang Bai tägl. im 1,5-Stunden Rhythmus Passagier- und Autofähren nach Labuhan Lembar auf Lombok, Fahrzeit vier bis fünf Stunden; zweimal tägl. ein *shuttle boat* von Padang Bai nach Senggigi auf Lombok, Auskunft: Perama Tourist Service, ✆ 4 14 19. Nach Toyapakeh auf Nusa Penida verkehren von Padang Bai sporadisch kleine Motorboote, Fahrzeit zwei Stunden.

Das Bali-Aga-Dorf Tenganan

Von Candi Dasa führt eine Stichstraße zum 3 km nördlich gelegenen Dorf Tenganan. Sie endet bei einem großen Parkplatz, um den sich Imbissbuden und kleine Souvenirgeschäfte gruppieren. Dies ist aber die einzige Gemeinsamkeit, die Tenganan mit anderen viel besuchten balinesischen Orten hat.

Tenganan ist eines der wenigen Dörfer auf Bali, wo prä-hinduistische Kultur lebendig geblieben ist. Die Bewohner, die sich Bali Aga (Alt-Balinesen) nennen, sind Nachkommen der Ureinwohner von Bali, die sich der Hinduisierung entziehen konnten. Während in der heutigen balinesischen Kultur lokale und fremde, indische Elemente miteinander verschmolzen, gelang es den Bali Aga durch strikte Abschottung, über Jahrhunderte hinweg ihre kulturellen und religiösen Traditionen nahezu unverfälscht zu bewahren. So gibt es bei den Alt-Balinesen kein Kastensystem und sie lehnen auch andere hinduistische Bräuche ab, etwa die Totenverbrennung und die Zahnfeilung.

Seit Urzeiten glauben die Bali Aga von Tenganan, das vom Götterkönig Indra, ihrem mythischen Ahnherren, erkorene Volk zu sein. Die etwa 300 Personen umfassende, kastenlose Dorfgemeinschaft bezeichnet sich deshalb als Gesellschaft der Auserwählten. Das soziale und religiöse Leben spielt sich im

Im Bali-Aga-Dorf Tenganan

Magische Stoffe

Das Ikat-Verfahren

Weltweit bekannt und von Sammlern sehr geschätzt sind die im komplizierten Verfahren des Doppel-Ikat hergestellten Geringsing-Stoffe der Tengananer. Bei dem sehr alten Handwebverfahren, das vor der Zeitenwende mit der Dong-son-Kultur nach Indonesien kam und heute nur noch im Bali-Aga-Dorf Tenganan gepflegt wird, verarbeiten Frauen gemusterte Fäden, die vor dem Webvorgang bündelweise gefärbt wurden. Hierzu bindet man die Kett- oder/und Schussfäden an bestimmten Stellen mit farbresistentem Bast und Blättern eng zusammen, so dass sie beim Eintauchen in die Farbe – meist blutrot oder indigo – diese nicht annehmen. Damit sich die gewünschten Motive ergeben, müssen beim Weben mit viel Geduld und Kunstfertigkeit die Fäden der Kette mit denen des Einschlags in Übereinstimmung gebracht werden. Mehr als fünf Jahre kann es dauern, ein Tuch in der aufwendigen Doppel-Ikat-Webkunst herzustellen. Und mindestens ebenso lange brauchen die Mädchen von Tenganan, um dieses schwierige Handwebverfahren zu erlernen. Entsprechend teuer werden die Raritäten gehandelt.

In der indonesischen Inselwelt sind zwei weitere Ikat-Techniken bekannt: das von alt-malaiischen Völkern auf Borneo, Sumatra und Sulawesi gepflegte Ketten-Ikat, bei dem vor dem Webvorgang nur das Kettfädengarn eingefärbt wird, sowie das nur noch auf Süd-Sumatra bekannte Einschlag-Ikat, bei dem die Schussfäden eingefärbt werden, bevor man sie verwebt.

Im Ikat-Verfahren hergestellte Stoffe werden nicht zu alltäglichen Kleidungsstücken oder Gebrauchsartikeln verarbeitet, sondern spielen als

mauerumwehrten Zentraldorf Tenganan Pegeringsingan ab. Auch in den umliegenden Dörfern Asah, Bungaya und Timbrah leben Menschen, die sich als Alt-Balinesen bezeichnen.

Die als wohlhabend geltenden Tengananer verrichten selbst nur wenige körperliche Tätigkeiten. Die Arbeit auf ihren Reisfeldern lassen sie gegen einen Teil des Ernteertrags von Balinesen aus umliegenden Dörfern besorgen. So bleibt den Bali Aga Zeit und Muße, Traditionen zu pflegen und zu verfeinern sowie sich ihrem komplizierten Ritualsystem zu widmen, das im Mittelpunkt ihres religiösen und sozialen Lebens steht. Da die Ländereien Gemeinschaftsbesitz sind, teilen die Bali

Ikat-Weberei

Ikat-Weberin in Tenganan

sakrale Gewänder oder rituelle Tücher eine wichtige Rolle bei Zeremonien und bedeutenden Ereignissen wie Geburt, Heirat oder Tod. So schreibt man überall auf Bali den Geringsing-Stoffen der Tengananer, deren Muster Gott Indra selbst entworfen haben soll, magische Eigenschaften zu. Nach dem Glauben der Balinesen schützen sie ihre Träger vor dämonischen Kräften sowie vor Krankheit und Verfall. Der magische Charakter der heiligen Tücher geht bereits aus ihrem Namen hervor – *geringsing* bedeutet soviel wie ›Krankheit abwehrend‹.

Aga den von den gemieteten Arbeitskräften erwirtschafteten Profit unter sich auf.

Eine Legende schildert, wie die Tengananer zu ihren Ländereien kamen. Auf der Suche nach dem entlaufenden Streitross des Raja Dalem Bedahulu kamen die Bali Aga nach Ost-Bali. Dort fanden sie auch das Pferd, allerdings tot und bereits halb verwest. Trotzdem gewährte ihnen der König wie versprochen eine Belohnung – sie sollten Land erhalten, so weit der Gestank des verwesenden Tierkadavers noch zu riechen wäre. Zusammen mit einem königlichen Beamten ritt der Stammesälteste stundenlang über Berg und Tal, als ständigen Begleiter den penetranten Verwesungsgeruch. Schließ-

Das Bali-Aga-Dorf Tenganan

lich verlor der Beamte die Geduld und beendete die Aktion, freilich erst nachdem die Bali Aga schon einen gewaltigen Gebietszuwachs für sich verbuchen konnten. Der König hatte wohl nicht damit gerechnet, dass ihn seine Untertanen mit einem Trick überlisten würden. Der schlaue alte Bali Aga hatte ein Stück des stinkenden Pferdekadavers unter seinen Sattel gebunden.

Das Leben der Tengananer ist in ein komplexes Geflecht aus religiösen Riten und Sozialgesetzen eingebunden, das die individuelle Lebensgestaltung der Menschen drastisch beschneidet. So wird von den Tengananern erwartet, dass sie sich von Kindesbeinen an in hierarchische Gruppen einordnen. In Mädchen- und Jungenvereinigungen lernen Kinder und Heranwachsende die Bräuche der Bali Aga kennen und werden mit den Gebets-, Opfer- und Reinigungsritualen vertraut gemacht.

Da der spirituellen Reinheit des Dorfes und seiner Bewohner ein hoher Stellenwert beigemessen wird, ist es einem Bali Aga verboten, einen Partner von ›draußen‹ zu heiraten. Wer gegen dieses Tabu verstößt oder sich gegen andere Gesetze und Bräuche vergeht, verliert neben Sitz und Stimme im Dorfrat Krama Desa auch die Lehensabgaben aus den Gemeinschaftsfeldern. Gleichzeitig wird er aus der Kerngemeinschaft ausgeschlossen und muss im östlichen Dorfteil der ›Verbannten‹ leben oder Tenganan ganz verlassen.

So nimmt es nicht Wunder, dass heute nur noch wenige ›echte‹ Alt-

Balinesen in Tenganan leben. Viele junge Bali-Aga ziehen, dem Lockruf des Geldes folgend, aus freien Stücken weg, um in den Ferienzentren einen Job zu suchen. Für das kulturelle Erbe der Bali Aga wird der Bevölkerungsschwund vermutlich fatale Folgen haben. Es steht zu befürchten, dass die als konservativ geltenden Tengananer als Kulturvolk nicht mehr lange überleben werden, wenn sie nicht ihre Gesetze ändern.

Noch in den 60er Jahren durften ausländische Besucher Tenganan nur mit einer Genehmigung betreten. Dies hat sich geändert, seitdem die Bali Aga die wirtschaftlichen Vorteile des Tourismus erkannt haben. An einem aber halten die Dorfbewohner unbeirrt fest: Fremde müssen bis zum Einbruch der Dunkelheit Tenganan verlassen haben; sie dürfen keinesfalls im Dorf übernachten.

Wer durch ein schmales Portal das Dorf betritt, erkennt auf den ersten Blick, dass Tenganan etwas Besonderes ist. Den rechteckigen Ortskern umgibt eine Mauer, die nur von wenigen Durchlässen durchbrochen ist. Entlang zweier paralleler Pflaster- und Lehmstraßen ziehen sich aneinander grenzende Gehöfte mit identischem Grundriss über einen Hügel hin. Es fällt auf, dass anders als in hindu-balinesischen Dörfern die Hausaltäre an der meerwärts gelegenen Seite der Anwesen liegen.

Zwischen den schlichten, wie Reihenhäuser wirkenden Wohnstätten stehen auf terrassenförmig ansteigenden Grasflächen schmucklo-

188

se Pavillons und Tempel, in denen sich das soziale und sakrale Leben abspielt. Dort ist auch die lang gestreckte zentrale Versammlungshalle zu finden, in der sich die Mitglieder des Dorfrats treffen, um wichtige Entscheidungen zu fällen. Außerhalb der Dorfmauern liegt im Schatten zweier Banyan-Bäume ein schlichter alter Tempel. In den Schreinen verwahrt man Steinidole und andere Reliquien.

An den beiden holprig ansteigenden Dorfstraßen sieht man Männer tief gebeugt an Holztischen arbeiten. Sie demonstrieren Besuchern eine aussterbende Kunstgattung – das Kopieren alt-balinesischer Texte und Miniaturillustrationen auf Blätter der Lontar-Palme (vgl. S. 75).

Das liturgische Jahr der Bali Aga ist von einer schier endlosen Kette religiöser Zeremonien und Ritualen geprägt. Am spektakulärsten ist das dreitägige Mekare Kare-Fest (auch Usaba Sambah genannt) im Juni oder Juli. Zwischen den Häuserzeilen errichtet man hölzerne Riesenräder, auf denen in *sarongs* gekleidete Mädchen im Kreis gedreht werden. Was wie ein Kirmesvergnügen wirkt, hat symbolische Bedeutung – die rituelle Verbindung zwischen Himmel und Erde.

Begleitet von den Klängen des heiligen Selunding-Gamelan, der Überlieferung nach ein Geschenk des höchsten Gottes Indra an die Tengananer, führt man Opfertänze auf. Bei den Kare-Kämpfen, einem Fruchtbarkeitsritual, in dem das Fest kulminiert, schlagen halbnackte,

nur durch einem Rattanschild geschützte Jugendliche mit stacheligen Pandanus-Blättern aufeinander ein. Dass dabei oft reichlich Blut fließt, ist beabsichtigt – damit wollen die Bali Aga die Götter um ihren Segen für die Reisernte bitten.

Die Ostspitze von Bali

Im fernen Osten Balis liegt inmitten von Reisfeldern und -terrassen **Amlapura,** die Hauptstadt des Regierungsbezirks Karangasem. Nach dem Niedergang der Gelgel-Dynastie im späten 17. Jh. entwickelte sich Karangasem im 18. und 19. Jh. zum mächtigsten Fürstentum Balis, dessen Herrschaftsbereich sich auch über Teile der Nachbarinsel Lombok erstreckte. Anfang des 20. Jh. kollaborierte der damalige Raja mit der holländischen Kolonialmacht. Er durfte seinen Titel und einen Teil seiner Machtbefugnisse behalten, wurde aber von den anderen balinesischen Herrschern fortan als Abtrünniger gemieden. Die Feudalzeit ging zwar mit der Unabhängigkeit Indonesiens 1949 zu Ende, doch bekleideten Mitglieder der Königsfamilie noch lange wichtige Posten in der Provinzverwaltung.

Die Verbundenheit des Raja mit den Europäern spiegelt sich im Puri Agung Kanginan, dem Fürstenpalast, wider. Die heutige, zum Teil noch von Nachkommen der Raja-Familie bewohnte Anlage entstand im frühen 20. Jh. Europäische, chi-

Der Osten von Bali

nesische und balinesische Stilelemente verbinden sich hier zu einem harmonischen Ganzen. Wegen der gediegenen Ausstattung mit englischen Möbeln trägt das Hauptgebäude, ein von einer großen Veranda umgebener balinesischer Pavillon, den Namen Bale London. Die blau-goldenen, kunstvoll geschnitzten Türen, eine chinesisch inspirierte Arbeit, lassen heute noch den früheren Glanz des Palastes erahnen. Die fein gearbeiteten Reliefs am benachbarten Pavillon, in dem einst die Zahnfeilung stattfand, zeigen Szenen aus dem »Ramayana«.

Den Mittelpunkt der Palastanlage bildet ein künstlich angelegter Lotosteich, in dem der Bale Kembang ›schwimmt‹, einst der Speisepavillon der königlichen Familie. Obwohl restauriert, zeigt der Fürstenpalast immer noch Spuren des Agung-Ausbruchs von 1963. Damals wurden weite Teile des Karangasem-Bezirks verwüstet, darunter auch Gebiete der Hauptstadt, die bis zu der Naturkatastrophe so hieß wie das historische Königreich – Karangasem. Auch als Zeichen des Neubeginns und um die für das Desaster verantwortlichen Dämonen in die Irre zu führen und möglichen weiteren Katastrophen vorzubeugen, erhielt die Stadt ihren jetzigen Namen.

Nach Plänen des letzten amtierenden Raja entstand 1921 der Wasserpalast von **Ujung** 4 km südöstlich in Küstennähe, von dem nach mehreren Erdbeben nur noch über Reisfelder verstreute Trümmer zeugen. Erhalten blieb der große Badeteich, der heute Reisbauern als Tränke für ihre Kühe und Wasserbüffel dient.

Dem königlichen Faible für Wasserspiele verdankt auch der um 1947 erbaute Wasserpalast von **Tirtagangga** (Wasser des Ganges) seine Entstehung. Was einst ein Zeichen herrschaftlicher Grandezza war,

Reisfelder bei Abang

Der Osten von Bali

verwandelte sich nach dem Agung-Ausbruch von 1963 und einem Erdbeben 1979 in ein Ruinenfeld. Übrig blieben Gebäudefundamente sowie Badebecken, die aus dämonenköpfigen, bemoosten Wasserspeiern gespeist werden. Noch immer sprudelt kristallklares Bergwasser in die Bassins, denn der einstige feudale Lustgarten steht heute ganz demokratisch der Allgemeinheit als Badeanstalt und Erholungsort offen. Die schöne Landschaft an den Ausläufern des Gunung Agung mit Reisterrassen, Wäldern und Dörfern lädt zu Wanderungen ein.

Wenige Kilometer nördlich von Tirtagangga windet sich die kurvenreiche Straße Richtung Singaraja über eine kleine Passhöhe. Bei **Tista** funkeln Reisterrassen im klaren Licht der Äquatorsonne wie polierte Jade. In **Abang** weist ein Schild bergan Richtung Osten zum Pura Luhur

Lempuyang, der sich im Bergdschungel am Westhang des erloschenen, 1175 m hohen Vulkans Gunung Seraya versteckt. Man kann dem Heiligtum mit einem robusten Fahrzeug recht nahe kommen, muss dann aber von einem Parkplatz noch einen langen Treppenpfad mit weit über 1000 Stufen bewältigen.

Wegen vieler Auswaschungen benötigt man vor allem nach der Regenzeit auch für die in Culik ostwärts abzweigende Piste nach Amed einen Wagen mit guter Bodenfreiheit. Im Fischerdorf **Amed,** das sich zwischen den steil aufragenden Ausläufern des Gunung Seraya und dem Meer an die steinige Küste schmiegt, kann man angenehme Urlaubstage verbringen, auch wenn die dortigen Strände nicht in die Sternekategorie fallen. Wer sich

Der Osten von Bali

Die Bucht von Amed

artigen Landschaft, geprägt von der Agung-Katastrophe des Jahres 1963. Felder erstarrter Lava ziehen sich von den Gipfeln des Vulkans hinunter bis an den dünn besiedelten nordöstlichen Küstensaum.

Tulamben an einem steinigen, schwarzen Lavastrand ist eines der Ziele für Unterwasserfans. Angezogen werden sie von farbenprächtigen Korallengärten und dem Wrack des amerikanischen Handelsschiffes »Liberty«, das im Zweiten Weltkrieg vor der Küste von den Japanern versenkt wurde.

auf die schmale, schlaglöchrige und teils schlecht befestigte ›Straße‹ wagt, die um die Vulkanruine des Gunung Seraya herumführt, wird mit herrlichen Küstenpanoramen belohnt. Sein Finale findet das Kurvenkarussell bei den Ruinen des Wasserpalastes von Ujung, einige Kilometer südöstlich von Amlapura.

Nördlich von **Culik** weicht die üppige Fruchtbarkeit einer steppen-

In Tirtagangga: **Cabe Bali,** Temege, ✆ u. Fax 03 63-2 20 45, Buchung in Deutschland: ✆ 0 81 71-92 98 08, Fax 92 98 07, abseits von Tirtagangga inmitten von Reisfeldern gelegene kleine, aber feine Bungalowanlage unter deutsch-indonesischer Leitung, mit Restaurant, Tropengarten und Pool, RR–RRR; **Puri Sawah,** ✆ 03 63-2 18 47, Fax 2 19 39, kleines Bungalowhotel mit familiärer Atmosphäre in Hanglage, mit Restaurant und schöner Aussicht, R–RR; **Prima Bamboo,** ✆ 03 63-2 13 16, gut geführte Pension mit einfachen, aber geräumigen und sauberen Zimmern, mit kleinem Restaurant und herrlichem Blick auf Reisterrassen, R

... in Amed
Hotel Indra Udhyana, Buchung: Denpasar Office, ✆ 03 61-24 11 07, Fax 23 49 03, komfortables, inseltypisches Bungalowhotel in schöner Hanglage an der Küste, mit Restaurant und Pool, RRRR; **Coral View Villas,** Buchung: Den-

pasar Office, ☎ 03 61-43 12 73, Fax 42 38 20, klimatisierte Bungalows im balinesischen Stil, am Strand, mit Restaurant und Pool, RR–RRR; **Gubuk Kita Bungalows,** Buchung: Warung Seabreeze, Lovina Beach, ☎ 03 62-4 11 38, Fax 4 11 12, zweistöckige Bungalows im inseltypischen Stil mit Klima-Anlage oder Deckenventilator, mit Restaurant und Pool, RR–RRR; **Bayu Cottages,** Buchung: Amlapura Office, ☎ 03 63-2 10 44, zwei klimatisierte Bungalows hoch über dem Strand, schöner Blick, RR; **Kusumajaya Beach Inn,** Buchung: Amlapura Office, ☎ 03 63-2 12 50, kleine Bungalowanlage am Strand, mit Restaurant, R–RR; **Wawa-Wewe,** Buchung: Amlapura Office, Fax 03 63-2 20 74, schlichte, kleine Bungalows abseits vom Strand, mit Restaurant, R

… in Tulamben

Emerald Tulamben Beach Hotel, Buchung: Denpasar Office, ☎ 03 61-46 26 73, Fax 46 24 07, komfortables Bungalowhotel am weitläufigen Strandareal, mit Restaurant, Pool und Dive Centre, RRRR–RRRRR; **Mimpi Resort,** Buchung: Amlapura Office, ☎ 03 63-2 16 42, Fax 2 19 39, mimpi@mimpi.com, www.mimpi.com, geräumige Bungalows im inseltypischen Stil am Strand, Restaurant, Pool, Dive Centre, beliebt bei Tauchern, RRRR; **Tauch Terminal,** Buchung: Kuta Office, ☎ 03 61-73 02 00, Fax 73 02 01, einfache Zimmer und Bungalows mit Ventilator oder Klima-Anlage am Strand, Restaurant, Pool, Tauchbasis und Tauchschule, R–RR; **Paradise Palm Beach Bungalows,** Buchung: Candi Dasa Office, ☎ 03 63-41 05 2, Fax 4 19 81, einfach ausgestattetes Bungalowhotel am Strand, gutes Restaurant, beliebt bei Tauchern, R

🍴 **In Amed: Tiying-Petung Cafe,** Bambus-Restaurant unter balinesisch-deutscher Leitung mit vielfältiger Speisekarte, R

🚌 **Busse und Bemos** nach Amlapura von Denpasar/Terminal Batubalan. Vom Terminal in der Ortsmitte von Amlapura regelmäßig Bemos nach Ujung und Tirtagangga sowie sporadisch nach Tista; mehrmals tägl. Bemos und Busse auf der wenig befahrenen Straße entlang der Nordostküste zwischen Amlapura und Singaraja

Nusa Penida und Nusa Lembongan

Die gut 300 km² große, dünn besiedelte Insel Nusa Penida vor der Südostküste von Bali liegt abseits des großen Touristenstroms. Ähnlich wie die Bukit Badung-Halbinsel ist auch Nusa Penida ein Kalksteinplateau, das sich bis zu 529 m über dem Meeresspiegel erhebt. Mit kahlen Bergrücken und spärlicher Vegetation bildet das Eiland einen Kontrast zum fruchtbaren Südosten von Bali. Die wasserdurchlässigen Karstböden lassen kaum eine agrarische Nutzung zu.

Statt Reis, der sehr viel Wasser benötigt, werden hauptsächlich Mais, Süßkartoffeln und Sojabohnen kultiviert. Da es kein Grundwasser gibt, werden die Felder aus großen Betonzisternen bewässert, in denen man Regenwasser auffängt. In erster Linie leben die etwa 45 000 Insulaner, zumeist muslimische Zuwanderer aus Sulawesi, vom Fischfang in der Meerenge von Badung, die Nusa Penida von Bali trennt.

Für Balinesen steht fest, dass Nusa Penida das Reich des Dämonen-

Nusa Penida und Nusa Lembongan

königs Ratu Gede Mecaling ist, der über ein Heer böser Meeresgeister gebietet. Daher begeben sie sich nur ungern auf die ›verwunschene Insel‹. Sehr begehrt sind bei ihnen aber die auf Nusa Penida gefertigten, feuerroten Cepuk-Tücher, denen man Abwehrkräfte gegen Krankheit und schwarze Magie nachsagt. Schließlich beschützen die magischen Textilien auch die Insulaner von Nusa Penida, die im Reich des Bösen leben müssen. Einst verbannten die Rajas von Bali Straftäter nach Nusa Penida, was dem Eiland den Beinamen ›Banditeninsel‹ eingebracht hat.

›Hauptstadt‹ der Insel ist **Sampalan,** das außer einem lebhaften Wochenmarkt keine Sehenswürdigkeiten bietet. Westlich von Sampalan liegt bei Toyapakeh das Heiligtum **Pura Dalem Penataran Ped.** Der Schrein, den ein rechteckiger Teich umgibt, ist dem Höllenfürsten geweiht. Zum Unterweltstempel, der als ein Zentrum der schwarzen Magie gilt, pilgern Balinesen, um mit Opfern Ratu Gede Mecaling zu beschwichtigen.

Weitere Attraktionen von Nusa Penida sind die Tempelanlage **Pura Batu Medau** (bei Suana) und die heilige Tropfsteinhöhle **Goa Karangsari** mit einem unterirdischen See südöstlich von Sampalan, in der alljährlich beim Galungan-Fest Kerzenlicht-Prozessionen und Zeremo-

Nusa Penida und Nusa Lembongan

Nusa Penida und Nusa Lembongan

Heimkehr nach getaner Arbeit

nien stattfinden. Obwohl beschwerlich, lohnt sich ein Abstecher an die Südküste der Insel, wo spektakuläre Steilklippen über 200 m tief zum Meer abfallen. Südlich von Sebuluh führt ein Schwindel erregender Stufenpfad aus Bambus und Holz zu einer der wenigen Süßwasserquellen auf Nusa Penida, die am Fuß der Klippen sprudelt.

Nusa Penida sind nordwestlich die beiden Inselwinzlinge **Nusa Lembongan** (3500 Einwohner) und das unbewohnte **Nusa Ceningan** vorgelagert, die hinsichtlich Bodengestalt, Tierwelt und Vegetation der Schwesterinsel sehr ähnlich sind. Die hügelige, verkarstete Hochebene von Nusa Lembongan stürzt im Osten dramatisch zum Meer ab. Die Nordküste dagegen ist flach und dicht mit Mangrovenwäldern bewachsen.

Ein Erwerbszweig der Insulaner ist neben Fischfang eine besondere Form von Aquakultur – sie legen im seichten Wasser Felder von Seetang an, der nach der Ernte in getrockneter Form als Rohstoff für die Kosmetikindustrie vorwiegend nach Japan exportiert wird. Die Welt der bunten Korallengärten in den Küstengewässern von Nusa Lembongan mit unglaublichem Fischreichtum zieht vor allem Taucher und Schnorchler an, die im Dorf **Jungutbatu** an der Nordwestküste preiswerte Unterkünfte finden. Etwa 2 km vom recht verschmutzten Sandstrand entfernt türmt sich die Bali-See an einem Riff zu einer wilden Brandung auf, die von Surfern aus aller Welt geschätzt wird. Wem der Sinn nicht nach Wassersport steht, der kann in gut zwei Stunden die autolose Insel umrunden. Das artet nicht in Stress aus, denn außer einsamen Stränden gibt es nichts zu entdecken.

Auf Nusa Lembongan: Waka Nusa Resort, Buchung: Denpasar Office, ✆ 0361-723629, Fax 722077, www.asia123.com/wakagroup/home.htm, kleine, landestypische Bungalowanlage aus natürlichen Materialien, mit Restaurant und Pool, RRRR; **Coconuts Beach Resort,** Buchung: P.T. Island Explorer Cruises,

Nusa Penida und Nusa Lembongan

✆ 0361-289856, Fax 289837, stilvolle Bungalows in herrlicher Hanglage, mit Restaurant und schönem Pool, RRR; **Bunga Lembongan,** schlichtes Bambushotel am Strand, R; **Bungalo No. 7,** ✆ 081-23801537, einfache, doppelstöckige Strandbungalows, mit Restaurant, R; **Pondok Baruna,** schlichtes Strandhotel mit Restaurant und Tauchbasis, R; **Puri Nusa,** einfache Bungalowanlage am Strand, mit Restaurant, R

Im Fischerdorf Kusamba (8 km östl. von Klungkung) legen bei ruhiger See tägl. am frühen Morgen Auslegerboote nach Mentigi bei Sampalan auf Nusa Penida ab, Fahrzeit 2–3 Std. Von Padang Bai verkehren sporadisch kleine Motorboote nach Toyapakeh auf Nusa Penida, Fahrzeit 2 Std. In Sanur legt tägl. frühmorgens unweit des Grand Bali Beach Hotel ein reguläres Passagierboot nach Nusa Lembongan ab, Fahrzeit 2–3 Std.

Fahrten in kleinen Booten über die gelegentlich recht raue Meerenge von Badung können abenteuerlich sein. Das Gepäck sollte man gut mit Plastikplanen schützen und keine nässempfindlichen (Wert-)Sachen am Körper haben, denn oft kommt man bis auf die Haut durchnässt an. Sicherer und bequemer ist es, eine organisierte Tour in einem Ausflugsboot vom Benoa-Hafen oder Tanjung Benoa zu buchen, z. B. Island Explorer Cruises, ✆ 0361-289856, Fax 289837 (nach Nusa Lembongan) und Waka Louka, ✆ 0361-723629, Fax 722077 (Segelkatamaran nach Nusa Lembongan) sowie Quicksilver, ✆ 0361-771997, Fax 771967 (nach Nusa Penida).

Ausflüge nach Java und Lombok

Die Sultansstadt Yogyakarta

Der buddhistische Borobudur-Tempel

Der hinduistische Prambanan-Tempel

Erkundungsfahrt auf Lombok

Bei Kuta auf Lombok

Ausflüge nach Java und Lombok

Kultururlaub in Yogyakarta mit Abstechern zu den weltbekannten Tempelanlagen von Borobudur und Prambanan. Auf Lombok Besuch von Ampenan, Mataram und Cakranegara. Besichtigung der Tempel von Lingsar und Suranadi sowie des einstigen Raja-Palastes von Narmada. Strandtage im Fischerdorf Kuta an der Südküste, Badeurlaub in Senggigi und Tauchen in den Gewässern um die drei Gilis, Bergwanderung auf den Vulkan Gunung Rinjani.

Ausflug zur Nachbarinsel Java

Yogyakarta

Nur eine knappe Flugstunde von Bali entfernt erstreckt sich auf Zentral-Java das historische Kernland des indonesischen Archipels. Mit den Tempelanlagen von Borobudur und Prambanan kann man die bedeutendsten Kulturdenkmäler der buddhistisch-hinduistischen Vergangenheit erkunden.

Beste Station für einen Kultururlaub auf Java ist wegen seiner zentralen Lage und hervorragenden touristischen Infrastruktur Yogyakarta. Die 600 000-Einwohner-Stadt, das geistige und kulturelle Herz von Java, wurde 1755 gegründet, als sich das islamische Fürstentum Neu-Mataram nach einem Bürgerkrieg in zwei Sultanate spaltete – Yogyakarta

und Surakarta. Während die Surakarta-Herrscher den Niederländern stets willfährig waren, gingen von Yogyakarta wesentliche Impulse für den indonesischen Freiheitskampf aus. Hier befand sich in den Jahren vor dem Zweiten Weltkrieg das Zentrum der Unabhängigkeitsbewegung, hier residierte von 1945 bis 1949 die nationalistische Regierung Sukarnos. Unter der Fürstendynastie von Yogyakarta erlebten Kunst und Kunsthandwerk eine beispiellose Blütezeit. Yogya ist nicht nur weiterhin bekannt für Batikmanufakturen und Silberschmiede, hier sind auch javanische Tanz- und Bühnenkunst ebenso lebendig wie Wayang und Gamelan.

Ein Ausflug in das Java längst vergangener Jahre beginnt dort, wo das Herz des historischen Yogyakarta schlägt, beim königlichen **Kraton** (1). Der weitläufige Sultanspalast, zwischen 1755 und 1792 erbaut

Java/Yogyakarta

Der Kraton in Yogyakarta

und 1812 von den Engländern geplündert, umfasst etwa 1 km² und ist vollständig von einer hohen weißen Mauer umgeben. Das Zentrum des sorgsam nach kosmologischen Prinzipien geplanten Palastbezirks besteht aus mehreren verschachtelten Hofanlagen mit zahlreichen prachtvollen Pavillons *(pendopo)*. Im ›Goldenen Pavillon‹, einem Potpourri aus alt-javanischen und europäischen Stilelementen, unterhielten die Sultane einst ihre königlichen Gäste mit höfischen Tänzen. Traditionelle Sultansgewänder und Uniformen der Palastwache sind in zwei Glaspavillons ausgestellt. Das Palastmuseum präsentiert die Krönungsinsignien des Fürstengeschlechts und andere wertvolle Exponate. Besichtigen darf man den Kraton nur in Begleitung offizieller, englischsprachiger Führer, die gegen ein kleines Trinkgeld ausführlich auf die Geschichte des Kratons und der Stadt eingehen (Sa – Do 8.30–14, Fr 8.30–13, geschl. an staatlichen und religiösen Feiertagen; Mo u. Di. 10–12 Gamelan-Proben, So 10.30–12 Uhr Tanzproben).

Zum Kraton gehören auch die seit 1761 angelegten, über 10 ha umfassenden königlichen Lustgärten von **Taman Sari** (2), von deren einstiger Pracht seit einem Erdbeben 1867 jedoch nur noch Trümmer zeugen. Zwischen den moosbedeckten Ruinen erstreckt sich heute Yogyas Künstlerviertel, in dem sich vor allem Batikmaler niedergelassen haben. Auf dem Vogelmarkt (Pasar Ngasem) wenige Schritte abseits von Taman Sari wird in Buden und kleinen Geschäften neben der gefiederten Ware auch Zubehör von bunten

Java/Yogyakarta

Käfigen bis zu lebenden Futtermaden feilgeboten. Beste Besuchszeit ist zwischen 8 und 10 Uhr.

Es lohnt sich ein Blick in das reich bestückte **Museum Sono Budoyo** (3) an der Nordwestflanke des weitläufigen Alun-Alun-Platzes vor dem Kraton, das eine erlesene Sammlung javanischer, maduresischer und balinesischer Kunst präsentiert. Im Innenhof steht die Replik eines balinesischen Tempels (Di–Do 8–13, Fr 8–11, Sa u. So 8–12 Uhr).

Yogyas Ruf als Einkaufsparadies untermauert die Jalan Malioboro mit zahlreichen Geschäften, die eine

---

Yogyakarta
1 Kraton 2 Taman Sari 3 Museum Sono Budoyo 4 Batikwerkstätten

202

bunte Palette indonesischen Kunst-
handwerks zu günstigen Preisen anbieten. Interessant ist auch ein Besuch der Betriebe, in denen die
kunstgewerblichen Souvenirs hergestellt werden. **Batikmanufakturen**
konzentrieren sich im Süden der
Stadt in der Jl. Tirtodipuran. Man
kann den Handwerkern bei der Arbeit zusehen und danach in einem
Verkaufsraum die Stoffe erstehen.

In Werkstätten entlang der Jl. Mataram oder Jl. Taman Sari lässt sich
verfolgen, wie Wayang Kulit-Figuren
angefertigt werden. Die Tradition
des Silberhandwerks wird im Städtchen Kota Gede 6 km südlich von
Yogya gepflegt. Unter den geschick-
ten Händen der Silberschmiede entstehen filigraner Silberschmuck, Tafelsilber, Vasen und Leuchter. In den
meisten Werkstätten dürfen Besucher den Künstlern über die Schulter
gucken.

Borobudur und Prambanan

Gut 40 km nordwestlich von Yogyakarta liegt das größte buddhistische
Heiligtum der Welt – der Tempel-
komplex des **Borobudur** (tägl.
6–17.30 Uhr). Es empfiehlt sich,
frühmorgens aufzubrechen, um den
Tempel vor dem großen Besucher-
andrang besichtigen zu können.
Dann ist auch die Luft noch klar und
kühl und wer Glück hat, erhascht
unterwegs einen Blick auf den Gunung Merapi, Yogyas meist hinter
Wolken versteckten ›Hausvulkan‹.
Eine dünne, weiße Rauchfahne, die

sich ständig aus seinem Krater kräu-
selt, erinnert daran, dass der Merapi
immer noch aktiv und gefährlich ist.

Der zwischen 780 und 850, während der Herrschaft der Shailendra-
Dynastie erbaute Borobudur gilt
nicht nur als größte Manifestation
des Buddhismus, sondern auch als
eines der gelungensten Meisterwer-
ke monumentaler Sakralarchitektur.
Nur ein knappes Jahrhundert diente
das ›Tempelkloster auf dem Berg‹ als
Wallfahrtsort für buddhistische Pilger, gegen 930 verlagerte sich das
politische, wirtschaftliche und kulturelle Schwergewicht von Zentral-
nach Ost-Java. Allmählich überwu-
cherte tropische Vegetation den Borobudur, der nun für fast ein Jahrtausend in Vergessenheit geriet.

Erst 1814 begann die sporadische
Restaurierung, die ab 1907 planmä-
ßig, aber ohne dauerhaften Erfolg
vorangetrieben wurde. Als der gi-
gantische Bau einzustürzen drohte,
führten zwischen 1973 und 1982
unter der Ägide der UNESCO Wissenschaftler aus aller Welt ein Sanie-
rungsprojekt durch, bei dem der Borobudur ein neues Stützkorsett aus
Beton und ein kompliziertes Draina-
gesystem erhielt. Auf dem weichen
Untergrund war der Tempel im Laufe
der Jahrhunderte von ursprünglich
42 m auf 33,5 m zusammengesackt.

Der als Stufenpyramide konzipier-
te Borobudur besteht aus sechs sich
nach oben verjüngenden quadratischen und drei darüber liegenden
kreisförmigen Terrassen. In seiner Architektur spiegelt er das Weltbild, die
drei kosmischen Sphären des Maha-

Java/Borobudur und Prambanan

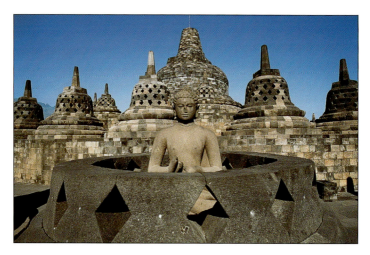

Der Borobudur – das größte buddhistische Heiligtum der Welt

---

yana-Buddhismus wider und verkörpert zudem ein Mandala, ein riesiges buddhistisches Meditationsmotiv.

Der meditative Rundgang beginnt in der ›Wunschsphäre‹ *(kamadhatu)*, der Ebene der weltlichen Begierden und Leiden. Stets im Uhrzeigersinn geht man auf den beiden untersten Terrassen vorbei an der ersten Reliefgalerie mit Szenen von Krieg und Kampf, von Sünde und Laster. Auf die Niederungen des Lebens folgt die ›Sphäre der Form‹ *(rupadhatu)*, die nächste Station des Erlösungsweges, in der die Suche nach dem Sinn menschlicher Existenz beginnt.

Die 1300 Basreliefs der folgenden drei Terrassen schildern das Leben des Gautama Buddha von seiner Geburt über seine Erleuchtung bis zu seinem Eintritt ins Nirvana. Auf der obersten der quadratischen Terrassen beginnt sich die Seele des Menschen vom irdisch gebundenen Leben zu lösen. Die Reliefs dieser Galerie zeigen Episoden aus dem Leben des Bodhisattva Sudhana. 1212 weitere Bildtafeln haben rein dekorativen Charakter. Die Gesamtlänge der Paneele beträgt 2,5 km – Bild für Bild eine faszinierende Galerie aus dem 9. Jh.

Auf den drei Rundterrassen gibt es keine Reliefgalerien mehr. Hier ist die ›Sphäre der Formlosigkeit‹ *(arupadhatu)* erreicht, die Loslösung von der irdischen und materiellen Welt. Über die drei obersten Ebenen verteilen sich 72 Miniatur-Stupas, in denen Buddha-Figuren mit der symbolischen Handhaltung des Lehrens, *dharmacakra mudra,* sitzen. Eine dieser Statuen wird von den

Java/Borobudur und Prambanan

Einheimischen besonders verehrt, der Lucky Buddha im Stupa rechts der Haupttreppe. Von ihm heißt es, er erfülle bei Berührung einen Wunsch. Als Symbol der völligen Vergeistigung krönt das Heiligtum ein 8 m hoher schmuckloser Stupa.

Zum Borobudur gehören zwei kleinere, in der Nähe gelegene buddhistische Heiligtümer, Candi Pawon und Candi Mendut, die dem Haupttempel auf einer Ost-West-Achse zugeordnet sind.

Etwa 16 km nordöstlich von Yogyakarta ragt in einer Ebene als hinduistisch-shivaistisches Gegenstück zum buddhistischen Borobudur der **Prambanan-Tempel** auf (tägl. 6–17.30 Uhr). Errichtet wurde er vermutlich Ende des 9. Jh. von der Hindu-Dynastie der Mataram als Manifestation ihres Triumphes über die buddhistischen Shailendra. Die Intention war eindeutig – es sollte etwas geschaffen werden, das imposanter war als alles bisher Erreichte.

Aber auch Prambanan wurde wenige Jahrzehnte nach seiner Fertigstellung ohne ersichtlichen Grund, vielleicht wegen eines Ausbruchs des Merapi-Vulkans, verlassen. Die Rekonstruktion der Haupttheiligtümer des 1549 bei einem Erdbeben fast völlig zerstörten, ursprünglich 232 Bauten umfassenden Tempelkomplexes begann 1937 und war 1953 abgeschlossen. An den Nebentempeln wird heute noch gearbeitet.

Im zentralen Hof der Sakralanlage, die sich in drei Bereiche gliedert, stehen auf einer Terrasse acht Tempel. Als Haupttempel ist der 47 m hohe Lara Jonggrang dem Gott Shiva geweiht. Flankiert wird er von einem Brahma- und einem Vishnu-Tempel. Die drei Heiligtümer gegenüber der Dreiergruppe beherbergten einst die mythischen Reittiere der Hindu-Trinität, von denen aber nur Nandi, Shivas Stier, erhalten blieb. Das nördliche und südliche Eingangstor des Allerheiligsten bewachen zwei kleinere Tempelbauten.

Jenseits der Umfriedungsmauer standen im mittleren Tempelbezirk einst 224 identische Votivtempel, von denen heute nur noch Trümmer zeugen. Von den aus Holz erbauten Behausungen im äußersten Bereich der Anlage, in denen früher Mönche und Pilger Unterkunft fanden, ist heute nichts mehr zu sehen. Die drei Haupttempel werden von einem Mantel aus steinernen Schmuckornamenten umhüllt. In den figurenreichen Bildtafeln wiederholt sich das ›Prambanan-Motiv‹: ein Löwe flankiert von Himmelbäumen, an deren Stämme sich jeweils zwei Kinnara schmiegen, mythologische Vögel mit Frauenkopf und -brüsten.

Die weitläufige Ebene von Prambanan ist mit hinduistischen Altertümern geradezu übersät. Zu den bedeutendsten gehören **Candi Sewu,** die größte aller Tempelgruppen auf Java (2 km nördl. von Prambanan), der Mitte des 9. Jh. errichtete **Candi Plaosan** (3,5 km nordöstl. von Prambanan), **Candi Sari,** der im Gegensatz zu den anderen Heiligtümern kein Grabmonument, sondern ein buddhistisches Kloster war (3 km

Java/Yogyakarta

Der Prambanan-Tempel aus dem 9. Jh.

westl. von Prambanan), **Candi Kalasan,** der älteste, zweifelsfrei datierte Tempel von Zentral-Java (4 km westl. von Prambanan), sowie **Candi Sambisari,** ein kleines, erst 1966 unter Lavamassen entdecktes Heiligtum (12 km östl. von Yogyakarta).

 Vorwahl: 02 74

Tourist Information Centre, Jl. Malioboro 16, ✆ 56 60 00, Mo–Do 7.30–14, 14.30–19, Fr 7.30–11.30, 13.30–18, Sa 7.30–14, 14.30–18 Uhr

In Yogyakarta: Puri Artha, Jl. Cendrawasih 36, ✆ 51 59 34, Fax 6 27 65, komfortables Hotel im balinesisch-javanischen Stil mit gediegenem Interieur und elegantem Restaurant, RRR–RRRR; **Arjuna Plaza,** Jl. Mangkubumi 44, ✆ 51 30 63, Fax 56 18 62, funktionelles Stadthotel mit Restaurant, RRR; **Peti Mas Guest House,** Jl. Dagen 27, ✆ 51 31 91, Fax 56 29 38, kleine, aber feine Herberge, zentral, mit Restaurant, Pool und Garten, RR–RRR; **Bladok Losmen,** Jl. Sosrowijayan 76, ✆ 25 38 32, familiäre Pension unter deutsch-indonesischer Leitung mit sehr gutem Restaurant, R–RR

Hanoman's Forest, Jl. Prawirotaman 9 B, ✆ 37 25 28, indonesische und europäische Gerichte, während des Dinner (19–21.30 Uhr) Aufführung von *wayang kulit* und klassischen Tänzen, RR; **Ayam Goreng Nyonya Suharti,** Jl. Adisucipto 208 (nahe Ambarrukmo Palace Hotel), ✆ 51 55 22, indonesische Variante des ›Wienerwald‹, Probiertipp: Brathühnchen mit Chili und Kokosraspeln, R–RR; **Kedai Kebun,** Jl. Tirtodipuran 3, ✆ 37 61 14, halboffenes Restaurant mit hübschem Tropengarten, vorwiegend indonesische Gerichte, R–RR; **Legian Garden,** Jl. Malioboro/Jl. Perwakilan, ✆ 56 46 44, stilvolles Terrassenrestaurant mit internationalen Speisen, R; **Superman,** Jl. Sosrowijayan, Gang I, ✆ 515007, Klassiker unter den hiesigen Restaurants mit einer bunten Palette indonesischer, chinesischer und europäischer Gerichte, R

Batik Plentong, Jl. Tirtodipuran 48, ✆ 373777, große Batikfabrik, in der man den Handwerkern zusehen kann, mit angeschlossenem Verkaufsraum, tägl. 9–19.30 Uhr; **Batik Winotosastro,** Jl. Tirtodipuran 54, ✆ 562218, für Besucher geöffnete Batikmanufaktur mit großem Verkaufsraum, tägl. außer So 8–18 Uhr; **Kuswadji K.,** Jl. Alun Alun Utara (bei Mesjid Agung), ✆ 379323, Verkaufsgalerie für Batikbilder aller Stilrichtungen, tägl. 7–14, 18–24 Uhr; **Tom's Silver,** Jl. Ngeski Gondo 60, Kota Gede, ✆ 372818, filigraner Silberschmuck und Tafelsilber, Besichtigung der Werkstatt möglich, tägl. 8–18.30 Uhr; **Wisma Batik Margaria,** Jl. A. Yani 69, ✆ 512669, große Auswahl an Batikstoffen und -textilien; **Yogyakarta Craft Centre,** Jl. Adisucipto Km 5 (gegenüber dem Ambarrukmo Palace Hotel), ✆ 517151, Einkaufszentrum für kunsthandwerkliche Produkte, Mo–Sa 8–19 Uhr

Busse nach Yogyakarta ab Denpasar/Terminal Ubung. Busse von Yogyakarta in alle Hauptrichtungen ab Busbahnhof Umbulharjo (4 km südöstl., ✆ 587834) oder von den Büros der Busgesellschaften in Jl. Sosrowijayan, Jl. Mangkubumi und Jl. Diponegoro

Mehrmals tägl. Flüge der Gesellschaften Garuda, Merpati und Bouraq von Denpasar nach Yogyakarta; Flughafen Adisucipto 10 km östl., ✆ 566666; **Fluglinien:** Garuda, Ambarrukmo Palace Hotel, Jl. Adisucipto, ✆ 522149; Bouraq, Jl. Mataram 60, ✆ 562664; Merpati, Jl. Diponegoro 31, ✆ 514272

Ausflug nach Lombok

Erkundungsfahrt auf Lombok

Lombok genießt seit Jahren den Ruf, eine Art Bali vor dem Sündenfall des Massentourismus zu sein. Das stimmt jedoch nur bedingt. Zwar verläuft das Leben hier ruhiger als auf Bali, aber Lombok unterscheidet sich auch sonst von der Nachbarinsel, von der es durch eine 35 km breite, sehr tiefe Meerenge getrennt wird.

Reisende betreten auf Lombok einen anderen Kulturkreis. Obwohl die Insel einst von Bali unterworfen war, sind heute nur knapp 10 % der Einwohner Hindus, während sich die Mehrheit, Sasak genannt, zum Islam bekennt. Die dortige Variante der Lehre des Propheten Mohammed ist jedoch stark durchsetzt mit Elementen der alt-malaiischen Volksreligion, etwa dem Glauben an die Beseeltheit der Natur sowie der Verehrung der Ahnen. Dies gilt vor allem für die Wetu-Telu-Religion, der etwa 30 % der Insulaner anhängen.

Auf Lombok ist das Klima wesentlich trockener als auf Bali. Vor allem im Süden und im Osten kommt es zu ausgedehnten Dürreperioden, die oft monatelang anhalten können. Um dem kargen Boden Reis und andere Feldfrüchte abzuringen, müssen sich die Sasak stärker plagen als ihre von einem regenreichen Klima verwöhnten Nachbarn. Ähnelt der Westen von Lombok noch Bali, so erinnert die Landschaft und Fau-

Lombok

na der Ostregion eher an Australien und bekräftigen so die Theorie, der zufolge die Inseln östlich von Bali vor der letzten Eiszeit zum australischen Kontinent gehörten, während Bali und Java mit Asien verbunden waren.

Zwei Gebirgszüge bestimmen das Bild der Insel, die etwa 75 km von Ost nach West und Nord nach Süd misst: Im Süden sind es nichtvulkanische, kaum 700 m hohe Gipfel, im Norden ein tropisch überwuchertes Vulkanmassiv, das vom heiligen Berg der Sasak, dem 3726 m hohen Gunung Rinjani, überragt wird. Die Mehrheit der Insulaner lebt in dem etwa 25 km breiten fruchtbaren Tiefland zwischen beiden Gebirgsketten. Das große Plus der Insel sind ihre Bilderbuchstrände, vor allem an der West- und Südküste.

Auch wenn die drei Hauptorte von Lombok – Ampenan, Mataram und Cakranegara – mittlerweile zu einer Großstadt zusammengewachsen sind, verläuft das Leben dort noch in vergleichsweise ruhigem Rhythmus. Während **Ampenan,** einst ein wichtiger Handelshafen, mit verfallenden Häuserzeilen heute den morbiden Charme des Vergäng-

Lombok

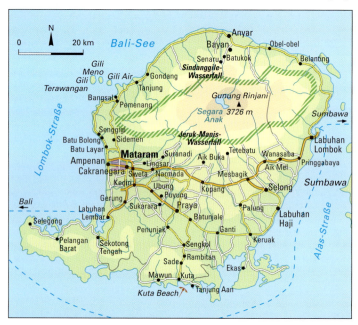

Lombok

lichen ausstrahlt, floriert **Mataram** als moderne Verwaltungszentrale der Provinz West-Nusa Tenggara. Bei einem Besuch des ethnologischen Museums Negeri Nusa Tenggara Barat in der Jl. Panji Tilarnegara lassen sich die während einer Lombok-Reise gewonnenen Eindrücke vertiefen (Di–Do 8–13.30, Fr 8 bis 10.30, Sa u. So 8–12 Uhr).

In **Cakranegara** sind die Spuren balinesischen Einflusses deutlich erkennbar. Dort steht mit dem 1720 erbauten Pura Meru das größte hindu-balinesische Heiligtum von Lombok. Gegenüber bieten sich die 1744 angelegten königlichen Lustgärten Taman Mayura zu einer Pause nach dem Sightseeing an. Auf dem größten Markt der Insel in **Sweta** 1 km östlich von ›Cakra‹ gibt es nichts, was es nicht gäbe.

Im Tempel von **Lingsar,** 12 km nordöstlich von Mataram, beten Hindus und Muslime Seite an Seite. Zu Beginn der Regenzeit bitten dort Gläubige beider Religionen die Götter um ihren Segen für die bevorstehende Reiserate.

In **Narmada,** 15 km östlich von Mataram, ließ Anfang des 19. Jh. der balinesische Raja von Lombok einen Sommerpalast mit Park und Badebecken errichten. Die Anlage ist als Modell des Rinjani-Massivs konzipiert, denn der Herrscher schaffte es im hohen Alter nicht mehr, den Götterberg selbst zu besteigen, um dort Opfergaben darzubringen. Als Symbol des Rinjani-Gipfels tront auf der obersten Ebene des terrassenförmig angelegten Parks der Pura Kala-

sen. Der große Pool rechts davon symbolisiert den Kratersee Segara Anak. Am Wochenende suchen viele Städter Abkühlung im königlichen Wasserpalast, der zu einem öffentlichen Freibad umgestaltet wurde.

Architektonische Spuren haben die Balinesen auch im 15 km nordöstlich von Mataram gelegenen Quelltempel von **Suranadi** mit heiligen Aalen hinterlassen. Der Bergort **Tetebatu** liegt inmitten herrlicher Reisfelder- und Reisterrassen an der Südostflanke des Rinjani. Wanderungen führen zu Wasserfällen, etwa dem Air Terjun Jeruk Manis, und zu Dörfern, in denen traditionelles Kunsthandwerk gepflegt wird.

Bis vor kurzem galt die Südküste von Lombok noch als Geheimtip. Dort erstrecken sich um das Fischerdorf **Kuta,** das außer dem Namen nichts gemeinsam hat mit dem glamourösen Ferienort auf Bali, kilometerlange weiße Sandstrände. Pittoreske Fischerdörfer, bunte Korallengärten und vorgelagerte Inselchen runden das Bild vom Südsee-Arkadien ab.

Ausflüge führen von Kuta zur 7 km östlich gelegenen Bucht von Tanjung Aan und zum Brandungsstrand von Mawun 8 km westlich. Mittlerweile haben die Späher der Tourismusindustrie Kuta ins Visier genommen. Geplant sind exklusive Hotelkomplexe à la Nusa Dua sowie ein Flughafen. Fertig gestellt ist bislang ein Luxushotel. Alle anderen Projekte hat man wegen der Wirtschaftskrise auf Eis gelegt und über

Fischer bei Ampenan auf Lombok

die breiten Zufahrtsstraßen für die geplanten Ferienanlagen rumpeln mal wieder Pferdekutschen und Ochsenkarren.

Es lohnt sich, die Fahrt nach Kuta im Weberdorf **Sukarara** sowie im Töpferdorf **Penunjak** zu unterbrechen. In beiden Orten kann man kunsthandwerkliche Souvenirs zu günstigen Preisen kaufen. In beinahe museal gepflegtem Zustand präsentieren sich die traditionellen Sasak-Dörfer **Rambitan** und **Sade**. Die Bewohner leben in einer Art Freilichtmuseum. Sie verzichten auf Wellblechdächer und andere Errungenschaften der modernen Zivilisation, um das Erscheinungsbild der Dörfer, das Touristen anlockt, nicht zu zerstören.

An der Küstenstraße, die von Ampenan Richtung Norden führt, liegt das Heiligtum **Batu Layar,** in dem Anhänger des Wetu Telu-Glaubens beten und Opfer darbringen. **Batu Bolong,** einer der ältesten Hindu-Tempel auf Lombok, thront einige Kilometer weiter nördlich auf einer Klippe hoch über dem Meer. **Senggigi,** an einer Bucht mit weitem Sandstrand gelegen, hat sich in den letzten Jahren vom wenig besuchten Fischerdorf zum wichtigsten Ferienzentrum der Insel entwickelt.

Entlang der Küste mit atemberaubend schönen Buchten windet sich von Senggigi eine kurvenreiche Panoramastraße zum 15 km entfernten Städtchen **Pemenang,** das man von Mataram auch auf einer Bergstraße über den Pusuk Pass durch die wild zerklüfteten westlichen Ausläufer des Rinjani-Massivs erreichen kann. Von Bangsal, 2 km westlich von Pemenang, verkehren größere Auslegerboote zu den Inseln **Gili Air, Gili Meno** und **Gili Terawangan.**

Den drei Gilis eilt der Ruf paradiesischer Bade-Inseln voraus. Gewiss kann man auf den Eilanden, die noch ohne große Hotels vor sich hin träumen, erholsame Urlaubstage verbringen, jedoch darf man keine ›Südsee-Traumstrände‹ erwarten. Dagegen sind die Tauchreviere um die Inselchen vom Feinsten. Korallenriffe locken insbesondere vor Gili Meno, der mittleren Insel, in deren Nähe die seltene ›blaue Koralle‹ im

Lombok

türkisfarbenen Meer wächst. Als Party-Insel ist Gili Terawangan bei Rucksackreisenden populär. Bunte Korallengärten bieten ideale Bedingungen zum Schnorcheln.

Den gebirgigen Norden von Lombok dominiert der 3726 m hohe **Gunung Rinjani.** Aus der Entfernung wirkt das mächtige Massiv wie ein Gebirge. Bei den vermeintlichen Gipfeln handelt es sich jedoch um die Zacken auf dem zerklüfteten Rand eines urzeitlichen Kraters. Die höchste dieser Erhebungen ist der Gipfel des Rinjani. Zum Teil wird die Caldera, die einen Durchmesser von 5 km besitzt, von dem smaragdgrün leuchtenden Kratersee Segara Anak ausgefüllt. Aus dessen Mitte ist ein neuer, aktiver Vulkan gewachsen, der Gunung Baru.

Die von den meisten Bergwanderern bevorzugte Aufstiegsroute beginnt bei den Dörfern **Batu Koq** und **Senaro,** wo man *guides* und Träger und auch die notwendige Ausrüstung (Zelt, Schlafsack u. a.) mieten kann. Konditionsstarke schaffen den Aufstieg zum Kraterrand, von dem sich ein überwältigendes Panorama bietet, und den Rückmarsch nach Batu Koq an einem Tag. Wer vom Kraterrand den steilen, nicht ganz ungefährlichen Abstieg zum Segara Anak einplanen möchte, sollte für die Trekking-Tour wenigstens zwei Tage ansetzen. Nur mit bergsteigerischer Erfahrung sollte man sich an die Besteigung des Rinjani-Gipfels wagen, für die man hin und zurück ab Kratersee etwa zwölf Stunden veranschlagen muss.

Lombok

Das Sasak-Dorf Sade

 Vorwahl: 03 70

 **West Nusa Tenggara Provencial Tourism Office,** Jl. Langko 70, Mataram, ✆ 63 17 30

In Senggigi: Senggigi Beach Hotel, ✆ 69 32 10, Fax 69 32 00, komfortables Bungalowhotel in einem weitläufigen Strandareal, mit zwei Restaurants und Pool, RRRR–RRRRR; **Bukit Senggigi,** ✆ 69 31 73, Fax 69 32 26, inseltypische Bungalows in herrlicher Hanglage, mit Restaurant und Pool, RRR; **Mascott Cottages,** ✆ 69 33 65, Fax 69 32 36, geräumige Bungalows mit Klima-Anlage und Restaurant am Strand, RR–RRR; **Puri Mas,** Mangsit, ✆ u. Fax 69 30 23, komfortable Bungalows im Sasak-Stil an einem ruhigen Strandabschnitt 3 km nordwestl., mit Restaurant und Pool, RR–RRR; **Windy Beach Cottages,** Mangsit, ✆ 69 31 91, Fax 69 31 93, einfache, stilvolle Bungalows im Sasak-Stil an einem ruhigen Strand 4 km nordwestl., mit Restaurant, R

... in Kuta
Novotel Coralia, Pantai Putri Nyale, Pujut, ✆ 65 33 33, Fax 65 35 55, Buchung in Deutschland: ✆ 0 61 96-48 38 00, komfortables, aus Naturmaterialien gebautes Bungalowhotel im Sasak-Stil, Restaurant und Pool, RRRRR; **Matahari Inn,** ✆ 65 48 32, Fax 65 49 09, Zimmer und Bungalows mit Ventilator oder Klima-Anlage, Garten, Pool, gutes Restaurant, R–RR

... auf Gili Air
Hotel Gili Air, ✆ u. Fax 63 44 35, gemütliche Strandbungalows mit Ventilator oder Klima-Anlage, mit Restaurant, RR–RRR

... auf Gili Meno
Casablanca Cottages, ✆ 63 38 47, Fax 64 23 34, Bungalowanlage in Strandnähe, Restaurant und Pool, RR

Lombok

... auf Gili Terawangan
Vila Ombak, ✆ 03 70-64 23 36, Fax 03 70-64 23 37, ombak@mataram. wasantara.net.id, komfortables Strandhotel im Sasak-Stil mit Restaurant, RRR

... in Tetebatu
Soedjono Hotel, Fax 03 76-2 21 59, Kolonialvilla und Gästehäuser im Sasak-Stil, mit Restaurant und Pool, R–RR; **Green Orry Inn,** Bungalowanlage mit familiärer Atmosphäre, gutes Restaurant, R

... in Batu Koq/Senaro
Bukit Senaro Cottage, einfache, geschmackvolle Bungalows im Sasak-Stil, R; **Pondok Senaro,** schlichte Zimmer, gutes Restaurant, Blick auf den Wasserfall, R

In Cakranegara: Dua Em, Jl. Transito 99, ✆ 62 29 14, inseltypisches Lokal mit Sasak-Spezialitäten, R–RR

... in Senggigi
Asmara, ✆ 69 36 19, Steaks und regionale Spezialitäten, R–RR; **Taman Senggigi,** ✆ 69 38 42, Terrassenrestaurant mit Seafood und internationalen Gerichten, R–RR; **Malibu,** ✆ 69 37 69, indonesische und thailändische Gerichte, hervorragendes Seafood, R

 Mehrmals tägl. Flüge der Gesellschaft Merpati von Denpasar (Bali) nach Mataram (Lombok)

 Zwischen Padang Bai (Bali) und Labuhan Lembar (Lombok) verkehren tägl. im 1,5-Stunden-Rhythmus Passagier- und Autofähren, Fahrzeit 4–5 Std. Tägl. um 8 Uhr sowie in der Hochsaison zusätzlich um 14.30 Uhr fährt die Mabua Express, ein komfortabler Katamaran, von Benoa (Bali) nach Labuhan Lembar (Lombok), Rückfahrt tägl. um 11.30 Uhr sowie in der Hochsaison zusätzlich um 17.30 Uhr, Fahrzeit 2,5 Std., Auskunft und Buchung: ✆ 03 61-72 12 12 (Benoa) u. 03 70-8 11 95 (Labuhan Lembar). Zweimal tägl. pendelt ein *shuttle boat* zwischen Padang Bai (Bali) und Senggigi (Lombok), Auskunft und Buchung: Perama Tourist Service, ✆ 03 63-4 14 19 (Padang Bai) u. 03 70-69 30 07 (Senggigi)

Abbildungs und Quellennachweis

Roland Dusik, Lauf: Umschlagklappe vorne, S. 1, 10/11, 17, 24, 30, 48, 55, 63, 65, 68, 71, 112, 120/21, 146, 173, 179, 192/93, 198/99, 201, 204, 206, 210/11, 212, Umschlagrückseite oben

C. Emmler / laif, Köln: Titelbild, S. 2/3, 8, 13, 15, 20, 26/27, 34, 38, 41, 61, 67, 74, 76, 93, 98/99, 116/17, 127, 144, 148, 153, 156, 170/71, 181, 185, 187, 190/91, 214, Umschlagrückseite unten

Andreas Fechner / laif, Köln: S. 53, 87

Edith Schulmann, Frankfurt/Main: S. 130

Martin Thomas, Aachen: hintere Umschlagklappe, S. 29, 42, 45, 50, 57, 58, 79, 80, 82/83, 101, 107, 118, 124, 137, 140, 150/51, 159, 163, 164/65, 167, 182/83, 196/97, Umschlagrückseite Mitte

Karten und Pläne: Berndtson & Berndtson Productions GmbH, Fürstenfeldbruck © DuMont Buchverlag, Köln

Zitat S. 9 aus Liebe und Tod auf Bali von Vicki Baum, mit freundlicher Genehmigung © 1965/1984 by Verlag Kiepenheuer & Witsch, Köln

TIPPS & ADRESSEN

Alle wichtigen
Informationen rund
ums Reisen auf
einen Blick – von
Anreise bis Zeitun-
gen

Ein Sprachführer
hält die wichtigsten
Wörter griffbereit

INHALT

Reisevorbereitung & Anreise

Informationsstellen 217
Diplomatische Vertretungen
    der Republik Indonesien . . . 217
Einreise- und
    Zollbestimmungen 217
Gesundheitsvorsorge 218
Reisezeit 218
Reisegepäck 218
Reisekasse 218
Reisen mit Kindern 219
Reisen für Behinderte 219
Literarische Reisevorbereitung . 219
Anreise 220
Rückreise 220

Unterwegs auf Bali

… mit öffentlichen
    Verkehrsmitteln 221
… mit dem Taxi 221
… mit dem Leihwagen 221
… mit dem Motorrad 221

Unterkunft, Essen und Trinken

Hotels und Pensionen 222
Essen und Trinken 223

Urlaubsaktivitäten

Baden 224
Bergsteigen und Wandern . . . 224
Golf 225
Kochkurse 225
Kreuzfahrten 225
Mountainbiking 225
River Rafting 226

Surfen 226
Tauchen und Schnorcheln . . . 226
Tennis 227

Sprachführer Indonesisch . 227

Reiseinformationen von A bis Z

Ärztliche Versorgung 229
Apotheken 230
Auskunft 230
Diplomatische
    Vertretungen auf Bali 230
Drogen 230
Einkaufen und Souvenirs 231
Elektrizität 231
Feste und Feiertage 232
Frauen allein auf Bali 233
Geld und Geldwechsel 233
Märkte 233
Maße, Gewichte und
    Temperaturen 234
Notruf 234
Öffnungszeiten 234
Post 234
Sicherheit 234
Telefonieren 235
Toiletten 235
Trinkgeld 235
Verhalten als Tourist 236
Wasser 237
Zeit 237
Zeitungen 237

Register 238

REISEVORBEREITUNG UND ANREISE

Informationsstellen

Indonesisches Fremdenverkehrsamt für Europa: Wiesenhüttenstr. 17, 60329 Frankfurt/Main, ☏ 069-233677, Fax 23 08 40. Wegen der angespannten politischen Situation in Indonesien ist das Indonesische Fremdenverkehrsamt bis auf weiteres geschlossen.

... im Internet

www.visit-indonesia.com: Veranstaltungshinweise, Tipps zu Hotels, Essen und Trinken

www.dumontverlag.de: nützliche Reise-Links

www.bali.com: Hotels, Restaurants, lokale Veranstalter

www.tourismindonesia.com: Links zur Bali-Seite, der aktuelle Veranstaltungskalender »Calendar of Events«

www.balivillas.com: nützlich für den e-mailenden Bali-Besucher die Adressen von Internet-Cafés

www.balitravel.com: Hotels, lokale Reiseveranstalter

Diplomatische Vertretungen der Republik Indonesien

... in der Bundesrepublik Deutschland

Indonesische Botschaft: Lehrter Str. 16–17, 10557 Berlin, ☏ 030-47 80 70, Fax 44 73 71 42

... in Österreich

Botschaft: Gustav-Tszhermak-Gasse 5–7, 1180 Wien, ☏ 01-4 79 05 37

... in der Schweiz

Botschaft: Elfenauweg 51, 3006 Bern, ☏ 0 31-3 52 09 83, Fax 3 51 67 65

Einreise- und Zollbestimmungen

Touristen aus Deutschland, Österreich und der Schweiz benötigen für einen Aufenthalt bis 60 Tagen kein Visum. Die Aufenthaltsgenehmigung (keine Verlängerung möglich) wird bei der Ankunft im Land gegen Vorlage eines Reisepasses mit einer Mindestgültigkeit von weiteren sechs Monaten ausgestellt. Einzelreisende müssen manchmal ein Rück- oder grenzüberschreitendes Weiterreiseticket vorweisen und den Nachweis über ausreichende Geldmittel erbringen (derzeit etwa 1000 US-$, auch in Form von Reiseschecks oder Kreditkarten).

Ein- und Ausfuhr von Devisen ist in unbegrenzter Höhe möglich, die von indonesischer Währung aber auf 50 000 Rupiah beschränkt. Gegenstände des persönlichen Bedarfs dürfen zollfrei eingeführt werden, z. B. 200 Zigaretten oder 50 Zigarren oder 100 g Tabak, 1 l Spirituosen, Geschenke im Wert bis 100 US-$ sowie zwei Fotoapparate und Filmmaterial, zwei Videokameras und ein Fernglas. Im Flugzeug füllt man vor der Ankunft eine Zoll- und Devisenerklärung sowie eine Einreisekarte aus.

217

Gesundheitsvorsorge

Impfungen sind für Reisende aus infektionsfreien Gebieten nicht vorgeschrieben und, wenn man seinen Aufenthalt auf Bali sowie die Touristenregionen von Java und Lombok beschränkt, auch nicht unbedingt nötig. Wichtig sind Polio- und Tetanusauffrischungen. Bei einer Weiterreise nach Ost-Indonesien, nach Sumatra, Sulawesi oder Kalimantan empfehlen sich prophylaktische Maßnahmen gegen Hepatitis A und Malaria.

Vor der Abreise sollte man eine Reisekrankenversicherung abschließen, die auch einen Krankenrücktransport im Flugzeug einschließt.

Reisezeit

Von Oktober bis März weht auf der Insel der Westmonsun. Er verursacht in den Regionen südlich der zentralen Gebirgskette erhebliche Niederschläge mit Maxima in den Monaten Dezember und Januar.

Während der Feuchtperiode ist es nicht immer regnerisch und trüb. Oft fällt der Regen nachts oder morgens, danach zeigt sich der Himmel wieder in strahlendem Blau. Auf Nord-Bali halten sich während der Regenzeit die Niederschläge in Grenzen. Die feuchtesten Monate sind auch die heißesten, zumal die Temperaturen wegen der hohen Luftfeuchtigkeit von bis zu 95 % drückend wirken.

Charakteristisch für die Übergangsphase vom West- zum Südostmonsun (etwa April bis Mitte Mai) sind heftige Gewitterregen. Von Mitte Mai bis September bringt der relativ trockene, von Australien her wehende Südostmonsun sonnenreiche, nur ab und zu von kurzen Tropengewittern unterbrochene Tage. In der Trockenzeit werden die hohen Temperaturen tagsüber durch Seebrisen und nachts durch Bergwinde gemildert. Als trockenster und mit einer Durchschnittstemperatur von 26° Celsius ›kühlster‹ Monat gilt Juli.

Bestes Reisewetter, aber auch Hochsaison, herrscht auf Bali von Juni bis August. Im Süden von Bali wird es im Dezember und Januar, wenn dort viele Australier ihren Urlaub verbringen, voll und laut.

Reisegepäck

Da Bali ein Einkaufsparadies für Sommertextilien ist, sollte man möglichst wenig Kleidung mitnehmen. Es empfiehlt sich legere, aber ›schickliche‹ Freizeit- oder Straßenkleidung. Elegantere Abendkleidung wird in Hotels und Restaurants der oberen Kategorien erwartet. Bei Festen ersetzt ein über den Gürtel getragenes Batikhemd das Sakko. Wärmere Kleidungsstücke sowie gutes Schuhwerk sind für das Bergland erforderlich. Sinnvoll kann es sein, im Heimatland einen Zwischenstecker für Elektrogeräte zu besorgen.

Es empfiehlt sich, eine Reisegepäckversicherung abzuschließen. Falls man plant, ein Auto zu mieten, internationalen Führerschein nicht vergessen!

Reisekasse

Man sollte erst vor Ort wechseln, da in Indonesien die Kurse erheblich

REISEVORBEREITUNG

günstiger sind als zu Hause. Obwohl auf US-$, DM oder SFr ausgestellte Reiseschecks sicherer sind, sollte man etwas Bargeld mitnehmen, da man es unkomplizierter wechseln kann als Reiseschecks und die Kurse deutlich höher liegen.

Gängige Kreditkarten akzeptieren bessere Hotels und Restaurants sowie Autoverleihfirmen und Geschäfte. Einige Banken zahlen gegen Vorlage der Kreditkarte Bargeld aus.

Reisen mit Kindern

Das größte Problem für die Kleinen ist der lange Flug. Auf Bali angekommen, fühlen sich die meisten Kinder sehr wohl. In den Touristenzentren gibt es familienfreundliche Hotels in Tropengärten. Oft verfügen sie auch über Kinderpools, Spielplätz oder Kindergärten. In jedem Hotel und Restaurant finden sich dienstbare Geister, die gegen ein Trinkgeld bereit sind, Babysitter zu spielen.

Die Strände von Kuta und Legian sind wegen der Brandung ungeeignet für die Kleinen. Ideal sind die flachen Strände von Sanur und Nusa Dua sowie der Lovina Beach. Die Hitze verkraften Kinder oft besser als Erwachsene. Vorsicht vor der Äquatorsonne, die auch bei bedecktem Himmel Sonnenbrände verursachen kann!

Beliebt bei den Kleinen sind der Waterbom Park in Kuta, der Vogelpark in Batubulan, die Schmetterlingsfarm bei Tabanan und die Affenwälder, aber Vorsicht – manche Tiere können kratzen und beißen!

Auch bei Tempelfesten sind Kinder willkommen – der Etikette entsprechend in *sarong* und *selendang* ge-

kleidet. Spaß haben Kinder auch am Barong-Tanzspiel oder am Schattenspiel Wayang Kulit.

Reisen für Behinderte

Auf Bali gibt es keine behindertengerechte Infrastruktur. Öffentliche Verkehrsmittel sowie die meisten Hotels und Restaurants sind nicht behindertengerecht ausgestattet. Rollstuhlfahrern und Gehbehinderten wird in fast allen Städten und Ferienzentren das Leben durch fehlende oder schlecht angelegte Fußgängerwege schwer gemacht. Schwierig für Behinderte ist die Besichtigung von Tempelanlagen mit vielen Treppen. Am besten geeignet für Rollstuhlfahrer ist das ebene Nusa Dua, am wenigsten die sich über Hügel ausbreitende Kulturkapitale Ubud. Behindertengerechte Zimmer bieten die Hyatt Hotels in Sanur und Nusa Dua (Auskunft: Hyatt Service Centre, Frankfurt, ✆ 069-290114).

Literarische Reisevorbereitung

Ein allgemeiner Abriss über Indonesien mit ausführlichen Hintergrundinformationen zum Alltag, zur Politik, Wirtschaft und Kultur ist der Band »5mal Indonesien« von Rüdiger Siebert (Piper Verlag, München).

Als fesselndes Porträt der Insel gehört Vicki Baums Roman aus den 30er Jahren »Liebe und Tod auf Bali« (Kiepenheuer & Witsch, Köln) unbedingt ins Reisegepäck.

Zum Schmökern am Strand ideal ist Laura Sterns Roman »Bali kaputt«, eine Geschichte von Liebe und Hoffnung, Drogen und Mord (Droemer-Knaur, München).

Spannend liest sich Adrian Vickers kenntnisreiche Darstellung der historischen und kulturellen Entwicklung Balis »Ein Paradies wird erfunden« (Verlagsgruppe Reise Know-How, Bielefeld).

Gute Englischkenntnisse braucht man für »Sekala & Niskala« (Periplus Editions, Singapur), das zweibändige Standardwerk über Geschichte und Kultur, Religion und Alltag von dem Anthropologen Fred B. Eiseman jr.

Anreise

Balis internationaler Flughafen Ngurah Rai wird von vielen Linien angeflogen. Die Flugzeit Europa – Bali (Entfernung 13 000 km) beträgt zwischen 14 bis 16 Stunden. Schnelle Verbindungen unterhalten von Frankfurt, Berlin, Wien und Zürich Garuda Indonesia, Lauda Air, Royal Brunei Airlines und Singapore Airlines. Stopover-Programme etwa in Bangkok, Hongkong, Kuala Lumpur oder Singapur, bei denen auch günstige Übernachtungen und Stadtrundfahrten gebucht werden können, offerieren Thai Airways, Cathay Pacific, Malaysia Airlines und Singapore Airlines. Von Java fliegen die indonesischen Linien Garuda, Merpati und Bouraq nach Bali. Garuda Indonesia bietet internationalen Fluggästen auf Anschlussflüge im Inland Rabatte.

Offiziell sind Flugscheine je nach Reisesaison ab 2000 DM zu haben, auf dem Graumarkt ab 1300 DM.

Balis Flughafen Ngurah Rai liegt 13 km südlich von Denpasar. Außerhalb des Terminals befindet sich ein Schalter des Koperasi Taxi Service, wo die Tarife angeschlagen sind. Man bezahlt am Schalter und übergibt dem Fahrer den Coupon.

Autofähren und Passagierschiffe verbinden Bali mit Java und Lombok. Fähren von und nach Java verkehren zwischen Ketapang (bei Banyuwangi auf Ost-Java) und Gilimanuk (West-Bali) vom frühen Morgen bis zum späten Abend etwa jede Stunde (Fahrzeit 45 Min.).

Fähren von und nach Lombok zwischen Labuhan Lembar (Lombok) und Padang Bai (Bali) tägl. im 1,5-Stunden-Rhythmus (Fahrzeit 4 bis 5 Std.). Tägl. um 11.30 Uhr sowie in der Hochsaison zusätzlich um 17.30 Uhr fährt der komfortable Katamaran Mabua Express von Labuhan Lembar (Lombok) nach Benoa (Bali), in umgekehrter Richtung tägl. um 8 Uhr sowie in der Hochsaison zusätzlich um 14.30 Uhr (Fahrzeit 2,5 Std.), Auskunft und Buchung: ✆ 03 70/8 11 95 (Labuhan Lembar) und 03 61-72 12 12 (Benoa). Zweimal tägl. pendelt ein *shuttle boat* zwischen Senggigi (Lombok) und Padang Bai (Bali), Auskunft und Buchung: Perama Tourist Service, ✆ 03 70-69 30 07 (Senggigi) und 03 63-4 14 19 (Padang Bai)

Rückreise

Spätestens 72 Stunden vor Abreise sollte man den Rückflug bestätigen. Bei der Ausreise wird eine Flughafensteuer von 50 000 Rupien fällig.

UNTERWEGS AUF BALI

... mit öffentlichen Verkehrsmitteln

Tagsüber kann man mit (Mini-)Bussen nahezu jeden Winkel der Insel erreichen. Europäischen Komfort darf man nicht erwarten, dafür sind die Preise niedrig. Überlandbusse verbinden Denpasar mit den größeren Orten der Insel. Bequemer und schneller sind die Colt genannten Minibusse, die gleichfalls längere Strecken bedienen.

Der Stadtverkehr und Kurzstreckenbereich ist die Domäne der Bemos, für den Personentransport ausgebaute Kleinlaster. Busse, Colts und Bemos haben zwar Endhaltepunkte, man kann sie aber auch auf offener Straße durch Handzeichen anhalten. Fahrpläne gibt es nicht, die Wagen fahren los, wenn sich genügend Passagiere eingefunden haben.

Etwa dreimal so teuer, aber komfortabler und schneller sind die Shuttle-Busse privater Firmen (z. B. Perama Tourist Service), die Non-Stop-Transfers zwischen den Touristenorten bieten. Tickets sind in allen Reisebüros sowie in vielen Hotels und Pensionen erhältlich.

... mit dem Taxi

Taxis mit Taxameter gibt es nur in Denpasar und den Ferienzentren im Süden. Fahrzeuge mit Chauffeur kann man an der Hotelrezeption oder bei einer Reiseagentur mieten. In den Ferienzentren warten oft selbst ernannte Taxifahrer; vor Fahrtantritt unbedingt den Preis aushandeln.

... mit dem Leihwagen

In den süd-balinesischen Urlaubsorten unterhalten internationale Leihwagenfirmen Büros, allerdings sind kleine einheimische Vermieter oft deutlich günstiger. Beliebt sind japanische Geländewagen (je nach Saison und Mietdauer ab 40 DM am Tag) und Minibusse für vier bis fünf Personen (Tagesmiete um 60 DM). Meist enthalten die Preise unbegrenzte Freikilometer. Achten sollte man darauf, dass eine Kfz-Versicherung im Mietpreis inbegriffen ist.

Wer auf Bali ein Auto mieten möchte, benötigt einen internationalen Führerschein sowie Nerven aus Stahl. Die Straßenverkehrsordnung, die Linksverkehr vorschreibt, hat meist nur theoretische Bedeutung. Das Autofahren auf den schmalen, von Schlaglöchern übersäten balinesischen Landstraßen birgt Risiken, etwa Mopedfahrer, die links und rechts überholen, oder Autofahrer, die rote Ampeln ignorieren. Für Gefahr sorgen nachts Fahrzeuge ohne Licht sowie Menschen, die mitten auf der Fahrbahn laufen oder dort sitzen, um einen Plausch abzuhalten.

... mit dem Motorrad

Bali auf einem Motorrad zu erkunden, erscheint praktisch und preiswert (Tagesmiete unter 20 DM), ist aber nicht unbedingt zu empfehlen. Aufgrund der hohen Verkehrsdichte besteht enorme Unfallgefahr. Alljährlich kommen Touristen bei Motorradunfällen ums Leben, zahlreiche landen verletzt in Krankenhäusern. Verlangt wird ein internationaler Führerschein Klasse Eins oder eine nur für Bali gültige temporäre Fahrberechtigung, die man vor Ort erwerben kann.

UNTERKUNFT, ESSEN UND TRINKEN

Hotels und Pensionen

Die in den Städte- und Routenkapiteln empfohlenen Unterkünfte wurden folgendermaßen kategorisiert: (eine Übernachtung im Doppelzimmer für zwei Personen inklusive Frühstück, bei Einzelbelegung geringfügig billiger): R – bis 20 DM, RR – bis 50 DM, RRR – bis 100 DM, RRRR – bis 200 DM, RRRRR– über 200 DM.

Typisch für Bali sind Bungalowanlagen, die sich in Tropengärten verstecken. Betonklötze gibt es nicht – Ausnahme ist das Grand Bali Beach Hotel in Sanur. Viele Hotels folgen der Anlage traditioneller Familiengehöfte oder haben Elemente der balinesischen Tempel- und Palastarchitektur übernommen.

Auch unterhalb der 100-Dollar-Grenze finden sich auf Bali sehr gute Unterkünfte. Häuser der unteren Mittelklasse sind mit Klima-Anlage, Kühlschrank, Telefon und Fernseher ausgestattet. Swimmingpools gehören zum Standard.

Preiswerte Unterkunft bieten Losmen oder Homestays-Pensionen, die von Familien innerhalb ihres Anwesens betrieben werden. Die Gäste haben die Möglichkeit, Einblicke in balinesisches Alltagsleben zu gewinnen. Bei den niedrigen Preisen darf man keine luxuriöse Ausstattung erwarten: Ein oder zwei Betten, ein Tisch, zwei Stühle und ein Ventilator. Häufig gibt es keine Badezimmer westlichen Stils, sondern ein *kamar mani,* ein indonesisches Badezimmer, in dem die Schöpfkelle oder Kokosschale die Dusche ersetzt.

Mit Ausnahme der meisten Losmen und Homestays kann man Reservierungen bereits von Europa per Fax vornehmen. Nötig ist dies jedoch nur während der Hochsaison zwischen Juni und August sowie um Weihnachten.

In den preiswerten Unterkünften ist das Frühstück inbegriffen, in teueren Hotels wird dafür bisweilen ein Aufschlag berechnet. In Losmen gibt es Kaffee oder Tee und *pancake* mit Obstsalat, in besseren Hotels ein Buffet. In Hotels der oberen Kategorien werden zu allen Preisen 21 % für Service und Steuern addiert. Doch lassen sich bei längeren Aufenthalten sowie in der Nebensaison Rabatte bis zu 50 % aushandeln. Meist kann man die Hotels der oberen Kategorien zu Hause über Reiseveranstalter günstiger buchen als vor Ort.

UNTERKUNFT UND ESSEN

Essen und Trinken

Die in den Städte- und Routenkapiteln empfohlenen Restaurants wurden folgendermaßen eingestuft: R – bis 20 DM, RR – bis 40 DM, RRR über 40 DM.

Die Speisekarten in Ferienzentren zeugen oft vom Geschmack der Gäste: Spaghetti, Schnitzel, Fish and Chips …

Die preiswerteste Versorgungsmöglichkeit sind Essensstände. Man sollte seine Abneigung gegen ›fliegende Köche‹ ablegen, denn die Gerichte der Garküchen sind meist sehr gut. Essensstände heißen *warung*. Oft formieren sich die Ein-Mann-Küchen auf Nachtmärkten, wo man sich ein leckeres Menü zusammenstellen kann. Ein *warung* kann auch ein kleines Lokal sein, etwa eine Bretterbude mit einem Tisch und Bänken davor.

Andere preiswerte Restaurants, die man am Rande von Märkten oder in der Nähe von Busbahnhöfen findet, heißen *rumah makan* (Haus, in dem man isst). Während der Mittagshitze ist es in den von Ventilatoren gekühlten Lokalen angenehmer als in den *warung*. Mit einer Klima-Anlage sind die *restoran* ausgestattet, in denen es neben indonesisch-balinesischen auch europäische Gerichte gibt. Messer sucht man in allen Lokalitäten vergeblich. In *warung* ersetzen häufig die Finger, und zwar die der rechten Hand, das Besteck.

Einige typische Speisen

Ayam Bumbu Betutu – in Kräutersud gekochtes Huhn

Ayam Tutu – in Bananenblättern gedünstetes Huhn

Babi Guling – knuspriges Spanferkel, das über offenem Feuer zubereitet wird

Bakmi Goreng – gebratene Nudeln

Bakmi Kuah – Nudeln mit Brühe

Bebek Betutu – Ente, mit Koriander, Zitronengras, Kurkuma und Chili gefüllt und in Bananenblättern gegart

Bebek Panggang – geröstete Ente

Bubuh Injin – Reispudding mit Kokosmilch und Früchten

Bubur Ayam – dicke Reissuppe mit Hühnerfleisch

Cap Cai – kurz angebratenes Gemüse mit Fleisch

Gado Gado – blanchiertes kaltes oder lauwarmes Gemüse mit Erdnusssauce serviert

Ikan Bakar Bumbu Bali – gebratener Fisch mit Sambal-Gewürzmischung

Ikan Pepes – pikantes Fischfilet, im Bananenblatt gedämpft

Ketan – Klebreis

Krupuk – in Öl gebackene, knusprige Cracker aus Tapiokamehl und gemahlenen Krabben oder Fisch, Standardbeilage zu vielen Gerichten

Martabak – Pfannkuchen, der mit einer Mischung aus geschnetzeltem Lammfleisch, gehackten Zwiebeln und Gewürzen gefüllt ist

Nasi Campur und Nasi Rames – Reis mit verschiedenen, oft kalten Beilagen

Nasi Goreng/Mie Goreng – gebratener Reis/gebratene Nudeln mit Gemüse und verschiedenen Fleischarten oder Krabben

Nasi Putih – weißer Reis, der gedünstet wird

Opor Ayam – in Kokosmilch gekochtes Huhn

Pisang Goreng – panierte und frittierte Bananen, eine beliebte Zwischenmahlzeit

Sambal – sehr scharfe Paste aus zerriebenen roten Pfefferschoten, Salz, Tomaten, Knoblauch, Zwiebeln und Öl

Sate (oder Satay) – marinierte, über Holzkohle gegrillte Fleischspieße mit Erdnusssauce

Soto – mit Kokosmilch eingedickte Suppen, z. B. Soto Ayam (kräftige Hühnersuppe) und Soto Madura (Kuttelsuppe)

Tahu Goreng – gebackene Würfel aus Sojabohnenquark

Tempe Goreng – gebackene Stückchen aus zusammengepressten Sojabohnen

Getränke

Während bei Touristen die einheimischen Biere beliebt sind, trinken Balinesen bei Festen gern den leicht säuerlichen Palmwein Tuak oder den Reiswein Brem. Arak, ein aus Tuak oder Brem destillierter Branntwein, eignet sich gut für Cocktails und Longdrinks. Aus den an der Nordküste reifenden roten Trauben wird der Hatten-Wein, ein leichter Rosé, gekeltert.

URLAUBSAKTIVITÄTEN

Baden

An vielen Strandabschnitten der Südküste, etwa bei Kuta und Legian, wo ein Riff fehlt, türmt sich die Brandung oft meterhoch. Das zurückströmende Wasser kann auch an harmlos aussehenden, flachen Stränden gefährliche Unterströmungen entstehen lassen.

Immer wieder kommt es an Balis südlichen Stränden zu Bade-Unfällen. Vor allem ungeübte Schwimmer sollten sich nie allzu tief ins Wasser wagen, auch nicht an bewachten Strandabschnitten. An der sanfteren Nordküste drohen kaum Gefahren. Dasselbe gilt für Strände an der Südküste, die von Riffen geschützt werden, etwa bei Sanur und Nusa Dua, allerdings ist dort Baden nur bei Flut möglich.

Kaum mehr vorhanden ist der Strand von Candi Dasa. Dort trüben scharfe Korallen die Badefreuden. Schöne Strände mit guten Bademöglichkeiten gibt es auf Lombok vor allem bei Senggigi und Kuta sowie auf Gili Air, Gili Meno und Gili Terawangan.

Bergsteigen und Wandern

Die aktiven Vulkane Gunung Batur und Gunung Agung auf Bali sowie Gunung Rinjani auf Lombok sind Ziele für Bergsteiger. Während der Batur auch von Ungeübten ›bezwungen‹ werden kann, erfordern der Agung und der Rinjani Vorbereitung und eine gute körperliche Konstitution.

Wanderer finden in der von Pfaden und wenig befahrenen Straßen

URLAUBSAKTIVITÄTEN

durchzogenen Reisfeldlandschaft um Ubud und Tirtagangga ideales Terrain. Trekking-Touren im Bali-Barat-Nationalpark sollte man nur mit erfahrenen *guides* unternehmen (*permit* der Nationalpark-Verwaltung in Cekik besorgen). Einige Veranstalter haben sich auf Dschungel-Trekking spezialisiert, etwa Sobek – The Adventure Specialists, Jl. Bypass I Gusti Ngurah Rai 9, Sanur, ✆ 03 61-28 70 59, Fax 28 94 48, sobek@denpasar.wasantara. net.id. Ein- oder Mehrtageswanderungen in der Berglandschaft um Munduk nordwestlich vom Bratan-See organisiert der Manager der Puri Lumbung Cottages, ✆ u. Fax 03 62-9 28 10.

Golf

Einen Neun-Loch-Golfplatz gibt es in Sanur (Grand Bali Beach Hotel, ✆ 03 61-28 85 11), einen 18-Loch-Golfplatz in Nusa Dua (Bali Golf & Country Club, ✆ 03 61-77 17 91) und bei Tanah Lot (Nirwana Bali Golf Club, ✆ 03 61-81 59 60). Zwischen Bratan- und Buyan-See liegt der Bali Handara Golf Course, den Fachleute als einen der weltweit schönsten 18-Loch-Plätze preisen (Bali Handara Kosaido Country Club, ✆ 03 62-221 82).

Kochkurse

Bei Kochkursen lernt man nicht nur den Gebrauch exotischer Kräuter und Gewürze, man erfährt auch viel über den Stellenwert des Essens in der balinesischen Gesellschaft sowie die Bedeutung von Mahlen bei religiösen Zeremonien. Kochkurse bieten Casa Luna Cooking School, Jl. Bisma,

Ubud, ✆ u. Fax 03 61/97 32 82, und Sua Bali, Desa Kemenuh, Gianyar, ✆ 03 61/94 10 50, Fax 94 10 35.

Kreuzfahrten

Benoa Port und das gegenüberliegende Dorf Tanjung Benoa sind Ausgangsorte von Kreuzfahrten zu den Inseln Lembongan und Penida sowie in die Inselwelt östlich von Bali. Auskunft und Buchung bei den Veranstaltern oder bei Reisebüros.

Bali Hai Cruises, Benoa Port, ✆ 03 61-72 03 31, Fax 72 03 34, www. baliparadise.com/balihai, luxuriöser Katamaran zur Insel Lembongan

Island Explorer Cruises, Jl. Sekar Waru 9, Sanur, ✆ 03 61-28 98 56, Fax 28 98 37, Ein- und Mehrtagesfahrten zu den Inseln Lembongan und Penida ab Benoa Port

Ombak Putih, Jl. Tirta Empul 14, Sanur, ✆ u. Fax 03 61-28 79 34, luxuriöse Segeltörns zu den Kleinen Sunda-Inseln und den Molukken

Quicksilver, Tanjung Benoa, ✆ 03 61-77 19 97, Fax 77 19 67, Katamaran zur Insel Penida

Waka Louka, Benoa Port, ✆ 03 61-72 36 29, Fax 72 20 77, Segelkatamaran nach Nusa Lembongan

Mountainbiking

Fahrräder, auch Mountainbikes, kann man in allen Touristenzentren mieten. Längere Distanzen und Bergstrecken lassen sich bisweilen auch samt Fahrrad in Bemos bewältigen. Radtouren für Gruppen organisiert Sobek – The Adventure Specialists, Jl. Bypass I Gusti Ngurah Rai 9, Sanur, ✆ 03 61-28 70 59, Fax 28 94 48.

River Rafting

Zwischen zwei und drei Stunden dauert das feuchte Vergnügen auf dem Telaga Waja und Yeh Unda am Fuße des Gunung Agung oder auf dem Yeh Ayung bei Ubud.

Ayung River Rafting, Jl. Diponegoro 150 B-29, Denpasar, ✆ 03 61-23 87 59, Fax 22 42 36

Sobek – The Adventure Specialists, Jl. Bypass I Gusti Ngurah Rai 9, Sanur, ✆ 03 61-28 70 59, Fax 28 94 48, sobek@denpasar.wasantara.net.id

Unda River Rafting, Jl. Trijata 11 A, Denpasar, ✆ 03 61-22 74 44, Fax 24 59 63.

Surfen

Als Wellenreiterparadiese gelten der auch für Anfänger geeignete Abschnitt zwischen Kuta und Legian und das anspruchsvollere Kuta Reef, nördlich von Kuta der Strand von Canggu und nordwestlich der von Medewi (bei Pulukan). Ein Dorado für erfahrene Surfer sind die Strände bei Ulu Watu auf der Bukit Badung-Halbinsel, zum Beispiel Suluban, Nyang Nyang und Padang Padang. Zu einem Surf-Mekka hat sich Jungutbatu auf Nusa Lembongan entwickelt.

‹Surf Shops‹ verleihen Surfboards und anderes Zubehör. Einige organisieren auch mehrtägige Touren zum Surfing Beach von Grajagan im Banyuwangi-Selatan-Naturschutzgebiet auf der ostjavanischen Halbinsel Blambangan.

Tauchen und Schnorcheln

In eine wundersame submarine Welt taucht man bei der Insel Menjangan ein, die zum Bali-Barat-Nationalpark gehört. Vor Amed locken Korallenbänke, vor Tulamben das Wrack eines im Zweiten Weltkrieg versenkten Schiffes.

Bei Nusa Lembongan kann man Unterwassergrotten erforschen. Bekannt für ihren Fischreichtum sind die steil abfallenden Riffwände vor Nusa Penida. Gute Tauch- und Schnorchelgründe findet man am Lovina Beach sowie bei Sanur, Nusa Dua und Padang Bai mit der Insel Pulau Kambing sowie bei den kleinen Inseln Gili Air, Gili Meno und Gili Terawangan.

Folgende Veranstalter organisieren Tauchexkursionen, Kurse und verleihen Ausrüstungen:

Baruna Water Sports, Jl. Bypass I Gusti Ngurah Rai 300 B, Kuta-Tuban, ✆ 03 61-75 38 20, Fax 75 38 09

Dive & Dive's, Jl. Bypass I Gusti Ngurah Rai 23, Sanur, ✆ 03 61-28 80 52, Fax 28 93 09

Dream Divers, Senggigi, Lombok, ✆ 03 70-69 37 38, Fax 63 45 47

Gecko Dive, Jl. Silayukti, Padang Bai, ✆ 03 63-4 15 16, Fax 4 17 90

SPRACHFÜHRER

Malibu Dive Centre, Kalibukbuk, Lovina Beach, ☎ u. Fax 03 62-4 12 25

World Dive Lembongan, Pondok Baruna, Jungutbatu, Nusa Lembongan, ☎ 08 12-3 91 35 25, Fax 03 61-28 85 00.

Tennis

Fast alle Hotels der oberen Kategorien haben Tennisplätze, auf denen auch Besucher gegen Gebühr spielen können. Meist kann man dort auch die Ausrüstung ausleihen.

SPRACHFÜHRER INDONESISCH

Die balinesische Sprache (Bahasa Bali) ist wegen der verschiedenen Anredeformen für die sozialen Klassen sehr kompliziert. Bahasa Indonesia dagegen gilt als eine der am leichtesten zu erlernenden Sprachen der Welt. Man muss sich weder mit verschiedenen Zeitformen der Verben plagen, noch mit der Beugung der Hauptwörter. Zudem wird das lateinische Alphabet benutzt und die Aussprache entspricht mit wenigen Ausnahmen der deutschen.

Obwohl man als Englisch sprechender Besucher auf Bali kaum Verständigungsschwierigkeiten haben wird, sollte man einige Wörter Bahasa Indonesia lernen – die Einheimischen empfinden das als eine Sympathiebekundung. Sehr zu empfehlen: Indonesisch – Wort für Wort von Gunda Urban, Kauderwelsch-Sprachführer, Peter-Rump-Verlag, Bielefeld.

Begrüßungs- und Höflichkeitsformeln

Herzlich willkommen	selamat datang
Guten Morgen	selamat pagi
Guten Tag (mittags)	selamat siang
Guten Tag (nachmittags)	selamat sore
Guten Abend	selamat malam
Gute Nacht	selamat tidur
Auf Wiedersehen (zu dem, der bleibt)	selamat tinggal
Auf Wiedersehen (zu dem, der geht)	selamat jalan
Auf Wiedersehen (allgemein)	sampai bertemu lagi
Danke (sehr)	(banyak) terima kasih
Ich bitte vielmals um Entschuldigung.	Saya (minta) mohon maaf.
Verzeihung, gestatten Sie	permisi
Wie geht es Ihnen/dir?	Apa khabar?
Danke, gut	khabar baik/baik baik, saja
Bitte sehr, keine Ursache	tidak apa-apa

Wichtige Redewendungen und Begriffe

Ja	ya
Nein (mit Adjektiv oder Verb)	tidak
(mit Substantiv)	bukan

Was ist dies/das?	Apa ini/itu?
Sprechen Sie Englisch/ Deutsch?	Apakah anda berbicara Bahasa Inggris/Jerman?
Ich verstehe (nicht)	saya (tidak) mengerti
Ich weiß (nicht)	saya (tidak) tahu
Wie heißt dies auf Indonesisch?	Bahasa Indonesia(nya) apa?
Wie heißen Sie?	Siapa nama(nya) anda?
Mein Name ist …	Nama saya …
Woher kommen Sie?	Darimana anda?
Ich komme aus Deutschland/ Österreich/ der Schweiz	Saya (datang) dari Jerman/ Austria/ Swiss
Wohin gehen Sie?	Mau kemana?
Darf man hier fotografieren/ rauchen?	Bolekah memotret/merokok disini?
Fotografieren/ Rauchen verboten?	Dilarang memotret/merokok!
Bitte helfen Sie mir!	Tolonglah saya!
Kann man hier gefahrlos schwimmen?	Aman berenang disini?
Achtung! Vorsicht!	Awas! Hati-hati!

Reise und Verkehr

Wo/wohin/ woher?	dimana/kemana/ darimana?
Links/nach links	kiri/kekiri
Rechts/nach rechts	kanan/kekanan
Geradeaus	terus
Nah/fern	dekat/jauh
Norden/Süden/ Osten/Westen	utara/selatan/ timur/barat
Bus/Nachtbus/ Busbahnhof	bis/bis malam/ setasiun bis

Auto/Motorrad/ Fahrrad	mobil/sepeda motor/sepeda
Sitzplatz/- Fensterplatz	tempat duduk/ tempat duduk dekat jendela
Wie komme ich nach …?	Bagaimana saya sampai ke …?
Wieviele Kilometer (Stunden) sind es bis …?	Berapa kilometer (jam) sampai ke …?
Wie weit ist es nach …?	Berapa jauh ke …?
Wo ist der Busbahnhof?	Dimana ada setasiun bis?
Welcher Bus fährt nach…?	Bis yang mana pergi ke …?
Wann fährt der Bus ab?	Jam berapa bis berangkat?
Wo muss ich aussteigen?	Dimana saya harus turun?
Ich möchte hier aussteigen.	Saya mau turun disini.
Biegen Sie nach links/nach rechts ab!	Belok kekiri/ kekanan!
Halten Sie hier!	Kiri disini!
Wo ist eine Toilette?	Dimana ada kamar kecil?
Wann ist … geöffnet?	Kapan … dibuka?

Unterkunft

Wo gibt es ein Losmen/Hotel?	Dimana ada losmen/hotel?
Haben Sie noch freie Zimmer?	Masih ada kamar kosong disini?
Kann ich das Zimmer erst ansehen?	Bolekah saya melihat kamar dulu?
Wie teuer ist dieses Zimmer?	Berapa harga untuk kamar ini?
Gibt es ein Moskitonetz?	Ada kelambu?

SPRACHFÜHRER

Bitte sprühen Sie mein Zimmer.	Tolong menyemprot kamar saya.	Können Sie mit dem Preis etwas heruntergehen?	Harap turun sedikit?
Bitte waschen Sie diese Kleider.	Tolong mencuci pakaian ini.	Wo kann ich … kaufen?	Dimana saya dapat membeli …?
Ich reise morgen früh ab.	Saya akan berangkat besok pagi.	Gibt es hier …?	Apakah disini ada …?

Einkauf

normaler Preis	harga biasa	Was ist das?	Apa itu?
fester Preis	harga pas	Das gefällt mir.	Saya senang ini.
Wie viel kostet dies?	Berapa harga (nya) ini?	Ich nehme es.	Saya akan ambil ini.
Das ist zu teuer.	Itu terlalu mahal.	Ich möchte nur gucken.	Saya mau lihat saja.
Haben Sie etwas Billigeres?	Ada yang lebih murah?	Ich komme später wieder.	Saya akan kembali lagi.

Zahlen

0	nol	11	sebelas	2 000	dua ribu
1	satu	12	duabelas	10 000	sepuluh ribu
2	dua	13	tigabelas	50 000	lima puluh ribu
3	tiga	20	duapuluh	100 000	seratus ribu
4	empat	21	dua puluh satu	500 000	lima ratus ribu
5	lima	30	tiga puluh	1 000 000	sejuta
6	enam	100	seratus	5 000 000	lima juta
7	tujuh	110	seratus sepuluh	$1/2$	setengah
8	delapan	200	dua ratus		
9	sembilan	1000	seribu		
10	sepuluh	1100	seribu seratus		

REISEINFORMATIONEN VON A BIS Z

Ärztliche Versorgung

Die öffentlichen Krankenhäuser (Rumah Sakit Umum) entsprechen hinsichtlich Ausstattung und Hygiene meist nicht europäischem Standard. Wer während seines Urlaubs auf Bali erkrankt, sollte eine der Privatkliniken aufsuchen oder in einem schwerer wiegenden Fall nach Singapur fliegen.

Englisch sprechende Ärzte praktizieren vorwiegend in den Ferienzentren im Süden der Insel.

Guest Clinic (Klinik Tamu), c/o Bali Hyatt Hotel, Jl. Danau Tamblingan, Sanur, ☎ 03 61-28 82 71

Legian Medical Clinic, Jl. Benasari 5, Kuta, ☎ 03 61-75 85 03

Surya Clinic, Jl. Hanoman 100 X, Ubud, ☎ 03 61-97 83 60

Surya Husadha Private Hospital, Jl. Pulau Serangan 1–3, Denpasar, ☎ 03 61-23 37 87

Emergency Dental Treatment, Dr. Indra Guizot, Jl. Pattimura 17, Denpasar, ☎ 03 61-22 24 45

Apotheken

Apotheken heißen Apotik oder Toko Obat (Drogerie). Viele der in Europa gebräuchlichen Medikamente sind meist rezeptfrei und billiger als bei uns.

Auskunft

Das Hauptbüro der staatlichen Fremdenverkehrsbehörde befindet sich in Denpasar (vgl. S. 103). Weitere Auskunftsbüros gibt es in Kuta (vgl. S. 87) und Ubud (vgl. S.134).

Diplomatische Vertretungen in Indonesien

... der Bundesrepublik Deutschland
Botschaft
Jl. M. H. Thamrin 1, Jakarta Pusat, ☎ 0 21-3 90 17 50, Fax 3 90 17 57

Konsulat
Jl. Pantai Karang 17, Sanur, Bali, ☎ 03 61-28 85 35, Fax 28 88 26

... von Österreich
Botschaft
Jl. Diponegoro 44, Jakarta Pusat, ☎ 0 21-33 80 90, Fax 3 90 49 27

... der Schweiz
Botschaft
Jl. Rasuna Said, Blok X 3/2, Kuningan, Jakarta Selatan, ☎ 0 21-5 25 60 61, Fax 5 20 22 89

Konsulat der Schweiz und von Österreich
Swiss Restaurant, Jl. Pura Bagus Taruna, Legian, Bali, ☎ 03 61-75 17 35, Fax 75 44 57

Öffnungszeiten: Mo–Fr 9–12 Uhr.

Drogen

Strenge Gesetze verbieten in Indonesien den Besitz, Verkauf und Konsum von Drogen. Bei Verstößen – auch wenn es sich nur um kleinste Mengen handelt – drohen drakonische Urteile bis hin zur Todesstrafe. Die Behörden greifen vor allem auf Bali hart durch, denn die Insel galt noch in den 80er Jahren als Sammelplatz für Kiffer und Fixer. Immer wieder werden auch Ausländer wegen Drogendelikten inhaftiert. An den miserablen Bedingungen im Gefängnis nahe Denpasar lässt sich auch mit Hilfe des Konsulats und mit Geld nicht viel ändern.

INFORMATIONEN VON A BIS Z

Einkaufen und Souvenirs

Viele Touristen reisen mit halbleerem Koffer an, um Platz für Mitbringsel zu haben. Man sollte in den Herstellungsorten einkaufen, da dort die Preise günstiger sind als in den südbalinesischen Ferienzentren.

Außer in Geschäften der gehobenen Kategorie ist es üblich zu handeln. In der Regel nennt der Verkäufer zunächst den doppelten Preis. Was man dann bezahlt, hängt vom Verhandlungsgeschick ab. Ein günstiger Zeitpunkt für die Einkaufstour ist der frühe Vormittag. Viele Händler locken dann mit *morning prices,* denn für sie gilt der Abschluss des ersten Geschäftes nach Ladenöffnung als Omen für den Tag. Sparen kann man auch, wenn man einen Laden ohne *guide* aufsucht, denn dann fällt dessen Provision weg. Abstand nehmen sollte man vom Kauf von Souvenirs, die von geschützten Tierarten stammen, etwa Mitbringsel aus Schildpatt, Reptilienleder, Elfenbein und Korallen. Die Einfuhr solcher Produkte nach Europa ist ohnehin verboten.

Das Preisniveau für Sommerkleidung ist deutlich niedriger als in Europa, die Qualität lässt aber oft zu wünschen übrig. Hochwertige im Verfahren des Doppel-Ikat (vgl. S. 186) hergestellte Handwebarbeiten kommen aus dem Bali-Aga-Dorf Tenganan. Auch die handgewebten Endek-Stoffe aus Gianyar sowie die mit Goldfäden durchwirkten Songket-Handwebstoffe aus Blayu, zeichnen sich durch gute Qualität aus.

Batikarbeiten kann man überall auf Bali kaufen. Teuer sind handgemalte Batiken, billiger hingegen Stempelbatiken. Batikhemden sind nicht nur originelle Mitbringsel, sondern dienen bei Einladungen auch als Sakko-Ersatz. Ein ›Muss‹ sind ein *sarong* und eine *Selendang*-Tempelschärpe (vgl. S. 110f.)

Hochwertige Holzmasken und andere Schnitzereien findet man in Mas. Billigere Holzarbeiten kommen aus Tegalalang und Pujung.

Als Zentren der Silberschmiedekunst gelten Celuk und Kamasan. Bei zahlreichen Silberschmieden kann man Schmuck nach individuellen Vorstellungen in Auftrag geben. Silberschmuck wird fast immer nach Gewicht berechnet, nicht nach Arbeitsaufwand.

Weitere Bali-Souvenirs sind handgeschnitzte und -bemalte Schattenspielfiguren aus Büffelleder, Schnitzereien aus Knochen und Büffelhorn, Lontar-Manuskripte (vgl. S. 75), Gemälde und Zeichnungen, Lederwaren, Kretek genannte Gewürznelken-Zigaretten, alkoholische Getränke (Brem und Arak) sowie CDs und Kassetten mit Gamelan-Musik.

Sammler und Händler haben den balinesischen Antiquitätenmarkt weitgehend abgeschöpft, nur mit Glück entdeckt man noch Raritäten, etwa chinesische Exportkeramik, arabische Messingwaren sowie Stücke aus der holländischen Kolonialzeit. Die Ausfuhr von Antiquitäten unterliegt gesetzlichen Regelungen. Für Gegenstände, die älter als 50 Jahre sind, ist eine Exportgenehmigung erforderlich und eine Ausfuhrsteuer zu zahlen.

Elektrizität

In den größeren Städten und Touristenzentren beträgt die Stromspannung meist 220 Volt, in kleineren Orten 110 Volt Wechselstrom. Für Steckdosen benötigt man einen Adapter.

Feste und Feiertage

Balinesische Fest- und Feiertage folgen unterschiedlichen Kalendersystemen, so dass sich die Termine von Jahr zu Jahr verschieben. Daher sollte man sich bei einem Auskunftsbüro den von der balinesischen Fremdenverkehrsbehörde alljährlich neu herausgegebenen »Calendar of Events« besorgen.

Von Mitte Juni bis Mitte Juli findet in Denpasar das Bali Art Festival mit kulturellen Veranstaltungen statt. Ein Programm ist bei den Fremdenverkehrsämtern erhältlich.

Alljährlich an einem Juliwochenende wird in Padang Galak östlich von Denpasar der Drachenwettbewerb (Kite Festival) ausgetragen. Das Festival ist nicht nur Volksbelustigung und Touristenspektakel, es soll die alte malaiisch-chinesische Tradition des Drachenbauens bewahren.

Staatsfeiertage

Neujahrsfest (1. Januar)
Karfreitag, Ostersonntag
Christi Himmelfahrt
Unabhängigkeitstag (17. 8., mit Umzügen, Paraden, Sportveranstaltungen u. a.)
Erster Weihnachtstag (25. 12.).
Halboffiziellen Charakter haben der Kartini-Tag, eine Art indonesischer Muttertag (21. 4.) sowie der Pancasila-Tag (1. 10.) und der Tag der Streitkräfte (5. 10.).

Tanz- und Theateraufführungen

Orte der Barong-Aufführungen
Batubulan (tägl. 9–10.30 Uhr)
Banjar Abasan, Singapadu (tägl. 9 bis 10.30 Uhr)
Padang Galak (tägl. 9–10.30 Uhr)
Padang Tegal Kelod, Ubud (Mo 19 bis 20.30 Uhr)
Puri Saren, Ubud (Fr 19–20.30 Uhr)
Werdhi Budaya Art Center, Denpasar (Mo–Sa 9.30–10.30 Uhr)

Orte für Kecakaufführungen
Batubulan (tägl. 18.30–20 Uhr)
Padang Tegal, Ubud (Di, Mi, Sa, So 19–20.30 Uhr)
Puri Agung, Peliatan (Do 19.30–21 Uhr)
Pura Dalem, Ubud (Fr 19.30–21 Uhr)
Agung Rai Museum of Art, Pengosekan (bei Voll- und Neumond 19–20.30 Uhr)

Orte für Legong-Aufführungen
Peliatan Stage, Ubud (Fr 18.30 bis 19.30 Uhr)
Puri Saren, Ubud (Mo, Mi, Sa 19.30 bis 21 Uhr)
Agung Rai Museum of Art, Pengosekan (So 19.30 Uhr)
Penjor Restaurant, Sanur (Di, Do, So ab 19.30 Uhr)

Wayang Kulit-Darbietungen in
Oka Kartini, Ubud (Mi, So 20–22 Uhr)
Kerta Accommodation, Ubud (Di, Sa 20–22 Uhr)

Spielstätten für den Gabor-Tanz
Puri Saren, Ubud (Do 19.30–20.30 Uhr)

Aufführungsorte für Calon Arang
Desa Mawang, Ubud (Do, Sa 19 bis 20.30 Uhr)

INFORMATIONEN VON A BIS Z

Aufführungsorte für das »Mahabharata«
Puri Saren, Ubud (So 19.30–21 Uhr)
Banjar Teges, Ubud (Di 19.30–21 Uhr)

Aufführungsorte für das »Ramayana«
Puri Saren, Ubud (Mo 20–21.30 Uhr)

Frauen allein auf Bali

Bali zählt zu den beliebtesten Reisezielen in Südostasien für allein reisende Frauen. Deren Erfahrungen sind unterschiedlich und hängen davon ab, mit welcher Absicht sie unterwegs sind und wie sie sich verhalten. Kulturell interessierte Frauen, die auf lokale Bekleidungssitten Rücksicht nehmen, haben in der Regel keine Belästigungen von einheimischen Männern zu befürchten.

Auf eine andere Klientel haben sich Bali Cowboys eingestellt. Die einheimischen Beach Boys flanieren in den Touristenzentren auf der Suche nach allein reisenden Touristinnen, denen sie gegen entsprechende Bezahlung gern mit diversen Dienstleistungen die Zeit vertreiben. Frauen, die nicht angemacht werden wollen, sollten dies signalisieren, also etwa auf knappe Miniröcke und allzu tiefe Dekolletés sowie auf ›oben ohne‹ beim Sonnenbaden verzichten. Frauen, die sich abgrenzen wollen, sollten den direkten Blickkontakt mit einheimischen Männern vermeiden.

Obwohl Überfälle auf allein reisende Frauen und Vergewaltigungen auf Bali selten vorkommen, sollten Frauen Vorsichtsmaßnahmen treffen und vor allem auf nächtliche Spaziergänge an einsamen Stränden und in dunklen Straßen verzichten.

Geld und Geldwechsel

Wechselkurse (Stand Januar 2001):
1 DM   = 3500 Rupiah
1 SFr   = 4500 Rupiah
1 ÖS   = 500 Rupiah

Landeswährung ist die Indonesische Rupiah (Rp.). Im Umlauf sind Münzen zu 25, 50, 100, 500 und 1000 Rp. sowie Scheine zu 100, 500, 1000, 5000, 10 000, 20 000 und 50 000 Rp. Für Taxi- und Busfahrten sollte man genügend Kleingeld bei sich haben, denn kein Wechselgeld zu haben, ist die geläufige Ausrede, um dieses zu sparen.

Am günstigsten tauscht man bei lizenzierten Wechselstuben *(Money Changers)*. Man sollte den Betrag selbst ausrechnen, da bisweilen die Taschenrechner in den Wechselstuben manipuliert sind; immer nachzählen und sich an der Hotelrezeption einen zuverlässigen Geldwechsler empfehlen lassen. Einige Banken zahlen gegen Vorlage der Eurocard/Mastercard oder der Visa Card Bargeld aus. Öffnungszeiten: Banken Mo–Do 9 bis 16, Fr 9–14, Sa 9–12 Uhr; Wechselstuben meist tägl. 8–20 Uhr.

Restliche indonesische Rupiah kann man in ausländische Währungen zurücktauschen. Dafür benötigt man die offiziellen Umtauschquittungen der Banken oder Wechselstuben. Es dürfen maximal 50 000 Rp. ein- bzw. ausgeführt werden.

Märkte

Jeder bedeutende Ort hat einen großen Markt, in dessen Zentrum meist eine Markthalle steht. Hier finden vom frühen Morgen bis in die Mittagszeit die Morgenmärkte statt, auf denen die Einheimischen wegen fehlender Kühlschränke ihre Lebensmittel täglich frisch einkaufen. An orientalische Basare erinnern die Nachtmärkte, auf denen Gerüche den Weg zu Essensständen weisen. Dort kann man sich mit Kleidung und Haushaltswaren eindecken.

Bevor man den Geldbeutel zückt, wird gehandelt (vgl. S. 231). Fixpreise haben kleine Lebensmittelläden und Supermärkte in den Touristenzentren, die auch importierte Lebensmittel führen.

Maße, Gewichte und Temperaturen

Geschwindigkeitsbegrenzungen und Entfernungen werden in Kilometern angegeben, Gewicht und Volumen in Kilogramm und Liter berechnet, Temperaturen in Grad Celsius gemessen.

Notruf

Die Notrufnummern lauten: ✆ 1 10 Polizei, ✆ 1 13 Feuerwehr, ✆ 1 18 und 1 19 Krankenwagen, ✆ 1 11 *Search and rescue* (Rettungsdienst)

Öffnungszeiten

Geschäfte haben meist Mo bis Sa durchgehend von 8 oder 9 bis 19 oder 20 Uhr geöffnet, kleinere Läden und Märkte auch bis weit in die Nacht hinein, Büros von Fluglinien nur Mo–Fr von 8 oder 9 bis 16 oder 17 Uhr (gelegentlich auch Sa vormittags). An

Sonn- und Feiertagen herrscht Geschäftsruhe, doch in Touristenzentren findet man auch dann offene Läden. Auskunftsbüros für Touristen und Behörden: Mo–Do 8–15, Fr 8–11, Sa 8- bis 13 Uhr; Banken Mo–Do 9–16, Fr 9–14, Sa 9–12 Uhr; Geldwechsler: meist 8 bis 20 Uhr; Post: s. u.

Post

Die Postämter *(Kantor Pos* oder *Postal Agent)* befinden sich meist im Ortszentrum und sind Mo–Do 8–16, Fr 8–11, Sa 8–12.30 Uhr geöffnet.

Luftpostbriefe nach Mitteleuropa brauchen von Denpasar fünf bis sieben Tage, von kleinen Provinzpostämtern oft erheblich länger. Vor allem bei kleineren Postämtern sollte man darauf achten, dass die Briefmarken sofort abgestempelt werden. Pakete werden nur bis zu einem Gewicht von 10 kg befördert und müssen in braunem Papier verpackt sowie verschnürt sein. Luftpostpakete brauchen bis Mitteleuropa zwei bis drei Wochen; auf dem Seeweg dauert es mindestens zwei bis drei Monate.

Sicherheit

Obwohl auch auf Bali seit Jahren eine steigende Kriminalitätsrate zu verzeichnen ist, gilt die Insel im Vergleich zu anderen südostasiatischen Urlaubsgebieten als sehr sicher. Einbrüche in Hotelzimmer, Diebstähle in öffentlichen Verkehrsmitteln sowie im Gedränge von Märkten und Festen, Entreißen von Umhängetaschen vom Motorrad konzentrieren sich auf die süd-balinesischen Touristenzentren.

INFORMATIONEN VON A BIS Z

Raubüberfälle und Vergewaltigungen kamen bisher nur selten vor. An der Tagesordnung sind kleinere Betrügereien von Kellnern (Verrechnen), Taxifahrern (manipulierte Taxameter), Geldwechslern (manipulierte Taschenrechner), Tankwarten (Tankuhr nicht zurückstellen) sowie Kassierern in Bussen und Bemos.

Telefonieren

Für Orts- und Ferngespräche von öffentlichen Telefonen benötigt man bei alten Apparaten einen großen Vorrat an 100-Rupiah-Münzen. Es setzen sich Kartentelefone durch, von denen bisweilen sogar Auslandsgespräche im Selbstwahldienst möglich sind. Ansonsten führt man Telefongespräche ins Ausland am billigsten von Telefonzentralen (Wartel) aus, die oft auch mit Fax ausgestattet sind und manchmal rund um die Uhr geöffnet haben. Teurer sind (Auslands-)Ferngespräche in Hotels. Nach 21 Uhr gelten günstigere Tarife.

Die Vorwahl für Indonesien ist ✆ 00 62. Von Indonesien nach Deutschland wählt man ✆ 0 01 49, nach Österreich ✆ 0 01 43 und in die Schweiz ✆ 0 01 41, danach jeweils die Ortskennzahl ohne die erste Null. Die Rufnummer der Auskunft ist ✆ 1 08.

Toiletten

Toiletten werden als *kamar kecil*, kleines Zimmer bezeichnet. Auf den Toilettentüren findet man die Bezeichnungen Wanita (Damen) und Laki-Laki oder Pria (Herren). Balinesen halten das Hockklo, ein Loch im Boden, für hygienischer als Sitztoiletten, die es oft nur in Hotels und Restaurants der gehobenen Preisklasse gibt.

Auf dem Land erledigt man seine Geschäfte an Flüssen und Bächen. Die meisten Balinesen verlassen sich bei der Körperhygiene auf Wasser und ihre linke Hand. In den Toiletten vieler Touristenhotels und -pensionen stehen mit Deckeln versehene Plastikeimer, in denen man das Toilettenpapier deponiert. So soll der Verstopfung der Abflussrohre vorgebeugt werden.

In einfachen Herbergen gibt es an Stelle von Badezimmern häufig ein *kamar mandi,* ein indonesisches Badezimmer, zu dessen Einrichtung ein Wasserbecken, eine Schöpfkelle, ein Abflussrohr und ein Nagel zum Aufhängen der Kleider gehört. Um ein Duschbad zu nehmen, schöpft man das Wasser aus dem Behälter und schüttet es aus dem Plastiknapf über den Körper. Da eine Beckenfüllung für mehr als ein Duschbad gedacht ist, muss das Nass für folgende Benutzer sauber gehalten werden.

Trinkgeld

Trinkgelder sind in Indonesien nicht obligatorisch, aber man sollte bedenken, dass für viele Einheimische kleinere Dienstleistungen die einzige Einnahmequelle sind und dass wegen des niedrigen Lohnniveaus viele auf Trinkgelder angewiesen sind. In besseren Restaurants und größeren Hotels sind im Rechnungsbetrag meist 10 % Bedienungszuschlag enthalten, trotzdem ist es üblich, nochmals 5 bis 10 % Trinkgeld zu geben.

Verhalten als Tourist

Das Streben nach Harmonie ist in der balinesischen Gesellschaft von überragender Bedeutung. Balinesen lernen früh, sich freundlich und respektvoll zu verhalten sowie ihre eigenen Interessen dem Wohl des Familien- oder Dorfverbandes unterzuordnen. Dabei trachten die Menschen danach, das Gesicht zu wahren. Mit ›Gesicht‹ ist nicht das Antlitz gemeint, sondern die Würde des Einzelnen. Sie anzutasten ist ein Sakrileg, das selbst Fremden nicht verziehen wird.

Konfrontation und Diskussion entsprechen nicht dem Naturell der Balinesen. Als Verstöße gelten laute Auseinandersetzungen in der Öffentlichkeit sowie ein aggressiver Tonfall. Balinesen schätzen ruhiges Sprechen, Disziplin und Selbstkontrolle in allen Äußerungen.

Die Balinesen hegen eine tiefe Abneigung gegenüber dem Wort Nein. Selten ist ein schroffes *tidak* (nein) zu hören; viel lieber wird unverbindlich *belum* (noch nicht) oder *mungkin* (vielleicht) gesagt. Um Missklänge zu vermeiden, sagt man häufig auch Ja, wenn man eigentlich mit Nein antworten müsste. Balinesische Ohren vermögen Zustimmung oder Ablehnung herauszufiltern, ausländische Besucher verwirrt dieses ›Herumreden um den heißen Brei‹ dagegen oft.

Aus dem Wunsch nach Harmonie hat sich auf Bali ein System von Gebräuchen entwickelt, in dem sich Fremde leicht verfangen können. Trotz der Toleranz der Balinesen kann man als Besucher grobe Fehler begehen und damit sein Gesicht verlieren.

Nicht unbedingt ein *sarong,* aber korrekte westliche Kleidung ist bei privaten Einladungen angebracht. Maßstäbe deutscher Pünktlichkeit gelten auf Bali als unhöflich. Pünktlichkeit bedeutet bei privaten Terminen eine Verspätung von 15 bis 30 Minuten, *waktu karet* – Gummizeit.

Bevor man ein Haus betritt, zieht man die Schuhe aus. Zur Begrüßung reicht man die rechte Hand zu einer leichten Berührung und legt sie dann an seine Brust, um die Herzlichkeit des Grußes zu unterstreichen. Gastgeschenke werden verpackt überreicht – mit der rechten Hand. Der Gastgeber wird das Päckchen scheinbar achtlos zur Seite legen, denn ein sofortiges Öffnen würde ihn als gierigen Menschen entlarven. Anschließend wird er dem Gast einen Platz anbieten. Gibt es keinen Tisch und keine Stühle, lässt man sich auf Kissen oder Matten nieder – Männer im Schneidersitz, Frauen mit seitwärts untergeschlagenen Beinen –, wobei jeder darauf achtet, seine Fußsohlen nicht auf eine andere Person zu richten – dies wäre eine Beleidigung.

Silakan makan oder *silakan minum,* so lautet die freundliche Aufforderung zum Essen und Trinken, wobei die linke Hand – sie ist nur auf der Toilette nützlich! – ruht. Speisen empfängt und isst man nur mit der rechten Hand; man reicht sie auch nur mit dieser weiter. Die Höflichkeit gebietet, von allen Speisen zumindest ein Häppchen zu probieren. Nach dem Essen lässt man einen ›Anstandsrest‹ auf dem Teller zurück, um nicht den Eindruck zu erwecken, der Gastgeber hätte zu wenig angeboten. Bei Gesprächen sollte man auf Vergleiche mit der eigenen Kultur verzichten. Auch das Thema Politik trägt nicht unbedingt zur Stimmung bei.

INFORMATIONEN VON A BIS Z

Balinesen beurteilen Menschen oft nach ihrem Erscheinungsbild. Schmutzige und zerrissene Kleidungsstücke oder allzu legere Urlaubsbekleidung abseits vom Strand und Pool empfinden sie als Zeichen der Nichtachtung. Ordentliche Kleidung ist vor allem bei Behördengängen wichtig.

Während es im westlichen Kulturkreis üblich ist, einen Gesprächspartner zur Bekräftigung der eigenen Worte freundschaftlich anzutippen, empfinden Balinesen die Berührung durch einen Fremden als Respektlosigkeit. Vor allem der Kopf als heiligster Körperteil ist tabu, gilt er doch als Wohnsitz von Geist und Seele. Er ist auch bei Kindern nicht nur unantastbar, sondern sollte von einem Jüngeren oder Rangniedrigeren nach Möglichkeit auch nicht überragt werden.

Weitere Fauxpas sind der Austausch von Zärtlichkeiten in der Öffentlichkeit sowie das Deuten mit ausgestrecktem Finger auf einen Menschen. Die Geduld der Balinesen stellt auf eine Probe, wer beim Gespräch die Hände in die Hüfte stützt oder die Arme vor der Brust verschränkt – beides gilt als Beleidigung. Wer den Kellner rufen möchte, sucht Blickkontakt und winkt ihm mit ausgestrecktem Arm, die Handflächen nach unten gerichtet. Wichtig ist es, sich bei Tempelfesten an die landesüblichen Regeln zu halten (vgl. S. 110f.).

Wasser

Leitungswasser sollte man nicht trinken, es sei denn, es wurde vorher mindestens zehn Minuten lang abgekocht. Tabu sind auch – außer in Hotels und Restaurants der obersten Kategorie – mit Eiswürfeln gekühlte Getränke. Verunreinigtes Wasser und Eis können Magen-Darm-Infektionen hervorrufen. Bedenkenlos trinken kann man das in Flaschen abgefüllte Mineralwasser. Kauft man Flaschenwasser von ›fliegenden Händlern‹ auf der Straße, sollte man darauf achten, dass der Plastikverschluss unversehrt ist.

Zeit

Wegen der enormen Ost-West-Erstreckung des Inselreiches gibt es in Indonesien drei Zeitzonen. Bali zählt zur zentralindonesischen, für die mitteleuropäische Zeit (MEZ) plus sieben Stunden gilt (auf Bali ist es sieben Stunden später als in Deutschland), für Java MEZ plus sechs Stunden. Während unserer Sommerzeit verringert sich die Differenz um eine Stunde.

Zeitungen

Täglich erscheinen drei überregionale englischsprachige Zeitungen. Internationale Zeitungen und Nachrichtenmagazine auf Englisch erhält man – mitunter zensiert – in den Touristenzentren in Buchhandlungen, Supermärkten und großen Hotels, die gelegentlich – sehr teuer – deutsche Tages- und Wochenzeitungen sowie Magazine und Illustrierte vorrätig haben.

REGISTER

Personen

Affandi, Maler 133
Airlangga, König 28, 147
Anak Agung Rai 137

Bali Aga (Alt-Balinesen) 155, 156, 168, **185ff.**
Batuan, Dewa Nyoman 126
Baum, Vicki 9, 29, 90, 131
Blanco, Antonio 133
Bonnet, Rudolf 76, 77, 133
Brahmanen 90, 99, 125

Chaplin, Charlie 131
Chinesen 14, 164
Cokorda Gede Agung Sukawati 77, 128

Dalem Bedahulu, Raja 138
Darwin, Charles 17
Dewi Danu, Göttin der Bergseen und Flüsse 99, 157, 158, 159
Dewi Saraswati, Göttin der Weisheit, der Literatur und der Kunst 55f., 129
Dewi Sri, Reisgöttin 56, 142, 167

Empu Kuturan, Brahmane 99, 113

Gajah Mada, Majapahit-Fürst 138, 147
Garland, Linda 136

Habibie, Bacharuddin Jusuf 30
Hindus 14, 40, 96, 207
Holländer 28, 29, 100, 110, 152, 161, 162, 166, 167, 173, 189

Hutton, Barbara 131

Indra, Götterkönig 145, 185, 187

Japaner 29
Jayaprana 119

Krause, Gregor 131

Le Mayeur, Adrien Jean 29, **90**
Lempad, I Gusti Nyoman 77, 128, 129

Mahendradatta, Königin 147
Mario, I Nyoman 111
Mead, Margaret 131, 132
Meier, Theo 179
Mengwi-Dynastie 106, 109
Murnau, Fritz 130
Muslime 14, 29, 95, 194

Ngurah Rai, I Gusti 29, 110
Nieuwenkamp, W. O. J. 168

Pita Maha, Künstlervereinigung 77, 126, 128, 132
Plessen, Viktor von 132
Pollok, Ni 90

Ratna Banten, Raja 147

Sanghyang Markandeya, Hindu-Priester 176
Sanghyang Nirartha, Hindu-Priester 96, 99, 114, 116, 125, 166
Sasak 207, 210, 212
Smit, Arie 76, 77, 133
Spies, Walter 29, 66, 76, 77, 125, 126, **130ff.**, 133, 179
Suharto, General und Staatspräsident 23ff., 29, 30
Sukarno, Ahmed 29, 30, 145, 200
Sukarnoputri, Megawati 30

Udayana, König 144, 147

Vyasa, Dichter 69

Wallace, Alfred Russel 17
Warmadewa-Dynastie 138
Wetu-Telu-Anhänger 207, 210

Orte

Abang 191
Affenwald von Sangeh 109
Affenwald von Ubud 136
Air Panas Komala Tirta 166
Air Sanih 168
Air Terjun Gitgit 164
Air Terjun Jeruk Manis 209
Amed 192
Amlapura 180, **189f.**
Ampenan 208
Asah 186
Asahduren 116

Bali Barat-Nationalpark (Taman Nasional Bali Barat) 15, **116**, 119
Bali Butterfly Park 111
Bali Handara Golf Course **160**, 161
Bangli 148, **149**

238

REGISTER

Banjar 166
Batu Bolong 210
Batu Koq 212
Batu Layar 210
Batuan 125
Batubulan 74, **122ff.**
Batulumpang 138
Batur 153, **157**
Batur-See 152ff.
Baturiti 112
Bebandem 180
Bedugul 160
Bedulu 138
Belimbingsari 118
Benoa 94
Benoa-Hafen 92
Blahbatuh 147
Blayu 109
Bona 132
Bondalem 157
Borobudur 203ff.
Brahma Vihara-Arama
  166
Bratan-See 150, **158ff.**
Budakling 180
Bukit Badung 15, **98ff.**
Bukit Bangli 149
Bukit Mungsu 160
Bungaya 186
Buyan-See 158, 160

Cakranegara 209
Campuan 131, **133**, 142
Candi Dasa 164, **183**
Candi Kalasan 206
Candi Kuning 160
Candi Plaosan 205
Candi Sambisari 206
Candi Sari 205
Candi Sewu 205
Canggu 55, 86
Celuk 124f.

Dausa 157
Denpasar (vormals Ba-
  dung) 13, 14, 18, 22,
  29, 54, 56, **100ff.**, 163
- Bali Museum 101, **102**
- Pasar Badung 100f.
- Pasar Kumbasari 101
- Pura Jagatnatha 56, **102**
- Pura Maospahit 101

- Puri Permecutan 101
- Werdhi Budaya Art Cen-
  tre 102f.

Environmental Bamboo
  Foundation, Nyuh Ku-
  ning 136

Gelgel 28, 138, **175**
Gianyar 148
Gili Air 210
Gili Meno 210, 211
Gili Terawangan 210, 211
Gilimanuk 115, **118f.**,
  166
Gitgit 164
Goa Gajah 137f.
Goa Karangsari 195
Goa Lawah 181
Gunung Abang 152
Gunung Agung 12, 13,
  32, 41, 168, 175,
  176ff., 190, 191, 193
Gunung Batur 152f.
Gunung Kawi 138,
  143ff., 146
Gunung Patas 116
Gunung Rinjani 211f.
Gunun Seraya 192, 193

Iseh 132, **179**

Jakarta 14, 30
Jatiluih 106, **113**
Java 12, 13, 14, 18, 19,
  20, 28, 30, 60, 99, 115,
  132, 140, **200ff.**
Jembrana-Hochland 15,
  115
Jimbaran 33, 86
Jungutbatu 196

Kamasan 175
Kapal 106
Keliki 143
Kintamani 157
Klungkung 172ff.
Komodo 124
Königsgräber
  s. Gunung Kawi
Kota Gede 203
Krambitan 112

Kubutambahan 167f.
Kusamba 180f.
Kuta, Bali 22, 31, 40,
  84ff., 182
Kuta Beach, Bali 84, 86
Kuta, Lombok 198, **209f.**

Labuhan Aji 165
Labuhan Lalang 119
Legian 33, 40
Lingsar 209
Lombok 96, 183, 189,
  207ff.
Lovina Beach 164f.
Lukluk 106

Manukaya 145
Marga 110
Mas 125f.
Mataram 209
Mayong 161
Medewi Beach 116
Mendaya 115
Mengwi 107
Menjangan
  s. Pulau Menjangan
Mertasari 118
Muncan 178
Munduk 161

Narmada 209
Negara 115, **117**
Nusa Ceningan 196
Nusa Dua 19, **92ff.**, 164
Nusa Lembongan 94, **196**
Nusa Penida 94, 180,
  194ff.
Nyang Nyang Beach 100
Nyuh Kuning 136

Pacung 168
Padang Bai 181, **182f.**
Padang Padang Beach 100
Pantai Kelating 112
Pantai Yeh Gangga 112
Pejeng 138, 139, 157
Pekutatan 116
Pelasari 118
Peliatan 64, 126
Pemenang 210
Penelokan 152, 157
Penestanan 133

239

Pengambengan 117
Pengosekan 137
Penulisan 157
Penunjak 210
Petulu 146
Prambanan 205
Pujungklod 132
Pulau Menjangan 15, **119**
Pulau Serangan 94, **95f.**
Pupuan 116, 161
Pura Batu Medau 195
Pura Batu Mejan 114
Pura Besakih 49, 170, **175ff.**
Pura Bukit Sari 109
Pura Dalem Jagaraja 166f.
Pura Dalem Penataran Ped 195
Pura Dalem Sidan 148f.
Pura Durga Kutri 147f.
Pura Galuh 114
Pura Gubug Tamblingan 161
Pura Gunung Kawi 146
Pura Jagatnatha 56, **102**
Pura Kebo Edan 139
Pura Luhur Batukau 48, 106, **112f.**
Pura Luhur Lempuyang 191f.
Pura Luhur Pekendungan 114
Pura Luhur Ulu Watu 98f.
Pura Maduwe Karang 167f.
Pura Penataran Sasih 139ff.
Pura Ponjok Batu 168
Pura Pulaki 166
Pura Puseh Blahbatuh 147
Pura Pusering Jagat 139
Pura Rambut Siwi 116f.
Pura Sadha 106
Pura Sakenan **96**, 99
Pura Taman Ayun 106, **107f.**
Pura Tanah Lot 10, 19, 21, 86, 99, 106, 112, **114**
Pura Tegeh Koripan 157
Pura Tirta Empul 145

Pura Ulun Danu Batur 157
Pura Ulun Danu Bratan 158, **159f.**
Putung 180
Rambitan 210
Rendang 178

Sade 210, 212
Sakah 147
Sampalan 195
Sangeh 109
Sangginan 133
Sangsit 166
Sanur 82, **90ff.**, 164
Sawan 166
Sebali 143
Sebuluh 196
Selat 178
Sembiran 168
Seminyak 86
Sempidi 106
Senaro 212
Senggigi 210
Serangan
s. Pulau Serangan
Seririt 166
Seseh 55, 86
Sibetan 180
Sidan 148
Sidemen 179
Sing-Sing-Wasserfall, Labuhan Aji 166
Singaraja 28, 76, 161, **162ff.**
Suana 195
Sukarara 210
Sukawati 125
Suluban 100
Surakarta 60
Suranadi 209
Sweta 209

Tabanan 102, 107, **110f.**
Taman-Burung-Vogelpark 124
Taman Nasional Bali Barat 15, **116**, 119
Tamblingan 161
Tamblingan-See 158, 160, 161
Tampaksiring 143, 145

Tanah Lot
s. Pura Tanah Lot
Taro 53, **143**
Tegalalang 143, **146**
Tejakula 168
Tenganan 185ff.
Tetebatu 209
Timbrah 186
Tirtagangga 190f.
Tista 191
Toya Bungkah 153, 154
Trunyan 155f.
Tulamben 193

Ubud 28, 64, 77, **126ff.**
- Affenwald 136
- Agung Rai Museum of Art, Pengosekan 137
- Environmental Bamboo Foundation, Nyuh Kuning 136
- Galerie von I Gusti Nyoman Lempad 128
- Goa Gajah 137f.
- Museum Antonio Blanco 133
- Museum Neka, Sangginan 133
- Museum Purbakala Gedung Arca 138f.
- Museum Puri Lukisan 133
- Pura Dalem, Campuan 133
- Pura Gunung Lebah 133
- Pura Kebo Edan 139
- Pura Pamerajan Sari Cokorda Agung 128
- Pura Pusering Jagat 139
- Pura Samuan Tiga, Bedulu 138
- Pura Taman Kemude Sarasawti 128f.
- Puri Saren 127f.
- Yeh Pulu 138
Ujung **190**, 193

Wanasari 111

Yogyakarta 60, 131, **200ff.**